高等职业教育公共基础课系列教材

心理健康教育
第2版

主　编　雷朝晖　唐安奎
副主编　何　莉　周红丽
参　编　李　灵　赵　曾　胡怡然

机械工业出版社

本书根据当代高职院校学生的特点，结合长期从事心理健康教育工作者的经验和体会，将心理健康教育与成长教育相融合，通过丰富多彩、形式多样的体验式活动，帮助学生获得健康的心理状态，激励学生正确面对生活中遇到的挫折，有效地进行自我调节，提高学生的生活质量。本书共分为10个模块，涵盖认知心理健康、心理挫折应对与心理危机干预、自我意识、人格心理、学习心理、情绪、网络心理、人际交往心理、职业心理和亲密关系等内容。

本书既可作为高等职业院校、技师学院学生的心理健康教育用书，也可供个人读者阅读。

图书在版编目（CIP）数据

心理健康教育 / 雷朝晖，唐安奎主编. -- 2版. -- 北京 : 机械工业出版社，2025. 2（2025.9重印）. -- （高等职业教育公共基础课系列教材）. -- ISBN 978-7-111-77892-9

Ⅰ. G444

中国国家版本馆CIP数据核字第2025J26Y77号

机械工业出版社（北京市百万庄大街22号　邮政编码100037）
策划编辑：张雁茹　　　　　责任编辑：张雁茹　关晓飞
责任校对：龚思文　陈　越　　封面设计：马精明
责任印制：张　博
北京机工印刷厂有限公司印刷
2025年9月第2版第2次印刷
184mm×260mm・15.5印张・379千字
标准书号：ISBN 978-7-111-77892-9
定价：59.80元

电话服务　　　　　　　　　　网络服务
客服电话：010-88361066　　　机　工　官　网：www.cmpbook.com
　　　　　010-88379833　　　机　工　官　博：weibo.com/cmp1952
　　　　　010-68326294　　　金　书　网：www.golden-book.com
封底无防伪标均为盗版　　机工教育服务网：www.cmpedu.com

序

近年来,国家出台了一系列推动技能人才培养的政策和措施。2019年国务院正式印发了《国家职业教育改革实施方案》和《职业技能提升行动方案(2019—2021年)》,推动了职业教育培训改革发展和技能人才能力的提升。进入21世纪以来,职业教育培训日益成为国家经济发展战略、人力资源战略、创新驱动战略等国家战略的重要组成部分。

为了向职业院校学生介绍职业发展、就业指导、创业创新方面的新情况、新趋势、新知识、新政策,使其尽快适应职场、适应新就业形态,规划好职业生涯,并帮助其实现创业就业,有关专家编写了《职业发展与就业指导》《劳动教育和职业素养》《创新创业教育》《心理健康教育》等高等职业教育公共基础课系列教材。

在本系列教材编写中,编者坚持以习近平新时代中国特色社会主义思想为指导,全面贯彻党的教育方针,落实立德树人根本任务,积极培育和践行社会主义核心价值观,弘扬劳动光荣、技能宝贵、创造伟大的时代风尚,引导广大青年走技能成才、技能报国之路。本系列教材吸收和借鉴了国内外职业生涯规划与就业创业指导方面的专业理论和工作经验,坚持突出职业教育培训的特点,以人为本,以就业为导向,以能力为中心,以服务学生职业发展需要和可持续发展为宗旨,紧密联系实际,突出理论性与实践性的结合,既注重理论知识的系统性,又根据学生的身心特点、认知水平来定位内容的深度与广度,以够用、管用、好用为准,融理论知识和素质能力教育为一体,注意处理好内容的"深""浅"尺度,分别借助教育学、管理学、社会学、心理学等的相关理论阐明学生职业发展、就业指导、创新创业、职场心理调适的规律和方法,着重在职业意识、职业素质、职业生涯规划、求职就业能力方面引导和帮助学生树立正确的人生观、价值观、择业观,科学规划职业生涯,合理定向定位定岗,务实有效求职就业、创业创新。

希望本系列教材的出版能更好地满足学生多元化的需求,并对增强其求职就业能力有所帮助。

○ 本序作者刘康,中国人才研究会副会长,曾任人力资源和社会保障部职业能力建设司司长、中国就业培训技术指导中心暨人力资源和社会保障部职业技能鉴定中心主任。

前　　言

　　党中央、国务院高度重视学生身心健康和全面发展，高度重视学生心理健康工作。2024年2月21日，全国学生心理健康工作咨询委员会第一次全体会议在北京召开。会议深入贯彻习近平总书记关于教育的重要论述特别是关于学生心理健康工作重要指示精神，落实《全面加强和改进新时代学生心理健康工作专项行动计划》，深入分析形势任务，部署发挥咨询委员会优势，推动做好新时代学生心理健康工作。

　　近年来，教育系统加强工作部署，带动全社会关心关注学生心理健康，进一步巩固政府、学校、家庭、医疗卫生机构共同促进和保障学生心理健康的工作格局，为广大学生健康成长提供良好环境。为深入贯彻习近平总书记关于学生心理健康工作的重要指示精神，编写组对教材进行了修订。

　　本书在编写上博采众长、注重互动性，在内容上突出时代性、科学性。本书充分考虑了职业教育和新时代学生的心理特点，将全书内容分为10个模块，每个模块下设数个单元。编者根据当代职业院校学生的新特点，结合多年心理健康教育工作的经验和体会，将职业院校学生的心理健康教育与成长教育相融合，以求能切实解决学生们的各种心理问题，促进其身心健康发展。

　　本书还加入了心理健康教育的最新发展趋势和最新理念，比如"职业心理"模块介绍的职业退出心理，以及重大危机事件的应激心理等心理健康教育方面的新趋势；从以往的关注心理疾病到现在的更多地关注如何激发个体的潜在力量、如何拥有高质量的生活、如何积极有效地进行自我调节，更多地关注学生内心的体验和感悟。

　　本书设计了丰富多彩、形式多样的体验式活动，并列举了很多案例，这些案例大多来源于学生们曾经遇到过或者在未来生活中可能会遇到的事件（其中有很多是正面的），有助于学生正确面对自己生活中遇到的挫折事件。

　　本书由雷朝晖［成都工贸职业技术学院（成都市技师学院）］、唐安奎（成都师范学院）主编，何莉［成都工贸职业技术学院（成都市技师学院）］、周红丽（四川华新现代职业学院）为副主编，四川西南航空职业学院的李灵，以及成都工贸职业技术学院（成都市技师学院）的赵曾和胡怡然参加编写，雷朝晖负责全书统稿工作。

　　在编写过程中，编者参考了大量的国内外文献资料，引用了有关研究成果，在此对文献作者表示诚挚的感谢。由于编者水平所限，书中不足之处在所难免，恳请广大读者多提宝贵意见，以便今后进一步修改和完善。

编　者

目　录

序
前言

第一部分　心理健康与心理支持

模块一　认知心理健康 ··· 2
　　单元一　认识心理健康 ·· 4
　　单元二　维护心理健康 ··· 13
　　心理学家及核心理论（一） ·· 20
模块二　心理挫折应对与心理危机干预 ··· 21
　　单元一　认识挫折心理 ··· 23
　　单元二　心理危机及干预措施 ·· 32
　　单元三　生命教育 ··· 42
　　心理学家及核心理论（二） ·· 47

第二部分　自我认知与学校适应

模块三　自我意识 ··· 50
　　单元一　认识自我意识 ··· 52
　　单元二　自我悦纳 ··· 57
　　单元三　自我设计 ··· 62
　　心理学家及核心理论（三） ·· 68
模块四　人格心理 ··· 69
　　单元一　认识人格 ··· 71
　　单元二　人格发展 ··· 76
　　单元三　健全健康人格 ··· 86
　　心理学家及核心理论（四） ·· 89
模块五　学习心理 ··· 91
　　单元一　认识学习 ··· 93

单元二　常见的学习心理	100
单元三　学习能力的培养	107
心理学家及核心理论（五）	114

模块六　情绪 … 116

单元一　认识情绪	118
单元二　常见情绪的特点	125
单元三　情绪管理	132
心理学家及核心理论（六）	143

模块七　网络心理 … 144

单元一　认识网络心理	146
单元二　网络心理问题	153
单元三　健康网络心理与行为的培养	159
心理学家及核心理论（七）	163

第三部分　社会交往与亲密关系

模块八　人际交往心理 … 166

单元一　认识人际交往	168
单元二　人际交往的特点	175
单元三　和谐人际关系的建立	183
心理学家及核心理论（八）	188

模块九　职业心理 … 189

单元一　认识职业心理	191
单元二　就业与择业心理	198
单元三　职业发展的心理问题	208
心理学家及核心理论（九）	213

模块十　亲密关系 … 216

单元一　认识爱情与性心理	218
单元二　恋爱心理	225
单元三　爱情观的培养	232
心理学家及核心理论（十）	238

参考文献 … 239

第一部分
心理健康与心理支持

人之幸福,全在于心之幸福。

——歌德

尊重生命、尊重他人也尊重自己的生命,是生命进程中的伴随物,也是心理健康的一个条件。

——弗洛姆

模块一　认知心理健康

● **导读导学**

　　每个人的生活中，都会经历很多的风雨。对于职业院校的学生而言，所谓"风雨"有可能意味着竞选的失败、经济上的困顿、人际交往的困惑、职业发展的迷茫等。一部分人在"风雨"面前选择逃避，但往往只会使自己变得越来越脆弱，越来越无法承受"风雨"；而另一部分人，在"风雨"面前一心想着直面"风雨"，但因为缺少方法，又让自己很受伤。其实，每个人都会遇到这些问题，如果我们把这些问题比喻为人生的风雨，把学生时代比喻为多雨的季节，那么当"雨季"来临的时候，我们就该及时扪心自问：我该如何面对"雨季"？我的"伞"在哪里？而丰富的心理健康知识及实践内容、及时的心理援助便会成为你的这把"伞"。本模块将介绍心理健康的含义和标准、影响职业院校学生心理健康的因素等知识，帮助你认识心理健康，了解心理健康的标准，学习心理健康的调适和维护方法，使你拥有强大的内心力量，能从容面对"风雨"，并在战胜"风雨"后成为更优秀的自己。

● **思维导图**

认知心理健康思维导图见图1-1。

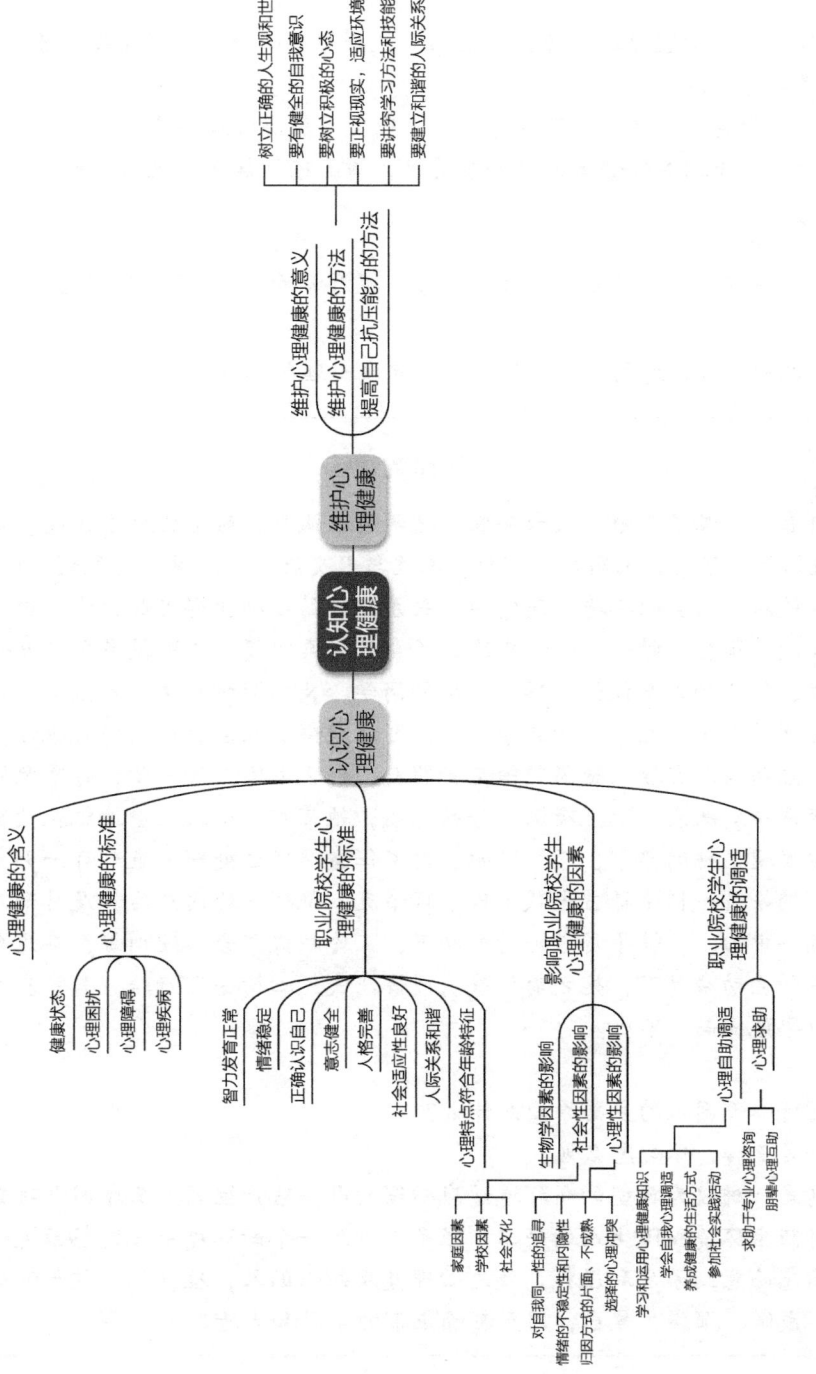

图1-1 认知心理健康思维导图

单元一　认识心理健康

学习目标

1. 知识目标：了解心理健康的含义与标准；认知影响心理健康的主要因素，掌握心理健康的标准和心理调适方法。
2. 技能目标：学会自主调整心理状态；能合理使用解决心理适应问题的方法。
3. 情感目标：意识到心理健康教育的重要性，树立维护健康心理状态的观念。

重点和难点

1. 重点：掌握学生心理健康的含义、标准，以及影响学生心理健康的主要因素和心理调适方法。
2. 难点：运用心理调适的方法，树立维护健康心理状态的观念。

案例1-1

王玲的烦恼

王玲来自农村，母亲早逝，父亲务农。她学习很认真，对自己要求很高。高二时因为一场疾病，成绩开始下滑，怕同学看不起，不敢与人交流，后来逐渐发展到不敢见陌生人。考入某高职院校后，陌生的环境和新的同学关系让她的精神变得更加紧张。由于怕室友看不起她，因此刚进宿舍的时候，她刻意隐瞒了自己的真实情况，可没多久又开始后悔：想申请贫困补助，但又怕室友议论；想告诉别的同学，又怕同学觉得她不诚信。为此，她一直生活在矛盾纠结之中。她想和新同学交往，可总觉得别人看自己的眼神很怪，所以很苦恼，迟迟不敢主动与人交往。她渴望结交新朋友，但又迈不出第一步，时常觉得自己很孤单，而且还变得特别敏感。晚上夜深人静的时候，她常常一个人偷偷地躲在被窝里哭泣。后来宿舍同学发现了她的异常，想帮助她，但不知道该怎么处理。直到有一天，同学把她的情况告诉了辅导员。辅导员首先找王玲了解情况，征得王玲同意后，及时带着王玲来到学校的心理辅导中心。在辅导员老师的帮助下，王玲积极配合心理训练，在几个月的心理辅导以及室友的主动帮助下，她之前的症状慢慢消失，心情逐渐好转，与室友的关系日益融洽，学习效率也提高了不少。

问题：

1. 引起王玲心理困扰的主要原因是什么？
2. 如果你是王玲，你会怎么做？

分析：这是一种较为典型的新环境适应心理问题，它产生的主要原因是对新环境的不适应，以及对陌生环境和陌生人的恐惧。很多人刚到一个新环境中，既想亲近他人，又因陌生感和疏离感而感到矛盾和压抑。缺乏心理健康知识的人，往往不知该如何处理，更严重者甚至夜不成眠、烦躁、焦虑，乃至影响正常的学习和生活。

有这样一句话："一切成就、财富都来源于健康的心理。"职业院校学生正处在人生发展的关键时期，良好的心理素质不仅关系到他们是否能顺利完成学业，还关系到他们的身心健康及未来的人生发展。许多学生在步入一个新的环境时，会因为对环境的未知、对他人的不了解、对相关心理健康知识掌握得较少，而产生种种困惑与迷茫。因此，了解学生每个阶段的心理特点，准备丰富的心理健康知识，对学生积极开展心理健康教育，提高其心理健康水平，具有十分重要的意义。

一、心理健康的含义

心理健康是一个较为复杂的概念，在不同国家、不同民族中存在着不同的观点，还受到社会制度、民族文化、道德观念、宗教信仰等诸多因素的影响。心理健康是指心理的各个方面及活动过程处于一种良好或正常的状态。心理健康是现代人健康不可分割的重要方面，了解并掌握心理健康的知识对于增强和维护人们的健康有重要的意义。当人们掌握了衡量心理健康的标准时，就可以此为依据进行心理健康的自我诊断并积极调适，让自己始终保持一种积极发展的、良好的心理状态，充分发挥身心潜能。

世界卫生组织对心理健康的定义为："心理健康不仅仅是没有精神疾病，更可视为一种幸福状态（well-being）。在这种状态中，每个人都认识到自己的潜力，可以应对正常的生活压力，有效地从事工作，并能够为社会做出贡献。"

因此，心理健康至少包含两层含义：

1）没有心理疾病。这是心理健康的基本条件。
2）个体拥有一种积极向上的心理状态。这是心理健康要追求的目标。

二、心理健康的标准

心理健康的标准是心理健康概念的具体化。由于心理健康缺少像生理健康那样比较具体和客观的指标，因而进行心理健康与否的判定比进行身体健康与否的判断更为复杂和困难。心理健康标准的依据多样，导致目前心理健康的标准也较多，难以明确地划出心理健康与不健康的界线。

而且，人的心理健康状态是处在不断变化之中的，心理健康状态与心理疾病状态都是发展变化的过程。如果把一般人的正常心理状况称为正常状态，那么与这种正常状态相对的情形则属于异常状态。心理问题是指所有各种心理及行为异常的情形。心理的"正常"和"异常"之间并没有明确的和绝对的界线，现实社会中的每一个人在一定程度上都存在心理问题，只是程度不同而已。通常将心理健康状态划分为四个等级：健康状态、心理困扰、心理障碍和心理疾病。

（一）健康状态

健康状态是指生活在一定社会环境中的个体，智力正常、情绪稳定、行为适度，具有协调关系以及适应环境的能力；个体在一个时间段中，良好的感觉多于不良感觉，个人心理活动与周围环境相协调，社会功能良好，具有良好的自我调节能力。健康状态是一种较为稳定的心理状态。

（二）心理困扰

心理困扰是一种亚健康状态，是既非健康又非疾病的中间状态。这种不良状态持续时间较短，一般一周内能得到缓解，对个体社会功能影响较小，个体仍然能完成日常的学习、生活和工作，只是感觉状态不佳。大部分人的亚健康状态都能通过自我调整得到改善，如果长时间得不到缓解，就可能发展成一种相对固定的状态，此时建议尽快寻求专业心理医生的帮助。

（三）心理障碍

心理障碍是指由于个人及外界因素造成心理状态的某一方面（或几个方面）发展超前、停滞、延迟、退缩或偏离，主要表现为社会功能受影响较大，使人不能按照常人的标准完成某项社会任务。这种状态经过自我调整能够得到改善，但通常需要接受心理医生的帮助。

（四）心理疾病

心理疾病是指个人及外界因素引起个体强烈的心理反应，并伴有明显的躯体不适感，是大脑功能失调的外在表现，可能出现思维判断上的失误、情绪低落、紧张焦虑、行为失常、意志减退等。这种状态通常需要接受精神医学专业医生实施的药物与心理治疗。

三、职业院校学生心理健康的标准

1946年，第三届国际心理卫生大会提出四条心理健康的标准：身体、智力、情绪十分调和；适应环境，人际关系中彼此谦让；有幸福感；在工作和职业中能充分发挥自己的能力，过有效率的生活。

有些心理学家认为，人的心理健康包括以下七个方面：智力正常、情绪健康、意志健全、行为协调、人际关系适应、反应适度、心理特点符合年龄。

美国心理学家马斯洛（A. H. Maslow）和米特尔曼（Mittelmann）提出的心理健康标准包括：

1）有充足的安全感。
2）充分了解自己，并能恰当评价自己的能力。
3）生活的目标符合实际。
4）与现实的环境保持接触。
5）能保持人格的完整与和谐。
6）具有从经验中学习的能力。
7）能保持良好的人际关系。
8）能进行适度的情绪宣泄与控制。
9）在不违背社会规范的前提下能恰当地满足个人的基本需要。
10）在不违背集体要求的前提下能展现自己的个性。

我国学者王登峰等人综合各方面研究，结合我国学生的心理特征、社会要求等实际情况，认为心理健康的标准有以下几个方面：

（一）智力发育正常

智力发育正常即个体智力发展水平与其实际年龄相称，是其学习、生活、工作的基本心理条件。一般情况下，智商在130以上为超常，智商在90以上为正常，智商在70～89为亚正常，智商在 70 以下为智力落后。大学生智力正常体现为能正常发挥自我效能，有求知欲，乐于学习，能积极参与各类学习活动。

（二）情绪稳定

心理健康的人，其标志是情绪稳定和心情愉快。尽管也会有悲哀、困惑、失败、挫折等情绪，但不会持续长久。情绪稳定的人，身心处于积极向上的状态，对一切都充满信心和希望。具体表现在为人乐观开朗、热爱生活、积极向上、充满阳光，善于控制和调节自己的情绪，既能克制又能合理地宣泄负面情绪，情绪与环境相适应，能够保持稳定良好的心境。

> **知识链接**
>
> **学会保持平和的心态**
>
> 跳出"与别人比较"的模式，成为与"自己比较"的独立自我。
> 写下自己所有的优点。
> 每天早晚各念几遍自己的优点。
> 记下自己所做的事，在好事上标注一个符号。
> 用幽默的态度"嘲笑"自己做得不够好的地方，而不要过于懊恼。
> 学习多欣赏他人的优点，可以适当模仿。
> 接纳自己的外表。
> 试着改善自己的某些性格特征。
> 正确认识自己的智力特点。

（三）正确认识自己

正确认识自己具体表现为：个体能清楚自己存在的价值，有自己的理想，对未来充满信心；有自知，在进行自我观察、自我认定、自我判断、自我评价时，对自己的能力、性格和优缺点都能做出恰当、客观的评价；不高估自己，也不贬低自己，更不会为自己在某些方面存在的不足而自责、自怨、自卑；对别人的评价能做出客观的反应，自我认识稳定，并保持积极的生活态度，努力发展自己的潜能。

（四）意志健全

意志主要表现为意志品质，是人在完成一种有目的的活动时，进行的选择、决定、执行的心理过程。意志健全者的重要标志是在行动的自觉性、果断性、顽强性和自制性等方面都表现出较高的水平。意志健全的学生具有自觉的目的性，能够主动支配自己的行动，以达到预期的目标；能适时做出决定；在困难和挫折面前能采取合理的方式，又能当机立断地做出决定并执行决定；在做出决定、执行决定的过程中，具有克服困难、排除干扰、坚持不懈的奋斗精神。

（五）人格完善

人格完善是指有健全统一的人格。人格又称为性格，是指人类心理特征的整合、统一体，是一个相对稳定的结构组织，并在不同时间、地域下影响着人的内隐和外显的心理特征和行为模式。心理学中还经常运用"个性"一词表达人格的概念。人格是一个具有丰富内涵的概念，反映了人的多种本质特质。心理健康者会以积极进取的人生观作为人格的核心,并以此为中心将自己的需求、目标与行动统一起来,从而形成相对稳定、独特、完善的人格心理特征。

(六)社会适应性良好

社会适应性良好是指个体能够对周围的事物和环境做出客观的认识和评价,并能主动地适应现实。"社会适应性"是"新健康教育"的一个重要组成部分,以培养社会适应性良好的社会公民为目的,满足大学生将来进入社会、投入社会角色与就业生涯的需要,提供相关方面的指导和教育。社会适应性良好体现为:能正确认识社会、了解社会,使自己的思想、信念、目标和行动跟上时代发展的步伐;面对不利的现实环境时,既不怨天尤人也不采取逃避的方式,而是敢于面对现实的挑战,不退缩,保持一种好的适应心态,改造自我以适应环境。

(七)人际关系和谐

人际关系和谐是指个体具有良好的人际关系,能尊重理解他人,学习他人长处,友善、宽容地与他人相处。心理健康的人往往乐于交往,不仅能接受自我,而且能接受他人、悦纳他人,与他人保持和谐的人际关系。人际关系和谐具体表现为:在与人交往中总能注意别人的长处,不苛求别人,待人情感真挚、友善;以集体利益为重,乐于团结、勇于奉献等;在交往中不卑不亢,积极的交往态度多于消极态度,交往动机端正。

(八)心理特点符合年龄特征

不同年龄阶段具有不同的心理特征。具体而言,每个年龄阶段都分别具有一般的、典型的、本质的心理特征。个体的心理行为会随着年龄增长而发展变化,认知、情感和言语举止等心理行为表现基本符合其所在年龄特征的,可称为心理健康。职业院校学生是处于特定年龄阶段的特殊群体,应具有与其年龄和角色相适应的心理行为特征,既不过分地"早熟"、老于世故,也不表现得总像"长不大的孩子"。

知识链接

关于健康的误区

误区一:无病即健康

长期以来,人们对于健康普遍存在"无病即健康"的观念,即"有手有脚,能吃能跑"就是健康,也就是没有任何身体上的缺陷。然而,这个观念完全不符合现实。事实上,社会中健康的个体和患有疾病的个体都只占少数,绝大多数人处于两者之间的状态。有资料显示,人群中符合世界卫生组织健康标准者约占15%,患有各种疾病者也约占15%,剩下的人处于亚健康状态。处于亚健康状态的人群具有同样的特点:总有疲劳、失眠、情绪不稳定等种种不适,而医院的各项生化指标检查却查不出什么问题。

误区二:身体健康和心理健康是彼此独立的两件事

人们在日常生活中很注重由外在条件导致的健康问题,比如食物是否卫生、空气是否清新、天气是否符合时节等,却比较容易忽视心理因素对身体健康的影响,认为身体健康和心理健康是两件不相关的事情。其实,"人逢喜事精神爽,闷上心头瞌睡多",生理状态与心理状态是相互影响的,生理健康是心理健康的基础,而心理健康也是生理健康的重要体现。现代医学的研究也证明，人的心理、社会和文化因素与人的健康和疾病有着非常密切的关系。一方面，生理健康对心理健康有一定的影响，比如人生病的时候往往会表现得情绪低落、易发脾气、缺乏自信心等；另一方面，心理健康状况也会影响生理健康，比如长期的紧张、焦虑会改变人的生理状况，使人的循环系统、消化系统失调，进而影响人的正常生活。

误区三：心理不健康就是心理有问题

日常生活中，当一个人出现心理不健康的状况时，可能会被旁人认定是心理有病、精神有问题。这种观点不但不正确，而且会给当事人造成巨大的心理压力。其实，正如身体健康和身体患有疾病之间存在着一个巨大的过渡地带——亚健康一样，心理健康与患有心理疾病（即心理异常，需要临床治疗）之间也有一个巨大的空间——心理亚健康，也就是说，心理是正常的但还不够健康。

四、影响职业院校学生心理健康的因素

心理健康受多方面因素的影响，主要包括生物学、社会性、心理性三方面因素。

（一）生物学因素的影响

生物学因素主要包括遗传因素、生理性疾病或生理机能障碍。一般来说，人的体形、气质、神经结构的活动特点、能力与性格在一定程度上会受到遗传因素的影响，如精神病患者家族中，具有异常心理行为的家庭成员占有一定的比例。化学中毒、脑外伤、病菌感染、躯体疾病和生理机能障碍都可能导致意识障碍、言语障碍、精神失常等心理障碍。尤其是甲状腺机能混乱、机能亢进的患者，易出现暴躁、易怒、敏感、情绪冲动、自制力减弱等心理异常表现；肾上腺素分泌过多的患者，则可能会有躁狂症的临床表现；肾上腺素分泌不足的患者，得抑郁症的可能性较高。

（二）社会性因素的影响

在日益发展变化的社会文化环境中，学生的心理健康程度会在潜移默化中受社会性因素的影响。社会性因素主要包括家庭因素、学校因素和社会文化。

1. 家庭因素

原生家庭是青少年性格形成的基础，温馨和谐的家庭环境对青少年心理健康状况具有重要作用。众所周知，不良的家庭环境很容易造成个体心理异常。如父母关系不良、经常吵架、相互敌视、家庭气氛紧张，子女更容易形成忧虑、暴躁的性格；父母过分爱护，子女的依赖性会过强；父母偏爱或不公正，子女易产生嫉妒、破坏心理；父母过分溺爱，子女易形成任性、骄傲、自私的性格等。

2. 学校因素

学校是学生学习、生活的主要场所，学校的物质环境和心理环境会在一定程度上影响学生的心理健康。如学校的建筑设施、校园文化、学业负担、师生关系、同学关系等，都会对学生的心理产生影响。

3. 社会文化

身处社会大环境中，人们都会受社会经济状况、价值观念、生存压力与社会大数据信息化的影响。目前，我国正在经历一个变革转型时期，经济、政治、文化各个方面都在变化发展中，而职业院校学生又处于生理和心理发展的不稳定时期，容易出现各种心理困惑。

（三）心理性因素的影响

职业院校学生正处于心理发展的独特阶段，认知能力和情绪的发展尚不完善，还未在不断探索中建立自我同一性，他们面临着独特的心理冲突。

1. 对自我同一性的追寻

自我同一性是指在寻求自我的发展中，对自我的确认和对有关自我发展的一些重大问题的思考和选择，如理想、职业、价值观、人生观等，即对"我是谁？""我能做什么？""我想成为谁？"等问题的回答。

2. 情绪的不稳定性和内隐性

一般情况下，职业院校的学生正处于青年初期，个体情绪发展还不稳定。他们在情绪体验方面常表现出两大特点：一是情绪起伏较大，情绪高涨时易狂热且不顾后果，遇到挫折则马上灰心丧气、万念俱灰；二是当意识到自己已经是成人时，便开始学着隐藏自己的情绪，不轻易流露真实想法，严重时可能导致缺乏社会支持，易出现心理问题。

3. 归因方式的片面、不成熟

职业院校学生由于处于发展阶段，自身阅历和辩证思维能力的发展还不完善，容易产生错误的认知、归因和应对方式。例如：有成就需要的人会把成就归因于自己的努力，把失败归因于努力不够，坚信再努力一下便会取得成功；而成就需要不高的人认为努力与成就没有多大关系，把失败归因于其他因素。

4. 选择的心理冲突

学生在面临专业学习、升学、求职、恋爱等人生重要选择问题时，很容易产生心理冲突。如果这些冲突长期得不到解决，就会影响个人的心理健康水平。个体遇到的心理冲突可归纳为：①趋避冲突。当目标既具有吸引力又需要为之付出一定的代价时，个体会产生想要又不想要的矛盾心理。如在校期间既想申请贫困补助，又害怕被同学嘲笑，自尊心受到伤害。②双趋冲突。同时存在两个具有吸引力的目标，但两者不能兼得，难以做出取舍。比如想竞选学生会、班干部，以提高自己的组织领导与交往能力，但又想集中精力好好学习以评选奖、助学金。③双避冲突，简单讲即左右两难。同时有两种力求避免的事，但受条件限制，必须接受其中一种。如既不想认真听课，又怕被老师批评。④双重趋避冲突。在面临两种选择时，每一种选择都有可取的方面和不利的方面。如有些学生在校期间，既想做兼职锻炼自己，又想拥有较多空余时间去休闲娱乐。

总之，日常生活中影响学生心理健康的因素是多方面的，各种因素相互作用、相互制约，使个体在心理发展过程中容易出现异常状态，产生心理困惑。因此，我们应从全方位来维护职业院校学生的心理健康。

五、职业院校学生心理健康的调适

维护和增进职业院校学生心理健康应成为职业教育的重要目标，也应成为每个学生努力的方向。影响学生心理健康的因素既有客观的外在因素,也有主观的内在因素,而外在因素是通过内在因素发挥作用的。因此,要维护和增进学生心理健康,可从以下两方面着手:一方面,要调节、控制和改变客观的外在因素,家庭、学校、社会要为学生创造一个有利于其身心健康的良好环境;另一方面,学生们要积极改善自身内在的主观心理因素,增强自身的心理素质,提高环境适应能力和挫折承受能力。要提高心理健康水平,学生可以从心理自助调适和心理求助两大途径入手。

(一)心理自助调适

1. 学习和运用心理健康知识

心理健康知识是职业院校学生增进自我了解进而达到自我调节的理论武器。系统学习过心理健康知识的学生,在自我调适、自我疏导方面普遍表现较好,适应能力较强。而缺乏心理健康知识的学生在面对突发应激状况时,要么束手无策,要么任其发展,极易形成心理疾病。因此,学生应积极参加心理健康课程与专题讲座的学习和研讨;自觉、主动地阅读有关心理健康教育的课外读物,主动接受心理健康教育;上网查询心理网站或收听收看有关广播和影视节目,尽可能通过各种途径掌握与心理健康相关的知识和调节技能。

需要特别指出的是,学习心理健康知识一定要避免盲目"对号入座"。有些学生学了一些心理健康知识,经常会自觉不自觉地"对号入座",因而变得紧张、焦虑甚至恐惧不安,以致严重影响到他们的生活和学习。如果出现这种情况,就应及时请教老师和专业人员。

2. 学会自我心理调适

学生心理健康教育是一种"助人自助"的活动,"助人"是手段,使学生"自助"才是目的。学生必须学会自我心理调适。自我心理调适包括调整认知结构、完善自我意识、学会情绪调节、锻炼意志品质、丰富人际交往、提高适应能力、塑造健全人格等。学生可以通过积极的自我心理调适,保持健康的心理状态。

3. 养成健康的生活方式

生活方式是指人们在日常生活中,由个人情趣、爱好和价值取向等决定的活动形式和行为特征。健康的生活方式是一个人身心健康的重要保障。一般来说,生活方式健康的人往往心理健康状况较好,反之则心理健康状况欠佳。对于学生而言,健康的生活方式主要包括作息合理、膳食平衡、科学用脑、运动适度、拒绝烟酒。

4. 参加社会实践活动

人的心理是在社会文化交往、社会实践活动中形成和发展的,因而健康丰富的社会文化交往、社会实践活动有利于学生丰富生活知识和情感体验,增长和发展智能,锻炼意志品质,提高实践能力和心理素质,增强自我教育能力。

(二)心理求助

1. 求助于专业心理咨询

学生在产生心理问题后应先进行自我调适,但当心理压力很大、内心冲突激烈而自我调适难以奏效时,应当求助于专业的心理咨询师。为此,在维护和增进心理健康过程中,学生除了要重视个体自我调适外,还应积极取得家庭、学校和社会的支持,争取亲朋好友的帮助,尤其是当心理负荷比较重而自己又不易调节时，应及时主动地寻求学校心理辅导中心专业心理咨询老师的帮助。

2. 朋辈心理互助

目前，学校辅导员、班主任大多接受过心理咨询相关培训，班级中普遍都设有心理委员、宿舍心理信息员等朋辈心理辅导员，而且朋辈心理辅导员通常接受过系列的心理学专业知识培训。因此，如果发现自己无法完成心理自助调适，可以找辅导员、心理委员、心理信息员等进行倾诉交流。

案例 1-2   你出现过小华的情况吗？

小华在某高职院校电商专业就读，因为学习认真、活动积极、对自己要求严格，逐渐成为班上的优秀学生。经过在学校的专业学习和训练，小华的专业技能成绩日益突出。有一次，学校举行专业技能竞赛，小华作为唯一的班级代表参加比赛。比赛时间临近，小华发现自己每天都想着比赛的事，竟然出现晚上睡不着、白天吃不下的情况，而且技能训练的状态也越来越不好，常常集中不了注意力，训练成绩也出现下滑。为此，小华非常苦恼。

很快，指导老师发现了小华的变化，一次集训结束后，指导老师留下小华，和她进行了一次深入的沟通和交流。小华也敞开心扉，把自己的情况向老师详细道出。指导老师具有丰富的带赛经验和心理辅导经验，她根据小华的情况，给她做了赛前的心理辅导，帮助小华积极进行心理调适，并专门针对小华提出了赛前的几点注意事项。小华在老师的耐心辅导下，明白自己是出现了赛前紧张症状，她按照老师的建议，直面自己的问题，科学训练应对，之前的症状很快全部消失了。

最终，小华以饱满的精神状态参加了比赛，并在比赛中取得了优异的成绩。

问题：

1. 你遇到过与小华类似的情况吗？
2. 如果你是小华，你会怎么做？

分析：这是一种赛前紧张的心理困惑，它主要体现为在紧张的赛事来临之前有异常表现，或出现异于平时的行为举止。这并非是一种单一的症状，而是由多种行为方式组成的症状。遇到这种情况，首先要冷静下来，正确认知比赛，不要太在乎结果，以平和、积极的心理状态去面对。

心理训练营

试着在下面各个问题中选择最接近自己真实想法的选项：

1. 如果遇上一场严重的伤亡事故，当许多人围拢过来时，你会作何反应？

    A. 尽快离开现场，对现场感到很恶心

    B. 恐惧地看着现场

    C. 尽力去帮助受伤害者，尽管没有经验

    D. 立刻与急救等相关部门联系

2. 当你喜爱的宠物忽然死亡时，你会：
   A. 感到非常悲伤　　　B. 感到不安　　C. 有点难过　　D. 无所谓
3. 一个月前做的计划又推迟了三个月，你会：
   A. 很难过，无所适从　　　　　　B. 想另外制订计划
   C. 再坚持一下就过去了　　　　　D. 无所谓
4. 当你正准备乘飞机时，忽然有特大空难消息传来，你会怎么样？
   A. 立刻取消乘机计划　　　　　　B. 非常不安
   C. 一时拿不定主意　　　　　　　D. 依然乘机，不介意空难
5. 朋友把你最喜欢的书弄丢了，你会怎么办？
   A. 非常难过和气愤　　　　　　　B. 觉得朋友做了件不对的事
   C. 设法再买一本　　　　　　　　D. 丢了就丢了
6. 你花了一大笔钱买了件电子产品，却发现自己并不喜欢它，这时你会怎么办？
   A. 觉得自己很愚蠢　　　　　　　B. 不使用它
   C. 设法处理掉　　　　　　　　　D. 凑合着使用
7. 你不小心摔坏了别人的东西，你会怎么办？
   A. 很难过，非常不安　　　　　　B. 不知如何是好
   C. 进行赔偿　　　　　　　　　　D. 觉得没有什么

单元二　维护心理健康

学习目标

1. 知识目标：了解维护心理健康的意义。
2. 技能目标：能主动维护心理健康。
3. 情感目标：认同维护心理健康的重要性。

重点和难点

1. 重点：掌握维护心理健康的意义。
2. 难点：树立维护健康心理状态的观念。

案例 1-3

拥有阳光就足够了

黄美廉，1964年出生，出生时由于脑部神经受到严重的伤害，以致面部、四肢肌肉都失去正常作用。当时她的爸爸、妈妈抱着身体软软的她四处寻访名医，结果得到的都是

无情的答案。她不能说话，嘴还向一边扭曲，口水会止不住地流。六岁时，她还无法走路。妈妈听说患有脑性麻痹者到二三十岁时仍无法独立行走，一想到她的未来，内心就无比绝望。奇妙的是，经过爸爸妈妈的悉心照顾，她的四肢渐渐有力了，会自己吃饭，会自己站立，甚至一拐一拐地跨出了人生的第一步。童年时，她无法像别的小孩子一样自由自在地玩耍、奔跑，还要面对许多异样的眼光。在她坎坷的成长过程中，父母亲的爱和扶持带她渡过生命中的每一个难关。

十四岁时，她随家人移民到美国，经过多年的努力学习，如今她已取得艺术学博士学位，并成为画家和作家。由于不能通过语言表达，每次演讲时，她总是以笔代嘴、以写代讲，所以人们又亲昵地称她为"写讲家"。她在一次演讲中向人们说道："我只看我所有的，不看我所没有的。"当时，一位学生向她提问："黄博士，您从小就长成这个样子，您会认为老天不公吗？在人生的旅途上，您有没有怨恨？"听完这个问题，她只是微微一笑，转过身来，用粉笔在黑板上写道："我怎么看自己？"然后，给出了这样的答案："一、我很可爱！二、我的腿很长很美！三、我的爸爸妈妈很爱我！四、上天会公平地对待每一个人！五、我会画画，我会写稿子！六、还有很多的生活方式让我热爱……"她一下子写出了几十条让她热爱生活的理由，并且热爱得那样理直气壮。看着黑板上写下的理由，整个"写讲会"上鸦雀无声，大家都感动得热泪盈眶，再也没有人多说话了！她转过身来看了大家一眼，再次转过身去，在黑板上重重写下了她的那句名言："我只看我所有的，不看我所没有的。"在场的所有人，无不感动和佩服。顿时，掌声雷动。

问题：
1. 你读完这个故事是什么感受？
2. 你如何理解"我只看我所有的，不看我所没有的"这句话的含义？

分析：黄美廉这种不向命运屈服、热爱生命的精神感动过很多人。一个人要想使自己的人生变得有价值，就必须要经受住磨难的考验；要想使自己活得快乐，就必须要接受和肯定自己。其实，在这个世界上，每个人都有着不同的缺陷或不如意，并非只有你是不幸的，关键是如何看待和对待不幸。无须抱怨命运的不济，不要只看自己没有的，而要多看看自己所拥有的，我们就会明白：其实我们很富有。

心理健康状态非常重要，因为健康的心理对学业的完成、自信心的增强、良好人际关系的形成、职业的发展都具有十分重要的意义。我们在学习、生活中，要注意维护健康的心理状态。从职业规划开始之时就要注意健康心理的养成，在职业目标的选择时注意预防和调适不良就业心理，在职业发展的各个阶段都要注意培养和发展健康的就业心理，这样的职业人生才会更加辉煌。

一、维护心理健康的意义

维护心理健康有利于学生的身体健康成长。职业院校学生正处在心理机能迅速发育成熟的时期，因此需要开展心理健康教育，让学生了解和掌握心理健康教育的内容，通过及时、有针对性地施以教育、对症下药，使学生知道健康和不健康的心理分别是什么样的。

维护心理健康有利于学习、工作效率的提高。健康的心理对学习、工作效率的提高起着重要的作用，对竞赛技能的发挥更为重要。一个心理健康的人朝气蓬勃、开朗乐观，因此学习和工作就有劲，效率就高。而一个心理不健康的人常常心神不定、思虑过多，不能集中精力于学习和工作上，既影响效率，也大大妨碍创造才能的发挥。

维护心理健康有利于智力与个性的和谐发展。心理健康对促进人的智力与个性的和谐发展、发挥人类最大的聪明才智，以及对培养人才都具有重要意义，对处在智力发展成熟和个性形成时期的中学生尤为重要。一个人重视心理健康，可使大脑处于最佳状态，更好地发挥大脑的功能，有利于开发智力、充分发挥各种能力，以及个性的和谐发展。

二、维护心理健康的方法

职业院校学生大多已是成年人，具备了一定辨别是非的能力，对自身的心理状态变化也有了一定的掌控。但是，由于他们正处于未完全成熟向成熟的过渡阶段，思维模式仍在完善中，其心理状态的波动依然是存在的，所以学生心理健康问题愈发引起社会的关注和重视。

关于学生的心理健康问题，如果只是靠外界给予关注，而学生本身不重视，那无疑是隔靴搔痒，效果自然不明显，学生本身也应对自身的心理健康问题给予足够的重视。职业院校学生应该从以下几方面主动维护自身心理健康：

1. 树立正确的人生观和世界观

树立正确的人生观和世界观有利于职业院校学生确定积极的人生目标，积极的人生目标往往能提高学生承受压力与挫折的能力，使其保持积极乐观的精神，并使学生懂得生命存在的意义。树立正确的人生观和世界观有助于学生科学地认识社会，对人生采取适当的态度和行为，并正确体察和分析客观事物，做到冷静而稳妥地处理各种事情。树立正确的人生观有益于塑造健康的人格。具有正确的人生观和世界观的学生能敏锐而客观地认识世界，在工作中富有创新和开创精神，敢于并乐于把爱慷慨地献给他人与社会。

2. 要有健全的自我意识

首先，要保持头脑清醒，对自我有一个全面清晰的认识。一个人只有对自己有清楚的认识，才能发现自己的优点和缺点所在。与此同时，也会发现自己适合做什么，不适合做什么。其次，要有容我的胸怀。这包括两方面：一是能容得下自己的优点，即容优；二是能容得下自己的缺点，即容缺。容优，是要以一种谦虚的姿态看待自身的长处。容缺，是要以一种诚实、豁达的心态对待自身的不足。只有多角度地审视自我，才不会错估自己的实力。最后，要有容人的魄力。海纳百川，有容乃大。一个人若能有大海一样的气魄，并以之去为人处世、去容人，日后肯定会有不俗的成绩。

3. 要树立积极的心态

快乐是一天，不快乐也是一天，你会选择怎么度过？当然是要快乐地度过了。其实，快乐是积极心态的一种外在表现形式。一个人快乐时，他的神经处于亢奋状态，做什么事都会有激情，而且会把做事情当作一种享受，在这种情况下，事情怎么会做不好呢？而且我们知道，情绪是会传染的，当我们以积极的心态去对待别人的时候，别人反馈给我们的也是一种积极的信号；反之，我们的心情只会更加低落。我们经常听到的一句话是"态度决定一切"，这值得我们深思。

4. 要正视现实，适应环境

所谓正视现实，就是应以较为客观、全面、公允、不偏执的态度对待周围事物，不脱离实际来谈自己的发展。我们每个人在这个世界上生活，都会处在某一个具体的环境中，并且人不可能超越所处的环境，这一点是首先要明确的。所以无论所处环境好坏，我们要做的第一件事都是要适应。达尔文在他的《物种起源》中得到一个结论：物竞天择，适者生存。在自然界中，只有足够顽强的生命体才有资格生存下去，环境是不会因为你的不适应而改变来适应你的。因此，当我们面对一些特定的环境时，就应该理智、客观、全面地分析哪些条件是自己可以利用的，哪些是不可以利用的，哪些是可以改变的，哪些是不可以改变的。可以利用和改变的就为己所用，改变不了的就要面对、接受和适应。要在框架的限制中寻找自由。所以，职业院校学生应该把自己放在社会的大环境中来为自己的发展定位，一旦发现自己的需要和愿望与社会的规则、集体的利益等发生冲突，就要重新考虑修改自己的计划，以谋求真正有效的发展。

5. 要讲究学习方法和技能提升方法

笛卡儿曾经说过：没有正确的方法，即使有眼睛的博学者也会像瞎子一样盲目摸索。从某种意义上说，现代的文盲不是不识字的人，而是不会学习的人。所谓学贵有恒，妙在得法。对于当代职业院校学生而言，掌握熟练的学习方法和高效的技能提升方法是其学习心理成长的关键。我们可以选择和借鉴的学习方法很多，但是也要因人而异，针对不同的专业特点，有选择性地合理运用这些方法。

6. 要建立和谐的人际关系

有人说，在一个人的成功中，专业知识占15%，人际关系占85%。我们不知道这个比例的由来，但是它至少可以表明，人际关系对一个人的成功是非常重要的，所以处理好人际关系对于职业院校学生来说也是在校期间必须要做的。然而，要拥有良好的人际关系并不容易。要想拥有良好的人际关系就要遵循一定的人际交往原则和技巧。

> **案例 1-4**　　　　　　　　　　　**我的生活原则**
>
> 1. 知道自己最需要什么，也明白自己目前最需要什么。
> 2. 不要太在意别人的眼光和评论，因为我们每个人都有自己的思考方法，不要期望每个人都和你一样。但是，你所坚持的你认为正确的东西必须要符合规律和道德观念。另外，也应尊重别人的观点，不要正面反击。
> 3. 做人、交友要有分别。不要把什么人都作为朋友，交友要慎重。做人要真诚，不要只关注外表，更要注重自己内在的修养。
> 4. 要柔和地接受事物，做到坚定而不固执、冷静而不冷漠、稳重而不失去激情。
> 5. 时时调整自己以顺应潮流，要接受新观念和新理念。
> 6. 不刻意迎合别人，不刻意疏远别人，尽自己的努力帮助别人，说话要留余地，做人要圆通。
> 7. 凡事不要依赖别人，要多靠自己。最明智的活法是做好自己、强大自己。我们每个人都有自己的小花园需要整理，不要只是去羡慕和妒忌别人，你也可以依靠自己修整好自

己的花园。

8. 适当地减少自己不必要的愿望，不要什么都想要。否则的话，你会活得很累，也就没有更多的精力来做好自己应该做的事情了。要学会放弃，真正成功的人并不是在每一方面都做得很优秀的人，而是在某一方面做得很出色的人。

9. 尊重每一个人，这样你才会赢得别人的尊重。多说别人的好处，不要揭露别人的短处。

10. 珍惜自己和别人的时间。

最后一点也是最重要的一点是，你一定要喜欢自己、爱自己。一个连自己都讨厌的人是不会受到人们喜欢的。爱你自己！

三、提高自己抗压能力的方法

要减轻压力，首先要认识压力。从心理学的角度看，压力是心理压力源和心理压力反应共同构成的一种认知和行为体验过程。压力是一个外来词，有紧张、压迫、强调等意思。众所周知，压力会影响个体的身心健康。在日常生活中，我们也经常听到很多职业院校学生谈到压力。生活中我们谈到的压力，通常是指压力源和压力共同反应构成的一种认知和行为体验。

从心理学上来说，压力源是指引起压力反应的因素，包括：①生物性压力源，是指直接阻碍和破坏个体生存和种族延续的事件，包括躯体创伤和疾病、饥饿、睡眠剥夺、感染、噪声、气温变化等；②精神性压力源，是指直接阻碍和破坏个体正常精神需求的内在和外在事件，包括错误的认知结构、个体不良经验、道德冲突以及长期生活经历造成的不良个性心理特点（比如易受暗示、多疑、嫉妒、悔恨、自责等）；③社会性压力源，是指直接阻碍和破坏个体社会需求的事件，包括纯社会性的（重大社会变革、重要人际关系破裂等）和由自身状况造成的人际适应问题（如社会交往不良）。造成心理问题的压力源绝大多数都是综合性的，必须把三种压力源作为有机整体加以考虑。

案例 1-5

"3R 原则"减压法

放松、退缩、重整是国际上流行的"3R 原则"，也是一种比较行之有效的减压方法。这种方法的核心就是尽量避免遭遇压力源，尽力放松自己的情绪，适当调整自己的目标或期望值。对于已存在的正面压力、自发压力或过度的压力，要力求寻找一个平衡点。要达到这种解压效果，方法多种多样，原则只有一条：要么改变个体的处境，要么改变个体面对处境的反应，要么改变个体看待处境的方式。灵活掌握"3R 原则"减压法对于提高个体的抗压能力功效显著。

职业院校学生应积极应对压力，提高个体抗压能力，可以从以下几个方面做起：

1）学会换位思考，学会多角度、全方位地看问题。

2）学会宣泄，一吐为快。通过向亲友倾诉、写日记等方式，把自己的不快宣泄出来，压力自然就减轻了许多。

3）接受帮助。学会向朋友求助，学会"善假于物"，良好的人际关系可以有效化解压力。

4）学会放松，降低生活期望值。过分完美的生活期望，只会给人平添不必要的心理负担。

5）学会专注，不要同时做几件事情。与其同时做几件事，不如一次做好一件事。

6）积极进行体育锻炼，从而放松身心，缓解紧张情绪。

7）养成良好的作息习惯，保持积极乐观的生活态度，把学习看成一件乐事。

8）学会使用分散注意力、自我暗示等方式来减压。

职业院校学生想让自己拥有健康的心理，就要提高自己的抗压能力。心理学认为，个体可以有三种应对压力的中介机制。

一是心理调整机制，是指个体的认知评价，主要是对压力的强度、性质、有无威胁等做出评价，从而得出压力对于客观事件的严重性等结论。积极的认知评价可以使大脑皮层的唤醒水平提高，从而产生积极的情绪反应。而消极的认知评价则会使反应过度，唤醒焦虑、激动、低落等不健康情绪，导致认知能力下降。

二是社会调整机制，是指社会支持系统。社会和他人可以给予当事人信息、物质支持，更重要的是可以给予关怀、影响、教育、激励和保证等精神支持。良好的社会支持系统可以使压力事件的强度相对降低。

三是生物调整机制，是指个体自身具有的生物调整系统。人的生物调整机制以规律性的节律体现出来，在大自然适者生存、不适者被淘汰的进化原理制约下形成并完善起来。

同学们要善于学习和运用心理健康知识，主动调适自己的心态，当出现不顺心或遇到挫折的时候，尽快尽早地积极化解。当你把注意力从消极方面转移到积极、有意义的方面上来时，心情就会豁然开朗；当你遇到苦恼时，如可以从事件中找到光明的一面，则会消除苦恼；当你遭遇挫折时，可以通过适当的途径排解和发泄，把消极情绪疏解掉。所以，职业院校学生一定要学会心理健康知识，积极、主动地关注和调适自己的心理状态。

案例 1-6

20 个自我提升技巧

你可以利用这些自我提升技巧作为提升自我的纲领：

1）自律。要想在生活中积极向上，自律就是十分重要的一点。每个成功者都是高度自律的人。如果你懒惰又没有强有力的自律，很可能就无法过上想要的生活了。

2）设定目标。你需要在生活中设定目标以实现自我提升，否则便会在自己的安乐窝中停滞不前。尽管你知道改变将会让你在多方面受益，但缺乏目标的你还是不愿意去改变自己的处境。

3）积极的态度。积极的态度能激发出你最好的一面。它会抵制你偶尔出现的消极的自我暗示，也可以使伤感和其他负面情绪从你的生活中逐步消失。

4）感恩的心。每当你经历美好的事情时，就表达你的感激之情，这会为你带来更多、更美好的事物。感激可以创造奇迹。你也可以开始一段感激之旅——每天花 5 分钟时间写下你的感激。

5）锻炼。每天的锻炼可以缓解压力、强身壮体，也能改善自我感觉。

6）深思熟虑。认真思考会理清你的思路，消除负面思想，并把你的幸福感提高到新的层面。这将会改善你的生活。

7）发挥自己的价值。当你开始想要发挥自己的价值时，你会发现你在不断提升自我。如果你诚心诚意地付诸行动，人们也会好好犒赏你并衷心感谢你。

8）深化你的知识体系。坚持每天至少花30分钟（1小时更佳）学习感兴趣的学科。这将增强你的自信心，同时提高智力。

9）有条不紊。尝试提前做日计划，你将能避免浪费时间，并把精力集中在重要的事情上。

10）保持整洁。整洁的生活环境也能使你的思路更为明朗，你也会更有效率，能更好地掌控自己的生活。

11）多与积极向上的人来往。尝试结交积极向上的人，花时间和那些让你感受到被爱和被尊重的朋友在一起。

12）改造你的安乐窝。多在生活中寻求变化，不要失去活力。不断地改造舒适区域会提升生活质量，让自己更勇敢。做到这一点需要强大的意志力。

13）提升财富增幅。设想自己变得富有，尝试去感受变富的感觉。这会改变你的财富增幅。

14）为他人高兴。当别人获得成功时，为他们喝彩。这会让人倍感欣慰，他人也会因此感谢你。当你收获感激时，你也会感觉更好。

15）善待自己。好好照顾自己，这也会大大改善心情。这意味着穿戴整齐大方，护理自己的皮肤，有足够的时间休养。

16）善始善终。不要半途而废。完成一件事情可以提升你的自信心，并对自我进行激励。很多人没能做到这一点，他们也同样没能取得优秀的成果。

17）克服恐惧。恐惧是唯一能阻挡你前进的东西。想要克服恐惧，你先要感受恐惧，然后想办法克服它。好好体会这一点。只有如此，方能克服恐惧。最终你会更自信，更能因时而变。当你回首过去时，会对过去害怕的事物一笑置之。

18）改变一个习惯。至少彻底改变一个习惯。举个例子，如果你每天起床晚，可以设闹钟让自己早起一些。这可并不简单。如果你坚持30天，将会形成新的习惯。

19）拿出多一倍的时间去投入爱好。尽可能多地抽时间去做你喜爱的事情。这也将不断地改善你的身心健康。兴许你还能依靠你的爱好赚钱呢。

20）多微笑。你会感觉更好，美好的事情也会不断找上门来。简简单单的一个微笑，会给生活带来很大的改观。你所需要的，仅仅是从现在开始去做。

心理训练营

不抱怨的世界

一、活动目的

抱怨是最消耗能量的无益举动之一。美国知名牧师威尔·鲍温发起了这项"不抱怨"活动。不到一年，全世界就有80个国家、600万人积极参与了这项活动，学习为自己创造美好的生活，甚至通过影响他人，从而让这个世界充满平静喜乐、活力四射的正面能量，而你也可以成为其中的一分子。就让我们一起来体验"不抱怨"的神奇力量吧！

二、活动设计

组织活动者为每位参与活动者分发一个紫手环让其戴在手上，手环发完为止。若参与者发现自己有抱怨，请立即将手环换到另一只手；再次抱怨，就再次换手；如此类推，直到这个手环能持续在同一只手上戴21天，那么你就已经养成不抱怨的习惯了。

让我们一起来挑战一下自己吧，"抱怨"减少了，你会欣喜地发现自己的生活在悄悄发生变化！

心理学家及核心理论（一）

卡尔·荣格与人格理论

图1-2　卡尔·荣格

卡尔·荣格（Carl Gustav Jung，1875—1961，见图1-2），瑞士心理学家，1907年开始与西格蒙德·弗洛伊德（Sigmund Freud）合作，发展及推广精神分析学说长达6年之久，之后因与弗洛伊德理念不合而分道扬镳，创立了荣格人格分析心理学理论，研究出"情结"的概念，把人格分为内倾和外倾两种，主张把人格分为意识、个体无意识和集体无意识三层。他曾任国际心理分析学会会长、国际心理治疗协会主席等职务，创立了荣格心理学学院。他的理论和思想至今仍对心理学研究产生深远影响。

荣格在他的理论中拒绝了弗洛伊德以性本能解释行为的观点，这具有积极的意义。荣格的许多观点对以后的心理学家都产生了很大的影响，如：集体无意识的概念对弗洛姆（Erich Fromm）产生影响，后者提出了社会潜意识；他对人格类型的划分，在拓展心理类型学方面做出巨大贡献；他所提出的内倾和外倾的划分方法为大多数心理学家所接受，至今仍是划分人格的主要依据之一。

荣格关于梦的见解也获得了许多称赞，并且在临床应用中硕果累累。他为理解明显具有神话性质的梦提供了一种方法，这对心理治疗具有突破性的推动作用。

模块二 心理挫折应对与心理危机干预

● **导读导学**

　　你满怀憧憬进入新的校园，遇到新的老师和同学，新鲜感过后，内心出现了抹不去的淡淡忧伤："我真的行吗？""我能成功吗？""为什么我遇到的挫折总是比别人多？"自信与失望交织，快乐和忧伤相伴，心情时而阳光明媚，时而阴霾欲雨。如何才能正视遇到的挫折和危机，用积极、健康的方式去处理和解决问题呢？本模块将介绍挫折心理、心理危机及干预、生命教育等知识，帮助你正确认识挫折和消极，学会用科学的方法、积极的态度去应对，微笑生活，健康成长。

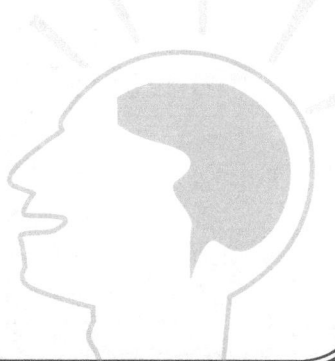

● **思维导图**

心理挫折应对与心理危机干预思维导图见图 2-1。

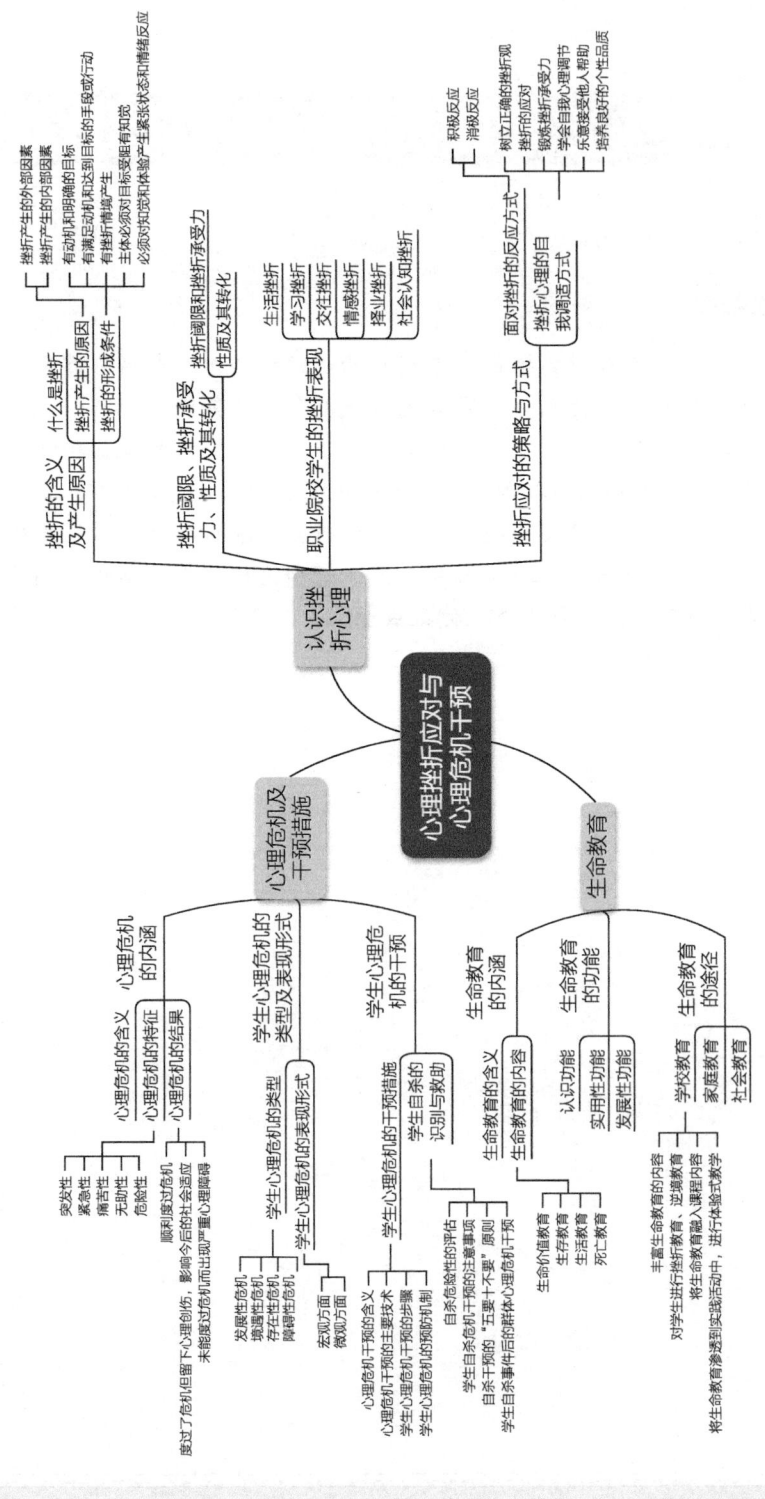

图2-1 心理挫折应对与心理危机干预思维导图

模块二 心理挫折应对与心理危机干预

单元一 认识挫折心理

学习目标

1. 知识目标：了解职业院校学生挫折和心理危机的产生与特点；了解挫折及心理危机对职业院校学生的影响。
2. 技能目标：学会正确应对挫折。
3. 情感目标：认识生命、尊重生命、珍爱生命，自主维护生命安全，树立正确的生命观、生活观与生存观。

重点和难点

1. 重点：正确认识和应对挫折，积极掌握应对方法。
2. 难点：掌握应对挫折的心理调适方法，树立正确的生命观、生活观与生存观。

案例 2-1　为什么受伤的总是我？

刘某，女，20岁，某高职院校一年级学生，家里有一个姐姐和一个弟弟。父母的文化程度不高且身体不好，家中经济条件十分拮据。家人都有重男轻女的观念，因此小儿子在这个家里备受宠爱和关注。可一场意外夺去了小儿子的生命，肇事者逃逸，使这个本就拮据的家庭雪上加霜。在这种情况下，刘某发奋学习，决心要出人头地，承担起家庭的责任。后来她考上了师范大学，报到一个月后，她觉得当老师没有什么大出息，执意要退学复读，并为此与父母关系很僵。复读期间，她的成绩一直很好，可在高考前一个月她不幸得了水痘，影响了高考发挥，最终被录取到了一所"二本"学校。她想继续复读，可家里人不同意。她最终拿着两千块钱来学校报到。到校后，她发现这所学校的环境还不如之前的师范大学，自家的贫困又让她觉得很自卑，认为世界对她太不公平。她给家里打过电话说又不想读了，父母都强烈反对。在学校里，她沉默寡言，很少与老师沟通，与同学相处不太融洽；在家庭中，因复读一事与父母意见分歧较大、交流较少。

辅导员在学生会晨点出勤记录里发现刘某经常迟到，寝室长也反映她近期在日常生活中表现异常，如她每晚熄灯后才去洗澡，而且声音很大，总让人感觉她是在故意制造噪声；她躺在床上也是辗转反侧，很久不能进入睡眠状态。任课老师反映她最近还经常旷课。新生心理普查报告显示，她有严重的自闭心理和自杀倾向。辅导员了解到这些情况后，马上拨通了刘某的电话，可电话无人接听，她赶紧把这些情况向学院主管领导做了汇报。领导指出情况危急，应立即启动预案，实施心理危机干预。

问题：

1. 看到这个案例中的主人公，你是否有过或者正在经历着同样的境遇？你可曾想过造成这一切的缘由是什么？又该如何正确地应对呢？

> 2. 在这个经济快速发展、竞争激烈的现代社会，作为新时代职业院校学生，你在面对这些境况时，感受如何？这些境况对于个人的成长又有什么意义？
>
> 分析：这是典型的因无法应对挫折而引起的心理危机。个人经历或目睹的重大突发事件一旦超过个人身心平时所能承受的范围，又无法通过常规的解决手段去应付，便会使个人陷入惊慌失措的情绪状态，失去导向及自控力。这是一种无法承受的局面，它具有引起人的心理结构崩溃的潜在可能，因此必须尽早干预。尤其要及时提供释放的机会，引导学生及时恰当地释放不良情绪或冲动，从而减轻心理压力，摆脱心理危机。

挫折在生活中避免不了，因挫折而产生的心理问题已经成为困扰职业院校学生心灵的主要原因之一。因此，学生要认识挫折，了解人对挫折的种种心理反应，通过学习来提高抗挫折能力，做到面对挫折时能够从容应对。学生提高应对挫折的能力后，将来在遇到不幸、困苦甚至灾难等危机状态时，能够勇敢面对、坚强承受，积极寻求解决问题的方法和途径，可以预防和减少生命危机事件的发生，意义非凡。

一、挫折的含义及产生原因

（一）什么是挫折

挫折或挫折心理是指人们在有目的的活动中，遇到无法克服或自以为无法克服的障碍和干扰，使其需要或动机不能获得满足时所产生的消极情绪反应。

挫折一般包括三个因素：挫折情境、挫折认知和挫折反应。

（1）挫折情境　挫折情境是指在个体从事有目的的活动时，引起挫折的原因、对象、环境和条件。

（2）挫折认知　挫折认知是指个体对挫折情境的知觉、认识和评价，认知的对象既可以是实际存在的，也可以是想象的情境。

（3）挫折反应　挫折反应是指个体伴随着挫折认知，对于自己的需要不能被满足而产生的情绪和行为反应，如愤怒、紧张、焦虑、攻击等。

挫折认知是挫折的核心因素，面对同样的挫折情境时，不同的挫折认知会产生不同的挫折反应。一般来说，挫折情境越严重，挫折反应就越强烈；反之，挫折反应就轻微。但是，只有挫折情境被个体感知时，才会在个体心理上产生挫折反应。如果出现了挫折情境而个体没有意识到，或者个体虽然意识到了但认为并不严重，那么个体就不会产生挫折反应，或者只产生轻微的挫折反应。因此，挫折反应的性质、程度主要取决于个体对挫折情境的认知。

（二）挫折产生的原因

挫折产生的原因有很多，可分为外部因素和内部因素两个方面。它们之间相互作用，便导致了挫折的产生。

1. 挫折产生的外部因素

外部因素又称为客观因素，主要包括自然环境、家庭环境、学校环境、社会环境四个方面。

（1）自然环境　不以人的意志为转移的时间、空间限制，无法预料的地震、洪水、台风、海啸、车祸等灾祸以及社会的快速发展,给个体的发展带来某种阻碍,致使个体的需要得不到满足而受挫。

(2)家庭环境　家庭对每个人的影响是巨大的,家庭环境对每个人的思维和处世方式都会产生长远的影响。家庭环境中的经济基础、父母的教育方式、父母的婚姻状况、家庭成员的相处状态等都会成为引发挫折心理的重要因素。

(3)学校环境　学校是个体接受教育、成长成才的重要载体,学校的学习环境、管理方式、教师教育教学水平、学风状况、评价导向以及人际交往的和谐程度等都会对个体的身心状态产生重大影响。

(4)社会环境　每个人的生活都受社会环境变化的影响,社会的经济发展水平、治安状况、风俗习惯、道德伦理、文化观念、就业状况等都直接冲击着个体的身心状况。

2.挫折产生的内部因素

内部因素主要包括生理因素、认知因素、个性因素、动机因素和意志因素等。

(1)生理因素　在现实生活中,个体自身的性别、身高、容貌以及某些生理缺陷、疾病等情况,导致个体发展受限制、需要不能被满足或动机不能实现,从而引发相应的消极情绪状态。

(2)认知因素　个体的思想观念、思维模式、处事态度、归因倾向等内隐心理特征影响着其自身的情绪和行为,个体对外界事物、自身发展以及所处情境产生不合理的认知时,容易产生挫折心理。

(3)个性因素　个人的性格特征、兴趣爱好、世界观都对其挫折承受力有重要影响。性格开朗、乐观、坚强、自信的人,其挫折承受力强;性格孤僻、懦弱、内向、心胸狭窄的人,其挫折承受力弱。另外,一个人的适应程度、心理准备、生活态度、人生观、价值观(如理想、信念、信仰)、气质类型和态度特征等与挫折感的产生也有直接关系。

(4)动机因素　需求和动机是个体生存发展的内在动力,当多种需求和动机出现时,就可能产生动机冲突(包括双趋冲突、双避冲突、趋避冲突和双重趋避冲突四种类型),这些冲突的实质是不同需要无法同时满足。冲突持续得太久、太激烈,就可能会引起个体痛苦、焦躁和不安。

(5)意志因素　个体为了实现预定的目标需要持续地付出努力,这个过程难免会遭受一些干扰、阻碍甚至失败。而面对这些挫折时的接受能力、适应能力以及心理承受能力就体现了个体的意志力水平,个体挫折感的强弱与其意志力水平有非常直接的联系。

(三)挫折的形成条件

巴尔扎克说:"世上的事情,永远不是绝对的,结果完全因人而异。苦难对于天才是一块垫脚石,对于能干的人是一笔财富,而对于弱者是一个万丈深渊。"并不是所有的事件都能让我们产生挫折感,它必须具备以下几个条件:

1.有动机和明确的目标

动机是推动个体去行动以达到一定目标的内在动力。没有一定的动机和目标,挫折的产生也就无从谈起。

2.有满足动机和达到目标的手段或行动

个体所感受到的现实的挫折是在他采取一定的手段,为满足一定的需要,在实现预期目标的实际行动中产生的。

3. 有挫折情境产生

个体在实现目标的道路上，尽力了却受阻且不能克服便产生了挫折情境。如果只是去尝试而没达到，就不构成挫折情境。

4. 主体必须对目标受阻有知觉

个体在实现目标的行为受到阻碍而产生挫折时，必须有所知觉和认识，否则也不会构成挫折情境，个体不会产生挫折反应。

5. 必须对知觉和体验产生紧张状态和情绪反应

挫折反应和感受是形成挫折的重要方面。个体受挫与否，不取决于旁观者意见，而在于当事者对自己的动机、目标与结果之间关系的认识、评价和感受。对某个人构成挫折的情境和事件，对另一人不一定构成挫折，这就是个体感受的差异。

二、挫折阈限、挫折承受力、性质及其转化

（一）挫折阈限和挫折承受力

心理学上用阈限说明人的感觉能力。个体接受的刺激是有一定限度的，太弱和太强都不会产生感觉。把刚刚能够引起感觉的最小刺激强度（即下限）叫作感觉的"绝对阈限"或"下阈"。那种继续增强也不会使感觉进一步变化的刺激强度（即上限）叫作感觉的"最大刺激阈限"或"上阈"。例如：刚刚引起听觉的声音强度是 0 分贝，是下阈；120 分贝以上的声音不会再引起人更强的听觉经验，还会引起痛的感觉，是上阈。

挫折感也有一个范围。把引起挫折感的最小刺激点叫作"绝对挫折阈限""下限"，把一个人能承受的挫折感的最高限度叫作挫折适应极限，即挫折感范围的上限，也称"上阈"。

绝对挫折阈限与挫折感成反比关系。绝对挫折阈限越低，越容易受到挫折；绝对挫折阈限越高，对挫折越不敏感。一般来讲，抑郁气质和 A 型性格的人挫折适应极限较低。

挫折承受力是指人们在遇到挫折时，能够忍受和排解挫折的程度，也就是人们适应挫折、抵抗和应对挫折的一种能力。挫折承受力包括耐受力和排解力两个方面。

（二）性质及其转化

挫折的消极性和积极性是相对的，也是可以转化的。转化是指人们在遇到挫折时，以积极的态度面对挫折，将挫折变为动力，以顽强的毅力继续奋斗，或重新调整目标，从而使需要或动机获得满足的心理过程和实践过程，即减少挫折的消极因素，积极寻找挫折的积极面，促使挫折产生的消极因素向积极方面转化。

三、职业院校学生的挫折表现

1. 生活挫折

生活挫折有广义和狭义之分。广义的生活挫折泛指在社会生活中遇到的所有挫折，狭义的生活挫折主要是指生活上的一些困难和不适应。生活挫折小至饭堂的饭菜不可口、需要用水时水龙头没水、住不惯集体宿舍等，大至交不起学费、无法解决生活费用、发生意外事故等。

挫折越大，对人的打击就越大。

2. 学习挫折

学习挫折是指学习上产生的各种困难对人心理的影响。刚刚进入大学的职业院校学生面临学习的重新适应过程，在这一过程中，有些同学因学习中抓不着头绪、找不到有效的学习方法、不会安排学习时间等对大学学习的不适应而产生挫折感；一些同学因所学专业并非自己的理想目标而感到失落，对学习失去兴趣甚至产生抗拒心理，认为学习是一件苦差事，甚至因不堪痛苦而逃课。

3. 交往挫折

交往挫折主要表现为交往不顺或人际冲突。

（1）交往不顺　交往不顺表现在：想结交朋友，但不知道如何开始、如何去结交；因性格内向、孤僻而无法与别人沟通；因自卑、胆小而不敢与别人交往；在交往中过分挑剔别人，感到找不到知音而陷入孤芳自赏。

（2）人际冲突　人际冲突是指在与同学、朋友的交往中，由于脾气不好、性格不良或缺乏同情心、责任心，凡事不会为别人着想、总是以自我为中心等而容易与他人产生摩擦、发生冲突，从而导致人际关系紧张等。

4. 情感挫折

学生的情感挫折是多方面的，主要表现在友情、亲情与恋情等方面。

（1）友情方面　友情方面的挫折包括与朋友产生误解、朋友关系疏远、交不到知己等。

（2）亲情方面　亲情方面的挫折包括自己的做法得不到亲人的理解、失去亲人等。

（3）恋情方面　这是最主要的情感挫折，表现为失恋、单恋、多角恋。恋爱挫折对学生的心灵伤害是很深的，往往会使人产生自我价值的幻灭感或自尊心受到伤害的自卑感和屈辱感，以致一些学生失恋后因情绪太冲动而做出自伤或伤害他人的事来。

5. 择业挫折

择业挫折即就业过程中遇到的各种困难与阻力。目前有多种原因会使学生在寻找工作中遭受到各种挫折。一些学生开始时雄心勃勃，几经碰壁后竟无奈至听天由命。择业困难甚至使一些学生害怕毕业、畏惧走上社会。

6. 社会认知挫折

社会认知是指对社会的认识与评价。社会认知挫折是指由于个体对社会的评价与社会期望产生矛盾而产生的挫折。职业院校学生对社会怀着美好憧憬并带有理想化色彩，但当前社会存在的种种问题与弊端会影响其对社会的认同，可能妨碍其对社会做出正确评价。当职业院校学生更多地看到社会不完美的一面时，就会因理想的破灭而感到失望和沮丧，从而产生挫折感。

四、挫折应对的策略与方式

（一）面对挫折的反应方式

1. 积极反应

（1）适度紧张　挫折引起的紧张状态并非一定是消极的，适度紧张往往会产生积极的效果，比如注意力集中、思维活跃、效力提高、情绪适度唤起等，从而为战胜挫折提供有利的心理条件。具体而言，适度紧张有助于职业院校学生认清自己所处的现实状况，开始考虑今后发展的具体对策，认真分析自己的行为动机，重新修正发展目标，充分调动自己的潜能，不断激活创新思维。

（2）继续努力 遭遇挫折后，个体根据自己的经验、知识进行分析，发现追求的目标是可以实现的，那么即使暂时遇到了挫折，也应该找到战胜挫折的办法，提高自己的实力，坚持不懈直到取得成功。

（3）降低或改变目标 在目标无法达成之时，可以通过降低目标要求或者改变目标的方式，使需要得到满足。采用这种"曲线救国"的方式来应对挫折并不是逃避，也不是惧怕困难，而是实事求是的表现。

2. 消极反应

（1）生理反应 当目标未达到，情绪低落、消沉时，人的神经、心血管、内分泌、消化等系统均会出现反应，如心率加快、血压升高、呼吸加快、出汗等；如果紧张、焦虑情绪长期持续，人会出现面色苍白、四肢发冷、心悸、气急、腹胀等一系列生理反应，危害身心健康。

（2）情绪反应 遭遇挫折后，人们的反应截然不同：有人因鸡毛蒜皮的小事而发脾气、怒不可遏，反应非常强烈；有人对一般人感到痛苦、惧怕或悲伤的事情无动于衷、冷漠无情，甚至连正当的愤怒也不敢表现出来，过分压抑自己的情绪，以避免痛苦。最常见的挫折情绪反应有愤怒、焦虑、沮丧、失望、压抑、抑郁等。

（3）行为反应 应对挫折的外显行为反应因人而异，主要可分为积极的行为反应和消极的行为反应两种。在遭受挫折后，寻找并采取积极进取的态度对待挫折的行为是积极的行为反应；而消极的行为反应是指个体在受挫后常常会表现出的一些失控的行为反应，以及对自己、对他人、对社会产生危害的行为反应。因此，要高度关注职业院校学生的消极行为反应。

（二）挫折心理的自我调适方式

1. 树立正确的挫折观

（1）挫折是普遍存在的 人生在世，随时随地都可能遇到挫折，没有大坎坷，也有小麻烦。一帆风顺是相对而言的。

（2）挫折具有两重性 挫折既有消极的一面，也有积极的一面。一方面，它使人失望、痛苦，使某些人消极、颓废，从此一蹶不振，甚至轻视生命；另一方面，它不但能给人以教益，使犯错误者醒悟，认识错误、接受教训，还能砥砺人的意志，让人从中得到锻炼，逐渐成熟起来。

（3）要敢于直面挫折 无论挫折会带来什么，接下来会发生什么，都去坦然面对，不要被挫折所击倒。但也要重视挫折，正确分析产生挫折的原因，找出克服挫折的办法，努力去战胜挫折。

2. 挫折的应对

（1）准备 要有面对挫折的心理准备。生活中挫折不可避免，应该随时做好应对挫折的心理准备。

（2）承受 坦然地面对挫折，寻找积极的解决办法。

（3）归因 归因是指对造成挫折的原因进行实事求是的分析和判断。其目的是弄清挫折产生的原因到底是外部的还是内部的，或者是内、外因素共同起作用。正确的分析和归因是应付和解决挫折的必要前提。片面的客观归因容易导致推卸责任，片面的主观归因则容易使人丧失自信心，因而都是不可取的。

（4）应对　有些挫折一经产生，就无法消除或短期内无法改变，那么就应学会坦然地面对挫折，一方面通过自我调节和寻求他人帮助来减轻挫折所引起的痛苦，另一方面应积极寻找应对挫折的办法，使自己尽快走出挫折的阴影。

3. 锻炼挫折承受力

（1）有意识地容忍和接受生活中的一些挫折情境　当我们在生活中遇到某种挫折或逆境时，不要害怕，不要退缩，把它作为磨砺自己意志、锻炼坚韧不拔精神的激励机制，培养自己良好的意志品质，提高挫折承受力。

（2）有意识地创设一定的挫折情境　使自己经受一些磨难，或者自找苦吃、自寻麻烦，对自己进行意志力、耐受力的训练，培养挫折承受力。

4. 学会自我心理调节

自我心理调节是指个体在遇到挫折后自觉地对自己的心理和行为反应进行控制和调节的过程。自我心理调节是一种积极的调控活动，它能在挫折产生后积极主动地化解挫折对心理产生的不良影响，恢复心理平衡，有助于个体寻找战胜挫折的方法。

（1）正确运用心理防卫机制减轻挫折压力　挫折心理防卫机制有积极和消极之分，应多运用积极的心理防卫机制来化解内心冲突、克服挫折。比如，在比赛中失败了，可以用"胜败乃兵家常事"安慰自己。

（2）通过调整抱负水平化解动机冲突　比如，当你想同时追求两个目标，但实际上"鱼与熊掌不可兼得"，这时就要权衡利弊，分出轻重，追求更有价值的目标。如专业与兴趣爱好的冲突，可以这样化解。

（3）通过激励机制解脱自我挫败　自我挫败是指个体追求一个目标或做某件事情之前，就设想了种种困难和障碍，感到无法克服、难以成功，而放弃目标或不做某事。自我挫败实际上是缺乏自信，因此应通过自我激励和获得社会激励来增强自己的信心，鼓起克服困难的勇气。

5. 乐意接受他人帮助

每个人都应该有良好的社会支持系统，以便自己处于危难时有可以求助的对象。

（1）建立和谐的人际关系　结交一些朋友。有朋友，就有支持和鼓励，不至于孤独地面对挫折和磨难。向朋友求助，既可以请求物质的支持，也可以请求精神的鼓励和慰藉。

（2）向心理咨询机构求助　当你感到自己的努力以及朋友的帮助都无法使你摆脱挫折感、消除心理压力时，应该及时向有关的心理咨询机构求助。

6. 培养良好的个性品质

心理学研究表明，个性品质与人的挫折感有密切关系，如性情急躁、意志薄弱和自我偏颇（如自卑或自负）的人容易产生挫折感，而乐观自信、宽容豁达、自强不息和开拓进取的人不容易产生挫折感，且有着较强的挫折承受力，遇到挫折时一般能正确对待，并积极寻找克服挫折的办法去战胜挫折。

因此，我们应该培养良好的个性品质，使自己具有乐观豁达的人生态度、百折不挠的精神，这才是正确应对挫折和克服挫折的根本办法。

> **知识链接**
>
> ### 提高职业院校学生抗挫折能力的几点建议
>
> **一、认识到挫折的普遍性与必然性**
>
> 首先应承认已经发生的事实，明白事件已经发生，再也无法挽回，必须向前看，该干什么就干什么。挫折是人们在认识世界过程中的必然现象，任何人在成长过程中都不可避免地会遇到不同程度的挫折。既然挫折是人生中不可避免的一部分，那就做好充分的心理准备，遇到挫折时就把挫折当作进步的阶石、成功的起点，从而不断取得进步。
>
> **二、认识到挫折具有双重性**
>
> 挫折既有消极的一面，也有积极的一面。挫折虽然会给人以打击，带来损失和痛苦，但也能使人受到磨炼和考验而变得坚强、成熟起来，还可以使人增长知识和才干，获得解决问题的能力。
>
> **三、接受自己，接受别人**
>
> 每个人的能力大小不同，每个人既有优点又有缺点。我们首先要对自己有一个正确的认识和全面的评价，既要肯定自己的优点和长处，也要承认自己的不足，并愉快地接受自己的一切。只做到正确评价和愉快接受自己还不够，我们还要知道怎样避开自己的缺点、发挥自己的优势，争取最大限度地发展自己。同样，我们也要善于接受别人，多看别人好的一面，少一些误解，多一些相互间的支持和帮助。
>
> **四、采用精神宣泄法**
>
> 精神宣泄法就是创造一种环境，使受挫折者可以自由顺畅地表达受压抑的情绪。精神宣泄法有多种形式，如：受挫折者找一两个亲近、理解自己的人，将心里的委屈和想法全部讲出来，对方给予心理上的抚慰；或者受挫者通过写日记，把内心的不满情绪尽情地表达出来。

> **案例 2-2**
>
> ### 痛心！男孩高架桥上突然冲出汽车，跳桥身亡！
>
> 某职业学校二年级男生，在高架桥上和车内的家人发生矛盾，一气之下直接下了车，跳桥身亡。记者从相关部门获悉，男孩跳桥前曾与家人因琐事发生争执。
>
> 对此事件，有网友表示家人就是稻草，既是孩子掉下悬崖的时候想抓住的那根，也是压死骆驼的那根；也有的网友表示，孩子心理承受力太差，无法调节自己的情绪，情绪失控而酿成悲剧。
>
> 我们无法得知这位正值青春年华的少年经历了什么才会如此绝望，也许是家庭问题积压已久的爆发，也许是突如其来的情绪无法疏解，其背后的原因值得我们深思。
>
> 问题：
> 1.看了这个案例，你的感受是什么？
> 2.如果你是这个男孩，面对同学之间的矛盾、父母的指责，你会怎么做？

分析：案例中男孩面对挫折时消极应对，付出了生命的代价，这让人痛心且深思。其实，真正引起挫折感或者相应行为后果的，不是挫折事件本身，而是青少年对挫折的看法。也就是说，对挫折事件错误的认知评价，才是导致消极后果的真正原因。

心理训练营

挫折承受力测试

试着在下面各个问题中选择最接近自己真实想法的选项：

1. 碰到令人担心的事：
   A. 无法着手工作　　　　B. 照做不误　　　　C. 两者之间
2. 碰到讨厌的对手时：
   A. 感情用事，无法应付　　B. 能控制感情，应付自如
   C. 两者之间
3. 失败时：
   A. 不想再做了　　　　　B. 努力寻找成功的机会
   C. 两者之间
4. 工作进展不快时：
   A. 焦躁万分，无法思考　　B. 可以冷静地思考办法
   C. 两者之间
5. 工作中感到疲劳时：
   A. 昏昏沉沉　　　　　　B. 耐住疲劳，继续工作
   C. 两者之间
6. 工作条件恶劣时：
   A. 无法做好工作　　　　B. 克服困难，创造条件
   C. 两者之间
7. 在绝望的情况下：
   A. 听任命运的摆布　　　B. 力挽狂澜　　　　C. 两者之间
8. 碰到困难时：
   A. 失去信心　　　　　　B. 开动脑筋　　　　C. 两者之间
9. 接到很难完成的任务或工作时：
   A. 拒绝　　　　　　　　B. 千方百计做好　　C. 两者之间
10. 困难落到自己的头上时：
    A. 厌恶之极　　　　　　B. 欣然接受并努力克服
    C. 两者之间

评分标准：A＝0分，B＝2分，C＝1分；总分在17分以上说明挫折承受力很强；在10～16分之间，说明对某些特定挫折的承受力比较强；在9分以下，说明挫折承受力比较弱。

单元二　心理危机及干预措施

学习目标

1. 知识目标：了解职业院校学生心理危机的类型及表现形式；掌握心理危机对职业院校学生的影响。
2. 技能目标：掌握初步的心理危机干预方法，预防心理危机。
3. 情感目标：使学生认识生命、尊重生命、珍爱生命，维护生命安全，树立正确的生命观、生活观与生存观。

重点和难点

1. 重点：正确认识心理危机的影响，掌握正确的应对方法。
2. 难点：掌握应对心理危机的心理调适方法，树立正确的生命观、生活观与生存观。

案例 2-3

恋爱的伤

沈某，男，18 岁，某高职院校一年级学生，为家中独子，性格偏内向，与同学关系欠融洽，在班级中无要好朋友，与老师的沟通缺乏主动性，在家庭中很少与父母交流。据同学反映：在危机发生前一段时间沈某经常通宵上网，有夜不归宿、逃课现象；情绪时好时坏，有时与女友通电话后会突然情绪暴躁，摔打手机、计算机等物件。

沈某寝室的心理委员向辅导员反映：沈某的 QQ 空间出现一篇日志，描述了沈某因恋爱屡屡受挫而感到孤独和绝望，并叙述自己曾半夜在校园内跳楼自杀未果（因恐高、紧张，腿抖得厉害放弃）并再次准备撞车了断（因故未实施）的事实，在文中骂自己是"胆小鬼"，声称一定要做让女朋友"后悔一辈子的事"等。室友也反映沈某曾有过自伤行为。

辅导员接到电话后，立即通报心理健康教育中心，并安排两名班干部对沈某进行随身陪护，随时汇报异常情况，同时将情况汇报给院分管领导、学工处长、专业系书记、保卫处长等。至此，学院心理危机干预应急预案正式全面启动。

问题：

1. 你如何看待这个案例中的主人公？
2. 当你面对挫折而心理失衡时，你的感受如何？可以采取哪些措施来应对？

分析：这是典型的心理危机案例。心理危机是指当个体遭遇重大问题或变化的发生使个体感到难以解决、难以把握时，发生的心理失衡状态。此时，个体正常的生活受到干扰，内心的紧张不断积蓄，继而出现无所适从甚至思维和行为的紊乱，进入一种心理失衡状态，这就是心理危机状态。个体面对危机时会产生一系列身心反应，一些学生可能因心理压力过重而崩溃，甚至结束自己年轻的生命。于是更多的教育工作者已开始关注一个严肃的课题——学生心理危机干预。

俗话说：天有不测风云，人有旦夕祸福。当今社会，诸多因素导致人们，尤其是职业院校学生有自卑、心理压力过大、生活空虚、身心疲惫等不良感觉，一连串纠缠不清的危机包围着职业院校的学生们，甚至导致其中的一些学生陷入不能自拔的泥潭，处理不当的甚至走上不归路。因此，我们要及早发现和预防潜伏的危机，在其初步形成时尽力、有效地抑制其进一步扩大和发展，以避免各种不必要的损失。

一、心理危机的内涵

（一）心理危机的含义

心理危机主要是指个人面临突然或重大生活事件，如亲人亡故、突发威胁生命的疾病、灾难等，个体既不能回避又无法用常用的方法来解决问题时所出现的心理失衡状态。某一事件是否会成为危机，有三个影响因素：

1）个体对事件发生的意义以及事件对自己将来的影响的评价。
2）个体是否拥有一个能够为自己提供帮助的社会支持系统。
3）个体是否获得有效的应对机制，也就是个体能否从过去经验中获得解决问题的有效方法，如哭泣、愤怒、向他人倾诉等。

由于个体间在这三个方面可能存在着较大的差异，因此相同的事件不一定对每个人都构成危机。

（二）心理危机的特征

具体来说，心理危机主要有以下五种特征：

1. 突发性

危机常常是出人意料、突如其来的，具有不可控制性。

2. 紧急性

危机的出现如同急性疾病的爆发一样具有紧急的特征，它需要人们去紧急应对。

3. 痛苦性

危机在事前事后给人带来的体验都是痛苦的，而且还可能涉及人尊严的丧失。

4. 无助性

危机的降临常常使人觉得无所适从，而且危机使得人们未来的计划受到威胁和破坏。由于心理自助能力差、社会心理支持系统不完善等原因，危机常常使个体感到无助。

5. 危险性

危机之中隐含着危险，这种危险可能影响到人们的正常生活与交往，严重的还可能危及人的生命。

（三）心理危机的结果

心理危机来临时，人们会用不同的方式做出反应，也会产生不同的结果。

1. 顺利度过危机

有些人面对心理危机，能够意识到自己遇到了严重的问题，明白此时此刻要冷静下来，通过自身努力和寻求外界帮助等措施来应付危机。顺利度过危机后，个体不仅学会了处理危机的方法和策略，而且提高了自身的心理健康水平。

2. 度过了危机但留下心理创伤，影响今后的社会适应

虽然最终能够侥幸度过危机，但由于个体的情感特点和行为习惯，个体并没有从认知的角度解决问题，即并没有认清危机发生的原因和自己应采取的态度与应对措施，因而危机的阴影还笼罩在心头，在以后的生活中，危机的不良后果还会不时地表现出来。

3. 未能度过危机而出现严重心理障碍

有些人对所发生的生活事件往往采取消极的认知状态，即认为无力应对眼前的困难，此时如果没有外界及时、适当的干预，或者个体受到进一步的负面刺激，则危机可能会进一步加深，导致个体采取非正常的手段来解决问题，甚至经不住强烈的刺激而自伤自毁。

二、学生心理危机的类型及表现形式

（一）学生心理危机的类型

职业院校学生的心理危机根据特征的差异，可分为以下几种情况：

1. 发展性危机

发展性危机是指个体在正常成长和发展过程中，对急剧的变化或转变所产生的异常反应。职业院校学生正处于生理发育基本成熟和部分心理发展相对滞后的特殊时期，人生观和世界观逐渐形成，心理状态不稳定，容易受到外界的各种影响而产生发展性危机，如升学危机、性心理危机等。这些危机是职业院校学生生命中必要和重大的转折点，每一次发展性危机的成功解决都是职业院校学生走向成熟和完善的阶梯。

2. 境遇性危机

境遇性危机是指突如其来、无法预料和难以控制的心理危机，可能造成个体心理失衡乃至解体的状态，如意外交通事故、人质绑架事件、突然的绝症或死亡、自然灾害等。

3. 存在性危机

存在性危机是指一些人生中的重要事件出现问题，而导致的个人内心冲突和焦虑，是伴随重要的人生目标、人生责任和未来发展等内部压力的冲突和焦虑的危机。存在性危机往往不具有突发性。

4. 障碍性危机

障碍性危机是指因心理问题、人格障碍甚至精神疾病引起的心理危机，其最显著的特点是潜在性和痛苦性。

除以上分类外，根据职业院校学生心理危机应激源的差异，心理危机还可以分为学业危机、人际关系危机、就业危机、情感危机、自杀危机等。据研究，职业院校学生自杀已经成为高校非正常死亡的首要原因，这种情况的出现已经严重影响了高校的稳定和发展。学生的心理危机得不到及时疏导，不仅容易造成心理障碍或发展为心理疾病，严重的可导致自杀，造成严重后果。

（二）学生心理危机的表现形式

心理危机的表现形式可能是多种多样的，具体来说可以从宏观和微观两个方面来判断。

1. 宏观方面

1）心理危机是一种严重的挫折状态。心理障碍、生理疾患、学习和就业压力、情感挫折、自我期望值过高、在学习上遇到挫折后产生很大的失落感和心理落差、经济压力、家庭变故以及周边生活环境等诸多因素，都会导致职业院校学生心理危机发生。

2）诸如抑郁心理、孤僻性格、自卑心理、抑郁症、精神分裂等都是引起心理危机、导致自杀等极端行为的主要原因。其中，抑郁心理与孤僻性格往往与人格发展、早期经历不良等因素有关；自卑心理往往与自身缺陷、自我期望过高或过低等因素有关；而抑郁症和精神分裂是心理问题已经危机化了，并且随时随地都有可能发生极端行为。

2. 微观方面

1）情绪改变。良好的情绪是心理健康的重要标准之一，不良的情绪体验是心理发生问题的主要因素之一。心理学认为，情绪是指个体需要是否得到满足的反应，需要是情绪的基础。当需要得到满足时就会产生积极的情绪体验，反之就会产生消极的情绪体验。职业院校学生的情绪若突然改变或明显不同于往常，并出现不良情绪反应，如情绪低落、悲观失望、焦虑不安、无故哭泣、意识范围变窄、忧郁苦闷、烦恼或喜怒无常、自我评价丧失、自制力减弱等，就有发生心理危机的可能。恶劣的情绪也是判定个体发生抑郁症的重要临床表现。

2）行为改变。正常的行为活动是心理健康的重要表现之一。当某位学生出现行为异常，如出现饮食睡眠反常、个人卫生习惯变坏不讲究修饰、自制力丧失不能调控自我、孤僻独行等非常态行为时，就要注意是否有心理危机问题了。行为异常也是判定个体发生抑郁症的重要条件之一。行为变化与情绪变化密切相关，不良的情绪必然导致行为的反常变化。

3）学习兴趣下降，如上课无故缺席，常迟到早退，成绩陡然下降，根本无法正常学习和听课，等等。心理学认为，正常、有效、良好的学习能力是个体心理健康的前提和标准。个体在智力正常的情况下突然丧失了学习这一功能，就说明是心理状态发生了问题。

4）出现"告别"行为。丢弃或损坏个人平时十分喜爱的物品，这也是十分典型的心理危机识别根据。如果职业院校学生不能正常有序地学习和生活，把自己平时很喜欢的东西随意丢弃或毁坏等，就意味着不正常的心理行为发生了，而且是心理障碍达到危机的程度时才会出现的情况。

5）出现攻击破坏性行为或流露自杀意图。心理危机发生时个体还可能出现以下极端行为：出现攻击破坏性行为、酒精及其他物质滥用或依赖等；流露出自杀意图，如谈论自己的死或与死有关的问题，或写下遗嘱之类的东西，有的甚至已经采取过某些手段企图自杀。

三、学生心理危机的干预

（一）学生心理危机的干预措施

1. 心理危机干预的含义

在心理学领域，危机干预是指对处在心理危机状态下的个人采取明确有效的措施，使之最终战胜危机，重新适应生活。危机干预的主要目标是降低急性、剧烈的心理危机和创伤的风险，稳定和减少危机或创伤情境的直接严重后果，促进个体从危机和创伤事件中恢复或康复。给予帮助的及时性、迅速性是危机干预的突出特点，有效的行动是其成败的关键。

2. 心理危机干预的主要技术

（1）支持技术　这类技术的应用旨在尽可能地解决危机，使求助者的情绪状态恢复到危机前的水平。危机开始阶段求助者的焦虑水平很高，应尽可能使之减轻，可以应用暗示、保证、疏导、环境改变、镇静药物等方法；如果有必要，可考虑短期的住院治疗。

（2）干预技术　干预技术又称为解决问题技术。帮助处于危机状态的求助者按以下步骤进行思考和行动，常能取得较好的效果：

1）明确存在的问题和困难。
2）提出各种可供选择的方案。
3）罗列并澄清各种方案的利弊和可行性。
4）选择最可取的方案。
5）确定方案实施的具体步骤。
6）执行方案。
7）检查方案的执行结果。

在这个过程中，老师、同学及其他帮扶人员的作用在于启发、引导、促进和鼓励，而不是提供现成的解决办法。危机干预者的主要职能如下：

1）帮助求助者正视危机。
2）帮助求助者正视应对的方法。
3）帮助求助者获得新的信息或知识。
4）可能的话，在日常生活中给求助者提供帮助。
5）帮助求助者回避一些应激性境遇。
6）避免给予不恰当的保证。
7）敦促求助者接受帮助。

（3）倾听技术　准确和良好的倾听技术是危机干预者必须具备的能力，实际上有时倾听本身就可以有效地帮助所有的人。为了很好地倾听，危机干预者必须能全神贯注于求助者。有效倾听的重要因素有：

1）要在开始时就用自己的言语向对方真实地说明自己将要做什么。
2）要让求助者知道，危机干预者能够准确地领会其所描述的事实和情绪体验。
3）要帮助求助者进一步明确了解自己的情感、内心动机和选择。
4）要帮助求助者了解危机境遇的影响因素。

3. 学生心理危机干预的步骤

当发现职业院校学生面临心理危机时，可使用心理学家总结的"六步干预法"进行危机干预。

（1）确定问题　危机干预的第一步是从求助者的立场出发，确定和理解求助者的问题。要使用积极的倾听技术——同感、理解、真诚、接纳、尊重，以及开放式问题，既注意求助者的语言信息，也注意其非语言信息。

（2）保证求助者安全　在危机干预过程中，应将保证求助者安全作为首要目标。这里的安全是指将自我和他人的生理和心理的危险性降低到最小的可能性。在检查评估、倾听和制定行动策略的过程中，安全问题必须得到同等、足够的关注。

（3）给予支持和帮助　危机干预强调与求助者沟通和交流，通过语言、语调和躯体语言让求助者认识到危机干预者是能够给予其关心帮助的人，让求助者相信这里确实有很关心自己的人。

（4）提出应对的方式　帮助求助者探索可以利用的替代解决方法，促使求助者积极地搜索可以获得的环境支持、可利用的应对方式，启发其思维方式。

（5）制订行动计划　帮助求助者做出现实的短期计划，包括帮助求助者获得新的信息或知识、发现另外的资源和提供应对方式，确定求助者能够理解并自愿执行的行动步骤。计划应该根据求助者自身的应对能力，着重于切实可行和系统地帮助求助者解决问题；计划的制订应与求助者合作，让其感到这是他自己的计划。制订计划的关键在于让求助者感到没有被剥夺权力、独立和自尊。

（6）得到求助者的承诺　帮助求助者向自己承诺采取确定的、积极的行动步骤，这些行动步骤必须是求助者自己的，且从现实的角度看是可以完成的。如果制订的计划完成得较好的话，则得到求助者的承诺比较容易。在结束危机干预前，危机干预者应该从求助者那里得到诚实、直接和适当的承诺。

除以上六步之外，还应该启动社会支持系统。社会支持系统主要包括来自于求助者父母及其他亲人、老师和同学、朋友和社区志愿者的支持等。这种支持不仅包括心理和情感的支持，也包括一些实质的救助行动。有调查表明，职业院校学生从他人那里获得的社会支持具有可靠同盟、价值增进、工具性帮助、陪伴支持、情感支持、亲密感和满意度等调节功能，这些功能对处于危机期的职业院校学生具有重要作用。

4. 学生心理危机的预防机制

学校可以围绕五级防护开展危机预防工作。

一级防护：学生自我调节（自觉地认识自己、独立地调节各种心理问题）。通过开展心理健康教育与宣传，提高学生心理素质。

二级防护：学生的朋辈互助（有互帮互助意识和能力，通过互帮互助解决某些心理问题）。指导学生参加心理协会，培训志愿者开展朋辈互助活动。

三级防护：辅导员、班主任、教师的工作（发现学生心理问题，有帮助学生解决某些心理问题的能力，能及时推荐某些学生进行心理咨询）。建立院系心理健康联系人制度，培训心理辅导员，合作开展重点学生的工作。

四级防护：心理咨询中心的工作（负责为职业院校学生提供心理咨询、心理测试、心理训练、心理健康教育等服务）。

五级防护：医院治疗与家庭护理工作（医院能对学生心理疾病实施门诊药物治疗或住院治疗，家庭能协助并配合做好当事人的心理问题防护和心理危机的干预工作）。与校医院及校外医疗机构保持紧密联系。

（二）学生自杀的识别与救助

自杀是一个沉重的话题。自杀又称为自杀死亡，是指以死亡为结局的蓄意自我伤害行为。

著名的法国社会学家埃米尔·涂尔干（Emile Durkheim）将自杀分为三类：

（1）利己性自杀　这种类型的自杀是指当某个人不能很好地融入社会时，他会感到孤独和社会隔离，因而在这种心境下产生自杀行为。

（2）利他性自杀　这种类型的自杀是指某个人过度紧密地融入社会，并且把社会的需要置于个人的需要之上，当他认为自杀可以解脱并且对他人有利时，就会采取行动。

（3）失范性自杀　这种类型的自杀是指某个人对社会道德标准认识不清，感觉不到社会标准的存在而产生的自杀行为。

其核心假设是当社会不能给人们提供必要的特定强度水平的社会目标和准则时，最脆弱的人会自杀。因此，要降低自杀率，必须增强社会的凝聚力和成员之间的相互支持。

1. 自杀危险性的评估

危机干预者应评价自杀求助者三方面的警示信号，即危险因素、自杀线索、呼救信号。

（1）危险因素　求助者只要具备了下述的4～5项危险，危机干预者就有理由认为该当事人正处在自杀的高危时期。

1）求助者有自杀家族史。

2）求助者曾有自杀未遂史。

3）求助者已经形成一个具体的自杀计划。

4）求助者的家庭因损失、个人虐待、暴力或遭受性虐待而失去稳定。

5）求助者陷入特别的创伤损失而难以自拔。

6）求助者是精神病患者。

7）求助者有药物和酒精滥用史。

8）求助者最近有躯体和心理创伤。

9）求助者有失败的医疗史。

10）求助者独居并与他人失去联系。

11）求助者有抑郁症，或处于抑郁症的恢复期，或最近因抑郁症住院。

12）求助者有特别的行为或情绪特征改变（如冷漠、退缩、隔离、易激怒、恐慌、焦虑），或社交、睡眠、饮食、学习、工作习惯的改变。

13）求助者有严重的绝望或无助感。

14）求助者陷于以前经历过的躯体、心理或性虐待的情绪中不能自拔。

15）求助者显示一种或多种深刻的情感特征，如愤怒、攻击性、孤独、内疚、敌意、悲伤或失望。

（2）自杀线索　深感矛盾或内心冲突的大多数想自杀的求助者，不仅会提供一些自杀线索，而且会以某种方式请求帮助。这些线索可能是言语的、行为的、处于某种状态或综合征的线索。有自杀倾向的职业院校学生一般具有以下一些特征：遭遇了不能忍受的心理痛苦；心理需求遇到挫折；为了寻求解决的办法；在情感上感到绝望无助；对自杀的态度通常是矛盾的；想与别人交流，但找不到与人交流的途径；为了寻找出路和心灵的解脱等。

（3）呼救信号　对于危机干预者来说，值得庆幸的是几乎所有想自杀的求助者都提供了几种线索或呼救信号。有些线索和寻求帮助的信号易于识别，但有些是难以识别的。有强烈死亡愿望的人是非常矛盾的、茫然的，他们的情绪和想法是平行的，思维模式是非逻辑性的。每一个求助者都具有不同的特点，对危机干预者来说，无论其是否存在强烈的死亡愿望或绝望感，以及是否伴随自杀行为，危机干预工作都必须鉴别自杀意念的强度以及自杀危险的程度。

上面描述的这些方面的警示信号，可使危机干预者或其他任何与求助者接近或亲近的人开展挽救生命的行动。

2. 学生自杀危机干预的注意事项

在校园自杀危机的干预中，学校心理咨询师所起的是危机干预咨询师的作用，他们对学生自杀危机进行咨询和干预，帮助求助者摆脱自杀的危机。学生自杀危机干预的主要注意事项有：

1）在自杀当事人咨询时，学校心理咨询师必须耐心倾听当事人的诉说，逐步探究是哪些抑郁情绪在影响着当事人。学校心理咨询师首先必须排除自己的焦虑，这样他才可能有耐心引出当事人全部有关的信息。

2）学校心理咨询师要弄清楚当事人已考虑或筹划用哪种方法自杀。一般来说方法越具体，自杀的可能性就越高。

3）学校心理咨询师有必要与当事人一起体验他们的绝望感、无助感、无用感、隔离感、沮丧的哀痛和失败感。为了有效地帮助当事人，学校心理咨询师必须从当事人看不到丝毫希望的处境出发去体验现实。这就意味着，学校心理咨询师要甘愿并且能够在某些事情中探寻和体会当事人的绝望感和空虚感。

4）一味地劝导当事人多看光明面的做法是不值得提倡的，如果当事人能够在情感上接受光明面，他也不至于陷入自杀的境地。学校心理咨询师可能做的最糟糕的事是对当事人保证说：事情并不像他想象的那么坏，事情会慢慢地好起来的，他有充分的理由活下去。尽管从现实角度看，这么说没有错，但当事人可能会觉得学校心理咨询师并不理解他，更使他感到隔绝于周围世界。

5）学校心理咨询师应该始终对自杀者抱有高度的警觉。因为想自杀的人大多是性格高度内向者，他可能并不会暴露出任何自杀迹象，但只要觉得他具有任何一点自杀的可能，就应千方百计了解他内心的自杀动机。

3. 自杀干预的"五要十不要"原则

（1）五要

1）保持平静、沉稳，对求助者随之而来的暴风雨般的情绪要有心理准备。

2）给求助者充分的机会倾诉，以便确定危机类型、诱发事件及严重程度；不要试图消解自己被求助者引起的沮丧感。

3）必要时询问客观问题，只要得当，可有镇静作用。

4）要直接面对事情，勿涉及深层及潜意识原因。

5）可向社区、医务、法律等机构求援。

（2）十不要

1）不要责备求助者或说教。

2）不要批评求助者或对他的选择、行为提出批评。

3）不要与其讨论自杀的是非对错。

4）不要被求助者告诉你的危机已过去的话所误导。

5）不要否定求助者的自杀意念。

6）不要过急，要保持冷静。

7）不要分析求助者的行为或对其进行解释。

8）不要让求助者保持自杀的秘密。

9）不要把自杀行为说成是光荣的、浪漫的、神秘的，以防止别人盲目效仿。

10）不要忘记跟踪观察。

4. 学生自杀事件后的群体心理危机干预

学生自杀事件在校园内会产生很大的影响，特别是对自杀事件的目击者和同学、好友伤害更大，因此学校的心理咨询师必须尽快对相关人群进行心理危机干预。

（1）个别咨询和干预　心理咨询师直接与学生交谈，为学生提供安全场所，让其发泄悲痛、自由地表达自己的感受。

（2）团体咨询和干预　心理咨询师可与学生一起讨论对未来和生命的看法，但不宜对自杀的学生进行太多的纪念。经验证明，不渲染自杀的戏剧性、浪漫性、神秘性，有助于防止别人盲目效仿。

（3）及时公布事情真相　避免误传和谣言等失真信息的传播，以免造成不必要的恐慌。

> **知识链接**
>
> **世界预防自杀日**
>
> 2003年9月10日被世界卫生组织定为首个"世界预防自杀日"。为了唤起公众对自杀的关注，世界卫生组织和国际预防自杀协会呼吁各国政府、预防自杀协会和机构、当地社区、医务工作者以及志愿者们，加入当天的各项地方性行动中，共同提高公众对自杀问题的重视以及降低自杀率。

心理训练营

自杀态度调查问卷

指导语：表2-1列出了个人可能会遇到的问题，请根据自己的实际情况，选择最符合的一个选项。

表2-1　自杀态度调查问卷

题目	完全赞同	赞同	中立	不赞同	完全不赞同
1. 自杀是一种疯狂的行为	1	2	3	4	5
2. 自杀死亡者应与自然死亡者享受同样的待遇	1	2	3	4	5
3. 一般情况下，我不愿意和有过自杀行为的人深交	1	2	3	4	5
4. 在整个自杀事件中，最痛苦的是自杀者的家属	1	2	3	4	5
5. 对于身患绝症又极度痛苦的病人，可由医务人员在法律的支持下帮助病人结束生命（主动安乐死）	1	2	3	4	5

(续)

题目	完全赞同	赞同	中立	不赞同	完全不赞同
6. 在处理自杀事件过程中，应该对其家属表示同情和关心，并尽可能地提供帮助	1	2	3	4	5
7. 自杀是对人生命尊严的践踏	1	2	3	4	5
8. 不应为自杀死亡者开追悼会	1	2	3	4	5
9. 如果我的朋友自杀未遂，我会比以前更关心他	1	2	3	4	5
10. 如果我的邻居家里有人自杀，我会逐渐疏远和他们的关系	1	2	3	4	5
11. 安乐死是对人生命尊严的践踏	1	2	3	4	5
12. 自杀是对家庭和社会的一种不负责任的行为	1	2	3	4	5
13. 人们不应该对自杀死亡者评头论足	1	2	3	4	5
14. 我很反感那些反复自杀者，因为他们常常将自杀作为一种控制别人的手段	1	2	3	4	5
15. 对于自杀，自杀者的家属在不同程度上都应负有一定的责任	1	2	3	4	5
16. 假如我自己身患绝症又处于极度痛苦之中，我希望医务人员能帮助我结束自己的生命	1	2	3	4	5
17. 个体为某种伟大的、超过人生命价值的目的而自杀是值得赞许的	1	2	3	4	5
18. 一般情况下，我不愿去看望自杀未遂者，即使是亲人或好朋友也不例外	1	2	3	4	5
19. 自杀只是一种生命现象，无所谓道德上的好与坏	1	2	3	4	5
20. 自杀未遂者不值得同情	1	2	3	4	5
21. 对于身患绝症又极度痛苦的病人，可不再为其进行维持生命的治疗（被动安乐死）	1	2	3	4	5
22. 自杀是对亲人、朋友的背叛	1	2	3	4	5
23. 人有时为了尊严和荣誉而不得不自杀	1	2	3	4	5
24. 在交友时，我不太介意对方是否有过自杀行为	1	2	3	4	5
25. 对自杀未遂者应给予更多的关心与帮助	1	2	3	4	5
26. 当生命已无欢乐可言时，自杀是可以理解的	1	2	3	4	5
27. 假如我自己身患绝症又处于极度痛苦之中，我不愿再接受维持生命的治疗	1	2	3	4	5
28. 一般情况下，我不会和家中有过自杀者的人结婚	1	2	3	4	5
29. 人应有选择自杀的权利	1	2	3	4	5

问卷说明：

本问卷共分4个维度：

1）对自杀行为性质的认识：共9项，即第1、7、12、17、19、22、23、26、29项。

2）对自杀者的态度：共10项，即第2、3、8、9、13、14、18、20、24、25项。

3）对自杀者家属的态度：共5项，即第4、6、10、15、28项。

4）对安乐死的态度：共5项，即第5、11、16、21、27项。

计分方法：

以上项目完全赞同计1分，赞同计2分，中立计3分，不赞同计4分，完全不赞同计5分。其中，在分析时，第1、3、7、8、10、11、12、14、15、18、20、22、25选项为反向计分，其他为正向计分，计算每个维度的条目均分。

结果解释：

可以2.5分和3.5分为两个分界值，将对自杀的态度划分为三种情况：在2.5分以下为对自杀持肯定、认可、理解和宽容的态度；介于2.5分与3.5分之间为矛盾或中立态度；在3.5分以上为对自杀持反对、否定、排斥和歧视态度。

单元三　生命教育

学习目标

1. 知识目标：掌握生命教育的内涵和功能。
2. 技能目标：能正确理解生命的价值。
3. 情感目标：培养学生珍爱生命、维护生命安全的意识。

重点和难点

1. 重点：正确认识生命，理解生命的价值。
2. 难点：掌握生命教育的途径，树立正确的生命观、生活观与生存观。

案例2-4

生命教育：血的教训刺破教育的痛

2023年11月，某大学一名研究生跳楼自杀身亡。2024年5月，一位留学生在新加坡选择了自杀，她爸爸在整理遗物时痛哭流涕。2024年7月，某学院一名学生因为和同学发生矛盾，在宾馆内喝下农药自杀。

一例例惨案怎能不引起人们关注！

> 学生在学习课本知识的同时，也应该学习如何面对挫折，学习认识生命、体悟生命、珍惜生命、尊重生命、热爱生命。从整个人的一生来看，这更为重要。
>
> 问题：
>
> 1. 看到这些让人痛心的惨案，你想到了什么？
> 2. 你是如何看待生命的？
>
> 分析：真正值得反思的其实是当前生命教育的现状。如果学校和家长都更注重学业教育，而忽视了对青少年的情绪疏导，忽略了生命教育，那么当青少年深陷负面情绪而在现实中求助无门时，他们自然很容易被"自杀等于摆脱"的黑洞吞噬。大量青少年自杀事件警示我们，要加强学生的生命教育。

生命是一切智慧、力量和美好情感的唯一载体，失去它一切就都不存在了。生命是任何东西都不能替代的，生命的价值就在于它是人类创造和实施一切价值的前提和先决条件。新时代的职业院校学生应该认识自己的生命，认识生命的价值。生命教育就是要帮助他们认识并珍爱生命，同时尊重他人的生命，并在此基础上探寻生命的意义，找到自己存在的价值，正确定位、提升生命的质量，培养人文精神。

一、生命教育的内涵

（一）生命教育的含义

生命教育是帮助学生认识生命、尊重生命、珍爱生命，促进学生主动、积极、健康地发展生命，提升生命质量，实现生命的意义和价值的教育。通过生命教育，引导学生正确认识人的生命价值，理解生活的真正意义，培养学生的人文精神，激发学生对终极信仰的追求，滋养学生的关爱情怀。

（二）生命教育的内容

生命教育，是使学生接受生命价值教育、生存教育、生活教育和死亡教育，是使学生树立正确的生命观、生存观、生活观的主体认知和行为的过程。也就是通过整合学校教育、家庭教育、社会教育的力量，培养学生的主体认知和行为实践，最终达到帮助学生确立正确的世界观、人生观、价值观的目标。

1. 生命价值教育

生命价值教育是帮助学生认识生命、尊重生命、珍爱生命，促进学生主动、积极、健康地发展生命，提升生命质量，实现生命的意义和价值的教育。通过生命价值教育，使学生认识人类自然生命、精神生命和社会生命的存在和发展规律，认识个体的自我生命和他人的生命，认识生命的生老病死过程，认识自然界其他物种的生命存在和发展规律，最终树立正确的生命观，领悟生命的价值和意义。生命价值教育要以个体的生命为着眼点，在与自我、他人、自然建立和谐关系的过程中，促进生命的和谐发展。

2. 生存教育

生存教育是帮助学生学习生存知识，掌握生存技能，保护生存环境，强化生存意志，把握生存规律，提高生存的适应能力、发展能力和创造能力，树立正确的生存观念的教育。通过生存教育，使学生认识生存及提高生存能力的意义，树立人与自然、社会和谐发展的正确生存观；帮助学生建立适合个体的生存追求，学会判断和选择正确的生存方式，学会应对生存危机和摆脱生存困境，善待生存挫折，形成一定的劳动能力，能够合法、高效和较好地解决安身立命的问题。

3. 生活教育

生活教育是帮助学生了解生活常识，掌握生活技能，实践生活过程，获得生活体验，确立正确的生活观，追求个人、家庭、团体、民族、国家和人类幸福生活的教育。通过生活教育，使学生认识生活的意义，热爱生活，为获得幸福生活而奋斗；让学生理解生活是由物质生活和精神生活、个人生活和社会生活、职业生活和公共生活等组成的复合体；帮助学生提高生活能力，培养学生的良好品德和行为习惯，培养学生的爱心和感恩之心，培养学生的社会责任感，使其形成立足现实、着眼未来的生活追求；教育学生学会正确地进行生活比较和生活选择，使其能理解生活的真谛，能够处理好收入与消费、学习与休闲、工作与生活的关系。

4. 死亡教育

生命总是和它的必然结果，即总是以萌芽状态存在于生命中的死亡联系起来加以考虑的。生与死共同构成完整的人生，创造着生命的奇迹，这是一个谁也改变不了的规律。但如果孩子缺乏父母和老师的指导，对死亡没有一个正确、科学的认识，容易对死亡产生神秘感。

因此，开展死亡教育，帮助职业院校学生认识死亡的必然性，更有助于学生的发展。首先，要教育学生正确地看待生死。死亡教育要帮助职业院校学生真实而科学地了解死亡，了解生与死的关系，将死亡视为生命成长的一部分，深刻理解生命存在的意义，学会珍惜生命、尊重生命。其次，要教育学生敬畏死亡。死亡教育并不限于对死亡的恐惧与否，更重要的是追问死亡的意义。对于自然到来的死亡和不可抗拒的疾病导致的死亡，要教育学生泰然处之，不应该恐惧和畏惧；对于因生活中的挫折而产生的死亡念头，要教育学生认识到挫折只是暂时的，只要努力就能改变不利的现状；对于正义事业中的牺牲，要教育学生敬重这种牺牲。所以，死亡教育的目的在于使学生由敬畏死亡而敬畏生命。

知识链接

关于生命

推荐名人名言：

1. 在世界上我们只活一次，所以应该爱惜光阴。必须过真实的生活，过有价值的生活。

——巴甫洛夫

2. 盛年不重来，一日难再晨。及时当勉励，岁月不待人。

——陶渊明

推荐书籍：

1. 力克·胡哲. 人生不设限[M]. 彭蕙仙，译. 天津：天津社会科学院出版社，2011.
2. 莫勒. 生命不再等待[M]. 向兆明，译. 北京：中信出版社，2011.

推荐电影：

> 1.《当幸福来敲门》，2006年，导演：加布里尔·穆奇诺。
> 2.《生命之树》，2011年，导演：秦伦斯·马力。

二、生命教育的功能

大学阶段是人生的一个特殊阶段。高度重视和积极倡导对职业院校学生开展生命教育，不仅意味着对学生个体自然生命的关切，而且是对学生生命价值与人生态度的引导与提升。我们要充分发挥生命教育的认识功能、实用性功能和发展性功能，使学生能真正做到珍惜生命、敬畏生命、热爱生命、尊重生命，提升生命的价值。

（一）认识功能

生命教育的内容覆盖职业院校学生生活的方方面面，如生命理想教育、生命信仰教育、人生责任教育、人生幸福教育等。生命教育的中心任务就是帮助学生发现自身特殊的生命意义。开展职业院校学生生命教育，可以改善现实教育中忽略生命教育的现状，从职业院校学生的生理、心理特点和社会发展现状出发，引导学生珍惜和热爱自己的生命，使其形成积极健康的生命态度，鼓励其在此基础上实现生命的价值。

（二）实用性功能

生命教育坚信"人人都有特殊的责任和使命，因而人人都有特殊的生命意义"，强调从实际出发，根据学生的家庭背景、个性特点、特长爱好和社会需求引导其发现自己特殊的生命意义，制订有个性特征的职业生涯规划，并在个性发展得到充分尊重的职业教育环境下，人尽其才，各扬其长，使学生的个性、特长得到淋漓尽致的发挥。

（三）发展性功能

生命教育要让职业院校学生把学到的本领运用到实践中去，使学生的潜力得到更大发挥，并在社会实践中让职业院校学生感受到知识的意义、人生的意义。

三、生命教育的途径

生命教育的基本内容就是实施生命认知、生命情感、生命意志和生命行为等内容的教育。职业院校学生生命教育是一项复杂的系统工程，需要充分利用学校、社会、家庭的教育资源，积极探索并努力构建宽领域、多角度、深层次的学校、社会、家庭"三位一体"生命教育新模式，以覆盖每个学生的成长全过程。

（一）学校教育

大学阶段正是一个人选择并确定自己人生目标和信仰的关键时期。在大学阶段应通过多种途径大力推行生命教育，帮助学生从入学开始就自觉地思考人生的意义，自主选择并坚定自己的生存信念，形成正确的生命价值观，增强社会责任感，规划自己的职业生涯。学校开展生命教育可以从下面四个方面进行：

1. 丰富生命教育的内容

丰富职业院校学生生命教育的内容，以使学生对生命教育有全面的认识。一要教育学生提高自我保护的意识和能力，教给他们各种生存的知识、处理危机的方法、逃生的本领，使其掌握突发事件应急自救的技能；二要对学生进行人际交往教育，教育学生如何与他人和谐相处，培养他们关心他人、欣赏他人、接纳他人，尊重和爱护他人的生命，杜绝伤害他人生命事件的发生。

2. 对学生进行挫折教育、逆境教育

现在很多学生是家里的独生子，经济上的优越、生活上的无忧使他们成为"温室娇花"，一旦遇到挫折，他们便不知所措、无法应对。要引导职业院校学生认识到，苦难也是对生命的一种体验，苦难和痛苦是生命的一部分，是无法选择的。学生往往害怕失败，害怕挫折，因此首先要让他们对"失败"有一个科学的认识，建立面对"失败"的正确观念。在信息化时代，职业院校学生在生理和心理上所承受的压力也越来越大。高校德育工作者更应加强对职业院校学生的挫折教育，一方面要让他们认识到挫折是成功的一部分，没有挫折就没有成功，每个人都要以积极的态度去面对；另一方面，要从实际出发，培养职业院校学生的挫折承受能力，了解学生思想，帮助学生正确看待挫折、面对挫折。

3. 将生命教育融入课程内容

高校生命教育课程内容的讲授可用多种方式来进行。首先，在高校思想政治教育的"思想品德修养"课程中增设有关生命教育的内容，使学生正确认识生命的起源，体验迎接新生命的喜悦，意识到自杀是轻视生命、毫无意义的行为，从中学会珍爱一切生命。其次，将生命教育内容融入心理健康教育课中，关注学生的认知、情感、意志等各个方面，构成一种旨在改善生命质量的综合性视角。

4. 将生命教育渗透到实践活动中，进行体验式教学

职业院校学生对社会还很陌生，可通过形式多样的社团课外活动来实施生命教育，引导学生在实践中掌握生命知识、形成正确的生命观，培养其对社会及他人的关心。生命教育不仅是传授知识、技能的教育，还是一种直接触及人的心灵、感染人的灵魂的教育，因此生命教育必须渗透到实践活动中，进行体验式教学。这种体验式教学，除了需要教师利用发生在职业院校学生自己身上或他人身上的一些偶然事件，对学生进行生命教育，让职业院校学生从中获取直接的感受外，还需要引导职业院校学生在社会实践中通过自己的感官去感受。

（二）家庭教育

家庭在生命教育过程中的作用不容忽视。家庭是孩子成长和生活的主要场所，父母是孩子的第一任老师，家庭教育对孩子影响重大。近年来，越来越多的父母意识到学习好不代表孩子就能够健康快乐成长，还需要培养孩子的情绪调控能力。父母也越来越意识到只有培养孩子对生命的感悟能力，增加其人生体验，才能让孩子拥有健康生活。

（三）社会教育

社会教育是生命教育的重要资源。社会教育也有一整套教育的方式方法。通过唤起社会成员对个体生命的关注，来共同打造维护学生生命安全的机制，形成生命教育的网络。

近年来，国家大力发展心理健康教育，其实质是对生命精神性的重视。当前，越来越多的人关注心理健康，注重人格的健康发展，这些为开展生命教育提供了有利的条件。

心理训练营

课堂活动：假如生命只剩最后三个月，你最想做的事

一、活动目的

思考生命，珍爱生命，认识生命的价值与意义。

二、活动时间

20分钟。

三、适合人数

每小组不超过10人。

四、材料准备

场地不限，室内外均可。

五、活动过程

1）写出假如生命只剩下最后三个月，自己最想做的10件事情。

2）请在小组内与组员交流完成活动时的感受。

六、讨论要点

当你写下这10件事时，是否觉得还有其他未完成的事？是否感受到生命的短暂？你要以怎样的方式过接下来的人生？

七、活动总结

人们常常以为，死亡是老年人才需要考虑的问题，这是误区。在我们每个人出生时，生命之钟的倒计时就开始了。一个人年轻的时候就思索死亡，和他老了才思索死亡，甚至死到临头都不曾思索过死亡，是完全不同的。知道有一个结果在等待着我们，就会对生命、对生活、对人间温情、对职业院校学生生活等有不同的理解。思索死亡是为了活得更好，是为了积极引导人生。

心理学家及核心理论（二）

亚当斯与挫折理论

约翰·斯塔西·亚当斯（John Stacey Adams）是美国管理心理学家、行为科学家，美国北卡罗来纳大学著名的行为学教授。

亚当斯通过社会比较来探讨个人所做的贡献与所得奖酬之间的平衡关系，着重研究工资报酬分配的合理性、公正性及其对员工士气的影响。

1963年亚当斯发表了《工人关于工资公司的内心冲突同其生产率的关系》（与罗森鲍姆合写）、《工资不公平对工作质量的影响》（与雅各布森合写）、《社会交换中的不公平》等著作，提出了公平理论的观点。亚当斯的公平理论从微观上分析了公平分配问题。公平理论集中研究了个人与组织之间贡献与奖励的交换（也就是投入与报酬的关系），其研究揭示了报酬分配的合理性、公平性与员工生产积极性的关系。

亚当斯认为，一个人不仅关心本人的投入与报酬，而且还关心别人的投入与报酬。也就是说，他不仅关心个人努力所得到的绝对报酬量，而且还关心自己与别人的报酬量之间的关系（即相对报酬量）。在这个基础上，他提出了一个关于公平关系的方程式：

$$\frac{个人对自己所获报酬的感觉}{个人对自己所做投入的感觉} = \frac{个人对他人所获报酬的感觉}{个人对他人所做投入的感觉}$$

亚当斯指出，如果这个等式成立，即当一个人感到自己所获报酬与所做投入之比和作为比较对象的他人的这项比值相等时，就有了公平感。如果等式不成立，即两者比值不相等时，就会产生不公平感。不同程度的不公平感会造成相应程度的不满情绪，于是就要改正这种不公平。这种不公平感不仅影响个人的行为，还会作用于群体的行为。

亚当斯提出的挫折理论中的挫折是指人类个体在从事有目的的活动过程中，指向目标的行为受到障碍或干扰，致使其动机不能实现、需要无法满足时所产生的情绪状态。挫折理论主要揭示人的动机行为受阻而未能满足需要时的心理状态，以及由此而导致的行为表现，如侵犯的激发、其他反应（如退缩）。侵犯可以分为外向侵犯、内向侵犯，而外向侵犯又可以分为直接侵犯、替代侵犯。人们应力求采取措施将消极性行为转化为积极性、建设性行为（见图2-2）。

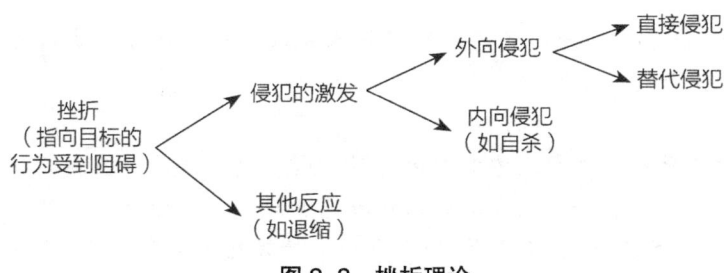

图 2-2　挫折理论

第二部分
自我认知与学校适应

播种行为,可以收获习惯;播种习惯,可以收获性格;播种性格,可以收获命运。
——萨克雷

最可怕的敌人,就是没有坚强的信念。

——罗曼·罗兰

模块三 自我意识

● **导读导学**

　　同学们，不管你们是否意识到，其实我们每个人意识里都有一幅自我的蓝图或自画像。我们对此的认知可能不够清晰、具体，但它是确实存在的。自我意识是一个前提，一个基础，由此而产生出个人的整个个性。自我意识的确立是青年心理发展的重要标志之一，大学生自我意识从分化到矛盾，最后走向统一，对其一生都有特别重要的意义。本模块将从自我意识、自我悦纳、自我设计等方面入手，帮助同学们纠正自我意识方面出现的偏差，掌握提升自我意识的途径，以及实现自我悦纳的方法等。

● **思维导图**

自我意识思维导图见图3-1。

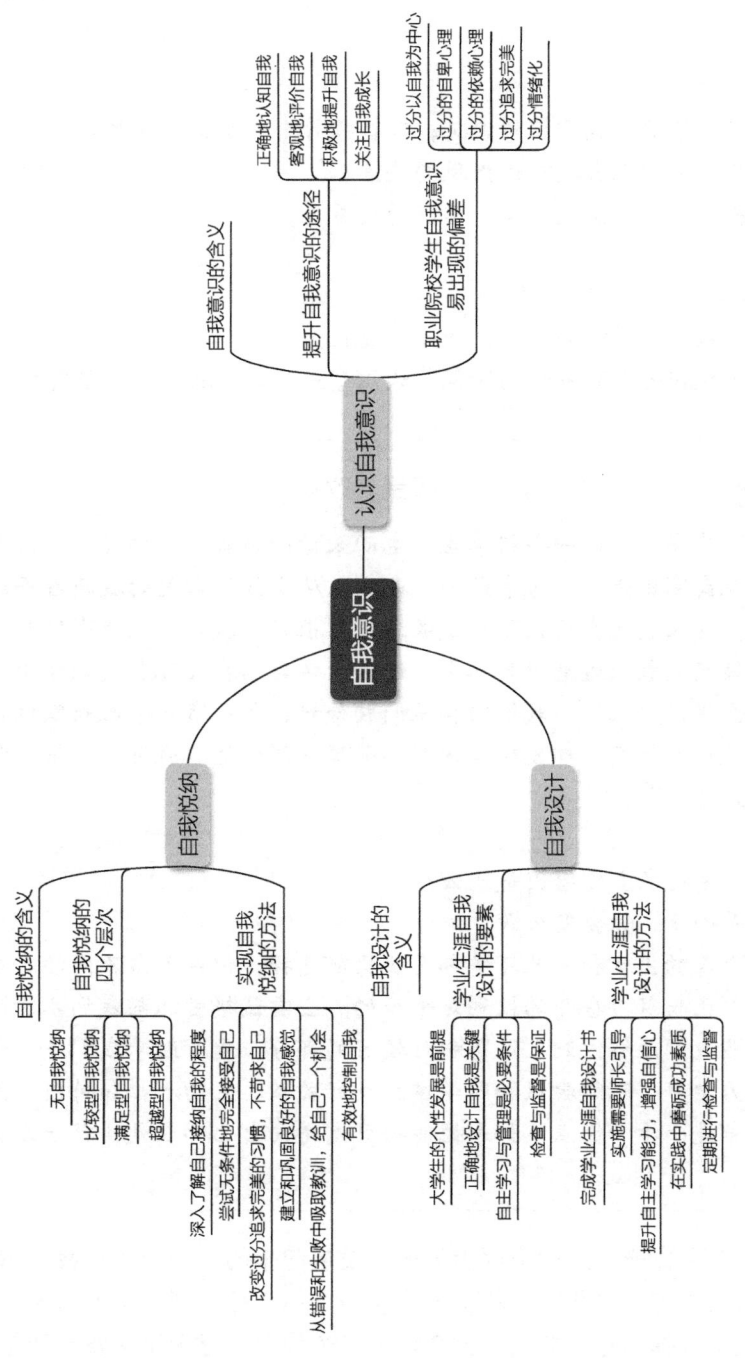

图3-1 自我意识思维导图

单元一　认识自我意识

学习目标

1. 知识目标：了解自我意识的含义；掌握提升自我意识的途径。
2. 技能目标：能纠正自我意识出现的偏差。
3. 情感目标：认识到正确的自我意识的重要性。

重点和难点

1. 重点：掌握自我意识的含义、提升的途径。
2. 难点：掌握提升自我意识的途径，认识到正确的自我意识的重要性。

案例 3-1

接受与改变

女生小李，某高职院校一年级学生。主动来访的她告诉咨询师："我真是太不幸了，母亲生下我后就离家出走了，父亲是个残疾人，从小没有母爱的我随着年龄的增长，越发觉得自己很笨。别人整天在玩，可考试成绩依然很好，我几乎把所有的时间都用在了学习上，但学习成绩只能勉强达到中等水平。进入大学后，我发现舍友们谈论的明星和服饰品牌我都不懂，显得很'土'。我很想和她们相处好，所以常一个人默默地打扫宿舍，帮她们打水，想借此讨好她们，却发现和她们的距离依然遥远。我感到非常孤独，十分痛苦，觉得自己一无是处。"

问题：
1. 引起小李困扰的主要原因是什么？
2. 如果你是小李，你会怎么做？

分析：每个人的出生和成长环境都无法提前选择，但在各自不同的起跑线上，我们为了成为更好的自己而努力奋斗的权利是平等的。去尝试接受那些我们不能改变的部分，将目光聚焦在那些我们能够做到且做得相对较好的部分，更有助于我们寻找到前进的力量，增强自信。努力学习、不断尝试和同学建立良好关系、主动承担和付出、困惑时主动寻求帮助等，其实都是小李的优点。如果她能将目光看向自己的长处，就一定会发现更多"小确幸"。

自我意识是在个体成长过程中逐步形成和发展起来的，一个人自我意识的不断完善，是其人格发展的核心内容。自我意识的水平不仅是个体心理发展水平的重要标志，而且会影响和制约个体的人生选择和行为取向。大学阶段是个体自我意识迅速发展和趋于完善的关键时期。在本单元中，通过讲解自我意识的概念，探讨提升自我意识的途径，帮助同学们构建积极的自我意识和乐观的人格品质。

一、自我意识的含义

自我意识（self-consciousness）也称为自我，是指个体对自己各种身心状态的认识、体验和愿望。它具有目的性和能动性等特点，对人格的形成、发展起着调节、监控和矫正的作用。自我意识是个体对自己存在的觉察，也就是自己对自己的认识。自我意识包括个体对以下三个方面的认识和体验：

1）自身的生理状况（如身高、体重、身形等）。
2）自身的心理状态（如能力、性格、气质等）。
3）自己与周围的人的相互关系（如自己与周围的人相处的关系、自己在群体中的位置等）。

自我意识可以被分解成知、情、意三种成分。"知"是指自我认知，"情"是指自我体验，"意"是指自我控制。

> **知识链接**
>
> **自我意识的发展——点红实验**
>
> 你是否想过，人类是从何时开始意识到自我的存在的？自我意识是人类独有的能力吗？除了我们，还有其他物种有自我意识吗？心理学家曾探索过这些问题。1979年，心理学家米歇尔·刘易斯和珍妮·布鲁克斯·耿氏进行了一项实验。他们先请几个婴儿的母亲在婴儿不知道的情况下，悄悄在婴儿的鼻子上点一个红点。随后他们发现，多数9～12个月的婴儿在看到镜子里的自己或看见自己的即时影像时，表现出认识自己的迹象，他们微笑、专注地看自己，并触摸自己的身体。15～18个月大的婴儿，多数在看到镜子里的自己时，能正确地在脸上指出红点的位置，他们还能在照片中把自己和他人区别开来，并能指出自己的位置。这些能力在婴儿18～21个月时仍然在发展，到21个月大时，婴儿自我识别能力就发展得比较完善了。那么，其他物种会认出镜子中的自己吗？科学家们经过大量研究发现，除了人类，只有黑猩猩和猩猩能够从镜子中识别自己，能做出触摸自己脸上"被悄悄染红"位置的动作。可见，自我意识是较高级动物的心理产物。

二、提升自我意识的途径

提升自我意识的途径有以下几个方面：

（一）正确地认知自我

"人贵有自知之明"，全面而正确地认知自我是培养健全自我意识的基础。自我认知是从多方位建立的，既有自己的认识与评价，也有他人的评价。我们不妨先自己认真仔细地想一想，怎么用尽量多的形容词描述自己（要忠实于自己的内心）。在此基础上，进行他观自我的描述，即描述父母眼中的我、同学眼中的我、老师眼中的我、恋人眼中的我、兄弟姐妹眼中的我，再寻找这些描述中共同的品质，将其归类。描述的维度越多，越会找到比较正确的自我。

（二）客观地评价自我

一个人必须在正确地认知自我的基础上，进行正确的自我悦纳、积极的自我体验、有效的自我控制。

自我悦纳是自我意识健康发展的关键所在。悦纳自我首先要接纳自己、喜欢自己、欣赏自己、体会自我的独特性，在此基础上体验价值感、幸福感、愉快感与满足感；其次，理智与客观地对待自己的长处与不足，冷静地看待得与失。在生活中注重自我，将注意力集中在自我上。积极的策略是关注自己的成功，并积累优势。每个人身上都有着无数的闪光点，重点在于寻找自己的闪光点并将其构成亮丽的人生风景线。

（三）积极地提升自我

积极地提升自我有以下两个途径：

一个途径是提高自我效能感。自我效能感是个体在一定情境下对自我完成某项工作的期望与预期。当人期望自己成功时，他必然会尽自己最大的努力，特别是在面临挑战性任务时，会表现出更强的毅力和耐力，从而增加了成功的可能性。自我效能感高的人一般对学业期望较高，也就是说，自我效能感与成就动机呈正相关性。

另一个途径是克服自我障碍。体验对自己能力程度的焦虑带来的不安全感，这便是一种自我障碍。比如有人说，由于考试前身体不好，所以在大考中没有取得好成绩。这便是典型的自我障碍，为自己的考试不成功找到了适当的借口。一个渴望自我发展的人必须主动克服自我障碍，进行积极的自我提升与自我尝试。积极的自我在尝试中会发现新的支点。

（四）关注自我成长

自我的发展需要不断自我反思、自我监控，但将成长作为一条线索贯穿于人的始终时，整理自己成长的轨迹显得尤为重要。要依照过去、现在、未来的顺序进行整理，深刻了解与把握自己。要记住：自我体验永远是个体的，当我们在分享他人自我成长的硕果时，也在促进我们自己成长。

知识链接

健康自我意识的标准

自我不是发现出来的，而是创造出来的。认识自己并不容易，知人难，知己更难。但每个人又必须正确认识自己，否则就无法很好地处理自己与他人、自己与现实之间的关系，不利于心理健康。

1. 自知之明：自我意识健全的人，应该是一个有自知之明的人，既知道自己的优势，也知道自己的劣势，能正确评价自我和自我发展。

2. 整合的自我意识：自我意识健全的人，应是自我认识、自我体验和自我控制协调一致的人。

3. 自我肯定：自我意识健全的人，应该是积极自我肯定、独立并与外界保持一致的人。

4. 理想自我与现实自我统一：自我意识健全的人，应该是理想自我与现实自我统一的人，有积极的目标意识和内省意识，积极进取、永无止境。

三、职业院校学生自我意识易出现的偏差

当自我意识出现偏差时，个体的心理状态就会发生变化。因而职业院校学生有必要对在自

我意识发展过程中容易产生的偏差有所了解，以便及时调整偏差状态，维持健康的自我意识。

（一）过分以自我为中心

随着自我意识的增强，职业院校学生越来越多地开始关注自我。但是，有部分学生遇事往往只从自我的角度出发，总认为自己什么都是对的，还会因为其他同学没有按照自己的意愿行事而愤怒，甚至与他人发生冲突。过分以自我为中心的人，很难赢得别人的信任和好感，人际关系大多比较紧张。

（二）过分的自卑心理

自卑是个体因自以为不如他人而产生的一种否定自己的消极心理。适度自卑可能会促使个体更加努力地通过学习等方式改变自己，但是过分自卑会使人看不到自己的价值，不接纳自我。

（三）过分的依赖心理

学生由于没有经济收入，在经济上依赖父母是可以理解的。但部分学生表现出了过度的依赖，他们大事、小事都要给父母打电话，让父母替自己做主并代为解决，这不仅限制了自我成长，也阻碍了自我发展。

（四）过分追求完美

爱美之心人皆有之，但如果苛求自我、过分追求完美，就会让自己陷入烦恼的境地。有些学生不顾自己的实际情况，不允许自己有"不完美"的表现，这样做的后果是，让自己常常生活在担心和焦虑之中，生活质量受到了很大的影响。

（五）过分情绪化

职业院校学生的年龄特点决定了他们情绪丰富、情绪波动性大、易受情境的影响，但如果情绪经常性大起大落、不顾时间场合乱发脾气，就属于过分情绪化了，会对学习、交往等产生不良的影响。

知识链接

自我意识过剩

self-conscious 的意思是"很在意别人的看法"，也可以翻译成"自我意识过剩"，是一个心理学概念，指过分放大自我，过于在意自己呈现在他人面前的形象，因而产生不自在、不自然、难为情、害羞等心理状态。如何避免这样的困扰呢？

小贴士：学会区分善意和非善意的评论，能够换位思考，增强自信，避免反应过度，学会用自我解嘲来化解压力。

案例 3-2

你出现过小华的情况吗？

小华，22岁，某职业技术学院三年级学生。自从进入职业院校以来，他总觉得周围的同学都不喜欢他，都在孤立他。小华感到很孤独，但内心却很想交朋友。他总是抱怨现在的高职高专学生思想不成熟、行为举止幼稚，特别是自己身边的同学。小华去食堂吃饭，寝室同学想让他帮带份饭，他认为同学应该自己去吃而拒绝了。

问题：你遇到过小华类似的情况吗？

分析：从表面上看，我们也许会认为小华有一些委屈，但是仔细分析就会发现，小华的主要问题在于过于以自我为中心来看待和思考问题。在上述事情中，小华都是从自我的角度思考行为的合理性，缺乏换位思考。这样的学生不在少数，他们为人处世都以自己的兴趣和需要为中心，只关心自己的想法和感受，不考虑他人的感受，似乎自己的态度就是他人的态度。

心理训练营

认识自我

一、活动目的

通过投射的方法认识自己的人生观、价值观，有助于了解自己，为自己今后的发展提供参考。

二、活动时间

15～20分钟。

三、活动步骤

请以"我……""我是……""我喜欢……""我要……""我曾……""我不……""我可以……""我想……"等句型写下20个描述自己的句子，然后在每个句子前的括号内填上阿拉伯数字1～20，1代表最重要、最不可或缺，20代表最不重要。

（　　　　　　　　　　）的我

请认真面对自己！

单元二　自我悦纳

学习目标

1. 知识目标：了解自我悦纳的含义，掌握实现自我悦纳的方法。
2. 技能目标：能运用恰当的方法实现自我悦纳。
3. 情感目标：形成积极健康的自我悦纳的态度。

重点和难点

1. 重点：掌握自我悦纳的含义和实现的方法。
2. 难点：掌握实现自我悦纳的方法。

案例 3-3

小王，女，高职学生，家庭比较贫困。入校后，小王积极参加学生社团组织，和寝室同学关系处理得也不错，尤其是和同寝室的小李关系特别好，她们两个经常一起去上课、吃饭、逛街。小李的父母从小就注重孩子文艺特长的培养，尤其是在唱歌方面。在一次新生歌唱比赛中，小李表现突出，获得了好成绩，并在学校成为"名人"，被很多男生追求，甚至有的男生托小王帮忙介绍认识小李。慢慢地，小王产生了嫉妒心理，逐渐疏远小李，总是找借口不和小李在一起。她认为自己不够好，自己是农村人，不够优秀，甚至总是刻意躲闪别人的眼神，导致身边没有朋友，小王感觉非常孤单。

分析：小王出现这种情况是自卑心理的表现。她通过与别人的比较，刻意地扩大了自己的缺点，忽略了自己的优点，产生了负向情绪。长期的局部的否定演化为对自己整体的否定，其心理的状态是"我不好，你好"，进而出现不能接纳自我、逃避现实的现象。

一、自我悦纳的含义

自我悦纳是指在接受自我的基础上喜欢自己，包括接受自己的一切，无论是好的、坏的、成功的、失败的，都要敢于面对和接受。

具体来说，自我悦纳就是：

1）接受自己，喜欢自己，不苛求自己，有高度的自尊和自信，有价值感、自豪感、愉快感和满足感。

2）性情开朗，对生活乐观，对未来充满憧憬，积极情绪多于消极情绪。

3）能平静而又理智地看待自己的长处与短处，冷静地对待自己的得与失。

4）有远大理想和阶段性目标，并以此激励自己不断努力。

5）既不以虚幻的自我补偿内心的空虚，也不以消极的态度回避、漠视现实，更不以怨恨、自责甚至厌恶来否定自己。

知识链接

教你悦纳真实的自己

1. 面对一个我们不可改变的东西，该如何对待它，每个人的答案是不一样的，而这个不一样的答案却可能深刻地影响我们的一生。

2. 人们喜爱回味幸福的标本，却忽略幸福披着露水散发清香的时刻。那时候我们往往步履匆匆，瞻前顾后不知在忙着什么。

3. 人生所有的问题，都是关系的问题。在所有的关系之中，你和你自己的关系最为重要。如果你处理不好和自我的关系，你的一生就不得安宁和幸福。你可以成功，但没有快乐。

4. 人生也是有节气的啊。春天就做春天的事情，去播种。秋天就做秋天的事情，去收获。快乐的时候笑，悲伤的时分洒泪。

5. 常常提醒自己注意幸福，就像在寒冷的日子里经常看看太阳，心就不知不觉暖洋洋亮光光。

6. 怠慢自己的身体，是现代人的通病。

7. 生活中不缺少幸福，只是缺少发现幸福的眼睛。幸福盲如同色盲，把绚烂的世界看成了模糊的黑白照片。

8. 恰到好处是一种哲学和艺术的结晶体。酒精的浓度不能太高，过了那个最佳值，结果就适得其反。幸福也是一样，切不要贪得无厌。

9. 深深的话我们浅浅地说，长长的路我们慢慢地走。

（内容摘自毕淑敏《幸福的香气》）

作者：毕淑敏，国家一级作家、内科主治医师、心理咨询师，被王蒙称为"文学界的白衣天使"。

二、自我悦纳的四个层次

（一）无自我悦纳

第一个层次是无自我悦纳。无自我悦纳是指一个人在生活中没有价值感，没有意义感，甚至没有存在感。这种人的生活依附在他人身上，或者依附在某个事物上，他的价值主要体现为向周边的人提供帮助，他没有办法看到自己，甚至极其封闭，这就被称为无悦纳感、不能自我悦纳。当然，在这个层次里，人就无幸福和快乐可言，感受不到主观的幸福和快乐，而是常常感到痛苦，因为他被卡在了一个环境里面，没有办法从这个环境中脱离出来，甚至没有办法找到自我存在的立场、本位。这个时候的人生就像被风吹动的芦苇一样，一直随风摆动。

（二）比较型自我悦纳

第二个层次是比较型自我悦纳。这种人常常活在竞争里面，总是通过和别人比较来产生自我悦纳，或者从在哪方面略胜一筹或者终于把竞争对手打倒中获得一种满足感，这种满足感好像让人很有存在感，很有自我悦纳感，但这是活在竞争里的。比如：学生考试获得了第一名，他就通过比较而获得了自我悦纳感；一个商人因在营销策略方面胜过了竞争对手很开心，这时候他也有一种自我悦纳感。这就是比较型自我悦纳，通过和别人比较来产生自我悦纳感。这比无自我悦纳好一些，能够稍微有些自我接纳感，稍微能够体会到主观的幸福和快乐。

（三）满足型自我悦纳

第三个层次是满足型自我悦纳。满足型自我悦纳的人活在自己的感受、自己的标准里面（自己对自己的生活有一套标准），如果满足了自己的标准就很幸福、很快乐，满足了自己的条件就觉得自己了不起，有一种自我悦纳感。比如某人满足了我们的要求，或者对方做的事情超过了我们的标准，或者满足了我们的某种期待，我们就感到很快乐、很幸福。这实际上来自自我标准的被满足。当然这也没有统一的标准，因为不同性格类型的人标准不一样。

（四）超越型自我悦纳

第四个层次是超越型自我悦纳。超越型自我悦纳不是条件型的，这种类型的人不依附任何事物就可以获得快乐，不以物喜，不以己悲，能够超越条件、超越自己的标准，把生命的本质看得更彻底，能够达到自我悦纳。就像花就是花，草就是草，山就是山，水就是水，所以我是我，你是你，他是他，我们不再依附在关系里，不依附在人与人的比较里。

从以上四种自我悦纳的类型我们可以看到：无自我悦纳的状态是最痛苦、最感受不到幸福快乐的；比较型自我悦纳是通过竞争获取幸福快乐的；满足型自我悦纳主要是通过满足自己的标准获取幸福快乐的；超越型自我悦纳就是一种更高层次的自我悦纳。

那么，如果我们能够自我悦纳，能够和自己建立很好的关系，或者对自己的了解足够清晰，那么我们就一定有幸福快乐感。这种幸福快乐感是主观的，对我们来说也是一种非常重要的体验。

知识链接

悦纳自己是什么样的？

悦纳自己就是合理地评价自己，无条件地、全盘地接受自己，不管是自己的相貌、学识还是优缺点。

一个心理健康的大学生能体验到自己存在的价值，能对自己的能力和性格做出合理的评价，既不自惭也不自傲；能够自我悦纳，喜欢、接受自己，自爱适度，即不会跟自己过不去；生活目标能切合实际，正视现实，积极进取。

三、实现自我悦纳的方法

自我悦纳是自我意识健康发展的关键所在。要想做到自我悦纳，首先，要在客观认识自己的基础上，接纳自己，喜欢自己，欣赏自己，体会自我的独特性，肯定自己的价值，并能够体验到价值感、幸福感、愉快感与满足感；其次，理智与客观地对待自己的长处与不足，冷静地看待得与失，尤其是要坦然面对自身存在的不足、弱点、缺陷甚至错误，不苛求自己，能按自己的能力水平确定自己的发展目标。

在客观地认识自我的基础上会发现，我们每个人都有自己擅长的，也都会有自己不擅长的。这种情况下我们如何去接纳进而悦纳自我呢？可以尝试从以下几个方面入手：

（一）深入了解自己接纳自我的程度

了解自己能接纳自我哪些方面，不能接纳自我哪些方面，找出并分析自己不能接纳的原因。

（二）尝试无条件地完全接受自己

可以先以一种客观和诚实的态度至少举出10项自己的优点以及自己喜欢的方面；再以客观和诚实的态度列出自己不喜欢的方面，在可以改变的地方标上记号，并努力去寻找改变的方法，对不喜欢却又无法改变的方面，尝试着去接受它。我们应该能够清醒地意识到：有些是经过努力能够改变的，如学习成绩、意志力等；有些是即使努力但改变起来也比较困难的，例如身高、相貌等。因此，我们必须学会，对自身努力后能够改变的尽可能地去完善并积极努力，对自身无法改变的要积极面对、尝试接纳。

（三）改变过分追求完美的习惯，不苛求自己

过分追求完美、过分苛求自己，会压抑自己的情绪，制约自己的行为，使自己总是处于焦虑与烦躁之中，还会因为自己的某一点不完美而产生自我否定，导致自我拒绝。我们要能够认识到，其实完美是相对的，对于完美本身并没有一个统一的衡量标准，因此在接受自己优点的同时，也要能够接受自己的不完美。只有接纳了真实的自我，才能以积极的心态最大限度地把自己的潜能化为现实。

（四）建立和巩固良好的自我感觉

仔细回忆自己从前的经历，找出各方面比较出色的表现，肯定自己过去就已经具备的良好的素质；找出升入高职院校后，一次或几次自己做过的比较成功的事情，用心体会成功的愉快心情；及时了解自己各方面的发展、进步和成绩，肯定自己的能力；记录别人对自己的积极评价和态度，增强自信；尝试着把注意力集中在自己的优点和成功上，而不是集中在自己的缺点和失败上。这些将有助于建立和巩固良好的自我感觉。

（五）从错误和失败中吸取教训，给自己一个机会

个人不可能不犯错误，也不可能事事成功，可怕的不是错误和失败，而是被错误和失败击垮。我们应该学会平静而理智地看待自己的错误和失败，并能从中吸取教训，不要因为一时的错误和失败轻率地全盘否定自己，永远对自己有信心，相信自己是有价值的人，相信"天生我材必有用"。

（六）有效地控制自我

自我控制是人主动地改变自己的心理品质、特征及行为的心理过程，是健全自我意识、完善自我的基本途径。有些人自我期望值过高，但由于受到主客观条件的限制，特别是缺乏足够的自制力和较强的意志力，因而经常遭受挫折和打击，无法实现预期的理想目标。我们要能够根据自己的实际情况和社会发展的需要，确立适合自我的抱负，对理想自我实

现过程中遇到的身心矛盾和困扰进行合理的控制与调节，通过努力奋斗，达到自我实现与自我成功。

> **案例 3-4**
>
> **自我悦纳**
>
> 小张，男，高职学生，在高一时不幸发生了车祸，右腿截肢。年轻的小张面对失去了一条腿的自己，非常沮丧，多次想过自杀，并有一次割腕自杀的经历，幸亏家人发现得及时才没有发生悲剧。母亲为了让他能尽快接受现实并快乐地生活下去，带他去旅行，并通过学习特长培养其兴趣爱好。在一次帮助残疾人的志愿者活动中，小张发现世界上还有很多像自己一样的人。他想通过自己的言行鼓励残疾人走出心理的阴霾，于是全身心地投入残疾人志愿者活动中。他在帮助别人的同时也体现了自己的价值，找到了快乐的自己。
>
> 分析：当遇到突发性事件时，我们的心理会产生危机，会出现"否认""不接受"的心理状态，甚至产生抑郁和自杀的行为。危机既是困难也是机遇，如果我们能想办法度过危机，也就学会了新的生存技能，增强了处理事情的能力和信心，体现了自己的价值。所以，正确、全面地认识自我非常重要。

心理训练营

自我悦纳

一、活动目的

正确看待自己的不足及不完美，认识到自己是一个独特的个体，积极地悦纳自我，并学会通过改变不合理信念来调节情绪。

二、活动时间

15～20分钟。

三、活动步骤

1）暖身活动。活动内容是爱的抱抱；活动目的是活跃气氛，使团体进一步融合。

2）看图想象。看图并给这幅图起个名字。活动目的是让成员认识到，对同一事物，人们的看法会有很大的差异。这就像在生活中，不同的人对我们的认识和看法是不同的。我们不可能令周围的每一个人都喜欢、欣赏自己。事实上，最了解自己的人只有你自己。我们要想完善自己，首先要充分认识自己，同时也要正确看待来自外界的不同评价。

3）积极赋义。在纸上写下自己认为不好的性格特征，然后对这些不好的性格特征进行积极赋义，如：多疑，其积极赋义就是自我保护意识强；畏首畏尾，其积极赋义就是小心谨慎……团体进行分享，并讨论某些性格特征在什么情况下具有积极作用，在什么情况下具有消极作用，如何避免其消极作用。活动目的：悦纳自我，认识到性格本身无所谓好坏，只要能恰当地应用于适当的场合，任何一种性格的人都能取得很好的成绩。

4）情绪ABC理论。学会用积极的信念来自我调节情绪。

单元三 自我设计

学习目标

1. 知识目标：了解自我设计的含义，掌握自我设计的要素和方法。
2. 技能目标：掌握自我设计的要素和方法。
3. 情感目标：能够自我设计。

重点和难点

1. 重点：掌握自我设计的含义和方法。
2. 难点：掌握自我设计的方法。

案例 3-5

四只毛毛虫

有四只毛毛虫，都很喜欢吃苹果，于是决定去森林里找苹果。

第一只毛毛虫非常努力地找着，虽然前面出现了一棵苹果树，但它并不知道这里有苹果树，更不清楚上面会有可口的红苹果。当看到其他毛毛虫往上爬时，它稀里糊涂地就跟着往上爬。没有目的，不知终点，更不知自己到底想要哪一种苹果，也没想过怎么样去摘苹果。它最后的结局会怎样呢？也许找到了一个大苹果，幸福地生活着；也可能在树叶中迷了路，过着悲惨的生活。不过有一点可以确定，这只毛毛虫没有意义地生活着，根本不知道自己生存的意义。

第二只毛毛虫很清楚自己的目标是一个大苹果，看见苹果树就会努力地爬上去。但是它不知道大苹果会长在树的什么地方，于是它猜想：粗树枝才能承受大苹果！它慢慢地往上爬，遇到分支的时候，就选择较粗的树枝继续爬。它按这个标准一直往上爬，最后果然有一个大苹果出现在它的面前。这只毛毛虫刚要扑上去大吃一顿，但是放眼一看，它发现这个苹果是全树上最小的一个，上面还有许多更大的苹果。更令它泄气的是，如果上一次没有选择这个分支，而是选择另一个，就会有一个更大的苹果。

第三只毛毛虫也很清楚自己需要一个大苹果，就研制了一副望远镜，用望远镜搜寻了一番后才开始朝着最大的那个苹果前进。同时，它发现：当从下往上找路时，会遇到很多分支，有各种不同的爬法；但若从上往下找路时，却只有一种爬法。它很细心地从苹果的位置由上往下推至目前所处的位置，记下了这条确定的路径。于是，它开始往上爬了，当遇到分支时，它一点也不慌张，因为它知道该往哪条路走，而不必跟着一大堆虫子去挤破头。按理说它已经有了一个很好的计划，最后应该会得到那个大苹果，可是真实的情况往往是，这只毛毛虫由于爬行速度缓慢，最后别的虫子得到了那个大苹果，或者苹果烂掉了。

第四只毛毛虫先给自己做了一个计划，既清楚自己要什么样的苹果，也清楚苹果的生长情况。因此当它拿着望远镜观察时，它的目标并不是一个大苹果，而是一朵含苞待放的苹果花。它计算着自己的行程，估计当它到达的时候，这朵花正好长成一个成熟的大苹果，而且它将是第一个钻进去大快朵颐的虫子。结果可想而知，那个又大又甜的苹果归它所有了。

分析：

第一只毛毛虫并不知道自己需要什么，一生都没有目标，是只没有规划的迷糊虫。遗憾的是，现实生活中的很多人就像这只毛毛虫一样。

第二只毛毛虫虽然知道自己想要什么，但是只知道用一些常规的方法，并不是很系统，所以就离那个苹果越来越远，就算有靠近的机会也不会发现它。

第三只毛毛虫很清楚自己的规划，但是它的目标过于远大，行动又太缓慢，成功就会离它很远了。机会是不等人的。同样，人生也极其有限，必须把握好机会，再加上一个适合自己的计划，才会有一个很好的命运。

第四只毛毛虫不仅知道自己的目标，也清楚达到目标的方法以及需要的条件，然后制订清晰实际的计划，在望远镜的指引下，它的理想就离自己越来越近了。

你是哪只毛毛虫呢？你愿意做哪只毛毛虫呢？

一、自我设计的含义

自我设计是指根据社会发展的客观需要和本身的特长、兴趣等条件，对自己未来发展所进行的设想和规划。自我设计，从实质上说，就是把自身的发展当作一项伟大的工程来对待。它要求人们成为自己人生的设计师，要像工程师管理工程那样来管理自己。

从根本上说，自我设计强调个人对自己的人生采取认真负责的态度。自我设计不是存不存在、应不应该的问题，而是怎样正确认识和正确设计的问题。以自我为中心、个人至上的个人主义的自我设计是不可取的，这种自我设计对社会和他人往往采取冷漠、不信任甚至敌对的态度，其结果常是一意孤行，或者因价值目标实现不了而对人生失去希望。从根本上说，任何自我设计都必须与社会的总价值目标在大方向上保持一致，自我设计不过是帮助个人实现人生社会价值目标的一种工具，自我设计是否现实、是否成功，都总有其深刻的社会原因。应该在集体主义的基础上，理解并实施自我设计。

知识链接

从需要的角度设计自我

根据著名心理学家马斯洛的需要层次理论，需要可分为以下五种：

1. 生理的需要：人们最原始、最基本的需要，如吃饭、穿衣、住宿、医疗等。
2. 安全的需要：劳动安全，职业安全，生活稳定，希望免于灾难，希望未来有保障。
3. 归属和爱的需要：得到家庭、团体、朋友、同事的关怀、爱护、理解，是对友情、信任、温暖、爱情的需要。
4. 尊重的需要：自我尊重、自我评价以及尊重别人。
5. 自我实现的需要：最高等级的需要。满足这种需要就要完成与自己能力相称的工作，最充分地发挥自己的潜在能力，成为所期望的人物。

> 我们可以依据对这些需要的划分，对自己的需要做具体的设计。当然，不同年龄段、不同时间段的需要也是不一样的。其实，我们每个人都可以根据自己的实际情况对自己的需要进行规划，做到有理有据，而不是"漫天要价"，这样才能让"需要"变成现实。

二、学业生涯自我设计的要素

（一）大学生的个性发展是前提

一个人究竟朝什么方向发展，能达到什么样的水平，很大程度上取决于个人努力的程度和选择的正误。在高校学生管理工作中，要鼓励学生根据个性特点，结合社会发展的需要，自主选择发展方向，确定成才目标（包括成才的类型和层次），设计自己的知识结构，摆脱被动发展的地位，积极主动地塑造自己的个性。这样的自我设计、自我实现是多出人才、快出人才、出好人才所必需的。学生的自我设计，要能充分激发其兴趣、发挥其特长，使天赋潜能得到充分发展。注重大学生的个性发展是学业生涯自我设计的前提。

（二）正确地设计自我是关键

如何正确地进行自我设计是学业生涯自我设计的关键。当代大学生应当在正确的政治理论指导下进行自我设计，正确的"理想"应是成为"有理想、有道德、有文化、有纪律"的"四有"新人。大学生要面对现实，从自己的实际出发，确立自己的具体奋斗目标（即把理想分解为一个个具体的目标）。学生工作管理者要正确教育学生，使其认识自我、发展自我，根据自我特点和兴趣爱好，结合自己的专业进行学业生涯设计，为今后的自我发展奠定基础。

（三）自主学习与管理是必要条件

自主学习是指学生在老师引导下独立、自主地去研究学习对象，掌握知识、获得能力，并能很好地运用这些知识与能力的学习方式与过程。自主管理是指学生在老师的激励与引导下，自己处理日常生活与学习方面事务的管理模式。高校的学生管理工作"以学生为主体"，自主学习与管理是其重要特征。

学生自主学习与管理是学业生涯自我设计的必要条件。实践证明：只有教会学生学习，学生才会自主学习；只有教会学生管理，学生才会自主管理；只有进行自主教育，高校才能培养出符合社会需要和时代要求的自主型、创造型人才。

（四）检查与监督是保证

高校学生是青年中的特殊群体，他们思想活跃，容易接受新鲜事物，但一些学生也存在自制力较差、容易受到不良思想和行为的诱惑、心理承受能力较差、缺乏集体观念、组织纪律性思想比较淡薄等问题。这就需要辅导员在政治思想上、老师在学习上正确引导和监督，帮助学生沿着正确的轨迹走过他们人生中关键的一段，使学生具有明确而坚定的政治方向，具有全心全意为人民服务的思想和远大的共产主义理想，同时帮助学生克服自身的惰性和各方面的不足，保证学生学业生涯自我设计目标的实现。

知识链接

大学生学业生涯自我设计内容指导

为便于学生更明确设计内容和方向,特制定本内容指导,供学生自我设计时参考。

一、思想政治与道德素质目标

学生在校期间思想政治与道德素质方面的学习方向和培养目标包括:

1. 参与政治学习和"两课"教学活动。
2. 学习党、团的有关知识,积极向党组织靠拢(如递交申请书和思想报告)。
3. 学习党和国家的路线方针政策,关心国内外时事政治。
4. 参与各类思想政治、意识形态、道德修养领域的主题教育活动。参加主题明确、富有教育意义、创新性强的各类活动。
5. 参加各类具有积极意义的主题征文活动,如爱国主义等。
6. 培养积极进取、乐观向上的人生观和世界观。
7. 参观各类教育基地。
8. 培养和树立法律意识、诚实意识、创新意识和竞争意识,增强组织纪律性、社会责任感和集体主义意识,注重基本道德素质的自我培养。
9. 参加与大学生思想政治、道德素质相关的其他活动。
10. 其他。

二、课程学习目标

学生根据《学生手册》制定在校期间的课程学习目标,包括:

1. 本学期必修课程的平均成绩准备达到多少分?
2. 本学期必修课程准备达到多少学分?
3. 是否准备学习第二专业的课程?本学期准备修完多少第二专业的学分?希望平均成绩达到多少分?
4. 除课本知识外,准备在相应学科的哪些领域进行知识拓展?希望取得什么效果?
5. 毕业设计或论文准备取得什么样的成绩?
6. 其他。

三、外语水平目标

学生在外语方面的学习目标包括:

1. 通过国家英语 AB 级、四六级考试。
2. 通过雅思、托福、GRE 等考试。
3. 是否准备学习第二外语?准备达到何种水平?
4. 获得其他英语等级证书或各类比赛奖励。
5. 其他。

四、计算机水平目标

学生在计算机方面的学习目标包括:

1. 通过省级或全国计算机等级考试。
2. 获得计算机水平等级证书。
3. 希望熟练掌握何种计算机语言或何种与专业相关的应用软件?
4. 其他。

五、阅读目标

学生在课外阅读方面的目标包括：

1. 本学期准备阅读的学校推荐书籍或其他课外读物（至少两本以上）有哪些？
2. 准备撰写几篇读书心得（至少两篇以上）？
3. 希望通过阅读提高哪些方面的知识水平？
4. 其他。

六、学术科技和创新创业目标

学生课外从事各类学术科技和创新创业活动的目标包括：

1. 参加职业院校学生技能大赛。
2. 参加电子制作大赛、数学建模大赛以及英语等各类学科竞赛。
3. 参加校内外各种科学研究或学术调研、考察。
4. 参加学校开展的各类科普活动（报告会、论坛、学术交流会等）或科技类学生社团活动。
5. 公开发表学术论文、文学作品、书评、调查报告、读书心得等。
6. 参加其他学术科技或创新创业活动。
7. 其他。

七、社会实践和志愿服务目标

学生组织或参加各种社会实践、志愿服务活动的目标包括：

1. 参加各类社会实践、社会调查活动，并完成相应的实践报告或调查报告等。
2. 参加各种青年志愿者服务活动。
3. 参加各类社会公益劳动或公益活动。
4. 参加其他形式的社会实践或志愿服务活动。
5. 为学校、学院或班级集体完成某项服务活动。
6. 其他。

八、技能与专长目标

学生通过参加社团、培训、学习活动等获得某一方面或几方面技术或专长的目标包括：

1. 提升人际交往能力。
2. 提升口才能力。
3. 提升写作能力。
4. 发展体育特长。
5. 提升组织协调能力。
6. 其他的技能与专长的培养（如书法、绘画、棋艺等）。
7. 其他。

九、体能目标

学生参加体育锻炼方面的目标包括：

1. 积极参加各种体育锻炼，养成科学锻炼身体的好习惯。
2. 达到大学生体育及格标准。
3. 参加校级运动会或各类体育竞赛，并努力获得奖励。
4. 其他。

十、求职准备

大学生在大学期间对求职所做的准备活动包括：

1. 正确评估自己，制定现实的专业决策和就业目标。
2. 参加就业指导课程学习，掌握求职技巧，熟悉获得职业信息的有效渠道。
3. 进行就业咨询，拓宽学习范围和就业渠道。
4. 积极做好求职前的心理准备。
5. 模拟训练。
6. 其他。

三、学业生涯自我设计的方法

（一）完成学业生涯自我设计书

学业生涯自我设计书的内容可以包括个人理想、总目标、年度目标、学期目标，又可细分为专业课程目标、基础课程目标，特长目标、综合素质目标，外语、计算机水平目标，阅读目标，写作与发表目标，演讲与口才目标，技能与专长目标，参加社会实践目标，学生社团活动目标，评优评先情况目标，个人性格塑造目标，树立诚信品牌目标，等等。

同时，要求学生制定实现这些目标的可行性步骤，并对自己的性格特征、业余爱好、个人专长、能力倾向、发展基础进行认真分析。

（二）实施需要师长引导

学生在自我设计的实施中有了疑问，可多与辅导员、老师、家长等沟通。师长应帮助学生设计学业生涯，了解并掌握学生的思想状况，特别是学生在学习中的各种思想问题，对学生进行思想引导、生活指导和心理疏导，使学生确立自己的成才方向。

（三）提升自主学习能力，增强自信心

心理学家卡普捷列夫说："自主性之所以重要，首先不是因为它在生活中有用，而是因为它符合创造的自我发展。离开自主性，就不能获得发展。"进行学业生涯自我设计的过程中，学生应着重培养自主识别、自主选择、自主摄取、自主调控的自主学习能力，成为学习的主体，由被动学习变为主动学习。学习兴趣和学习成绩得到明显提高的同时，自信心也会得到明显增强。

（四）在实践中磨砺成功素质

学生应积极参与多种形式的社会实践活动，拓宽自身的学习和实践活动平台，在实践中磨砺，在实践中发展，在实践中检验学业生涯自我设计的正确性。

（五）定期进行检查与监督

学生应定期进行检查与监督，并根据自身的兴趣、爱好、潜质、就业环境等不断纠正设计偏差，还可以对学业生涯设计进行表格量化考核。

心理训练营

学业生涯自我设计书

目标：根据设计要素和方法，设计一份学业生涯规划。

学业生涯自我设计

请认真思考，为自己科学地设计学业生涯规划！

1. 自我认识_____
_____
2. 学业目标定位_____
_____
3. 具体规划_____
_____

心理学家及核心理论（三）

自我意识的起源

苏格拉底（见图3-2）是自我意识的"助产婆"。苏格拉底坚定地认为存在普遍可靠的真理，并且探求普遍必然性的途径是"认识自己"。因此，西方哲学的自我意识概念产生于古希腊时期。在此之后对自我意识的思考很长一段时间内主要停留在哲学的思辨领域中。直至1890年，威廉·詹姆斯（William James）在其著作《心理学原理》中首次将自我意识引入心理学研究领域。心理学的先驱人物威廉·冯特（Wilhelm Wundt）也对自我意识的研究有所涉及。但是，早期的心理学家们对概念的理论探讨，缺乏一致性，研究结果可谓扑朔迷离、含糊而繁杂。直到20世纪20年代，西方心理学界的学者们纷纷研究起了自我，具有代表性的有库里（Cooley）、米德（Mead）以及弗洛伊德（见图3-3）。弗洛伊德提出本我（id）、自我（ego）、超我（superego）的人格结构后，自我意识的概念开始明确化。一般认为，自我意识就是指个体对自己的各种身心状态的认识、体验和愿望，以及对自己与周围环境之间关系的认识、体验和愿望。

图3-2　苏格拉底

图3-3　弗洛伊德

模块四 人格心理

● **导读导学**

　　同学们，你们可能觉得有些人性格好，有些人性格不好，但性格真的有好坏之分吗？通常所说的好性格，在我们的印象里是指阳光开朗、落落大方、幽默热情等，即这些所谓的"好"性格都是用来描述一个外向的人的。实际上，内向和外向相对来说都是较为稳定的气质。所谓的培养自己的好性格，更多的应是了解你自己的特点，然后根据你自己的特点来发挥优势，最终成长为独特的你。

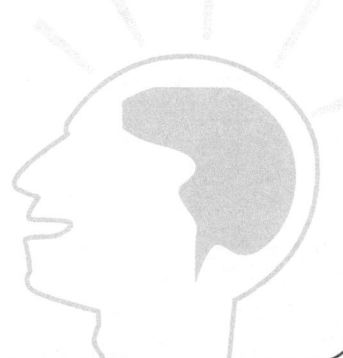

● **思维导图**

人格心理思维导图见图4-1。

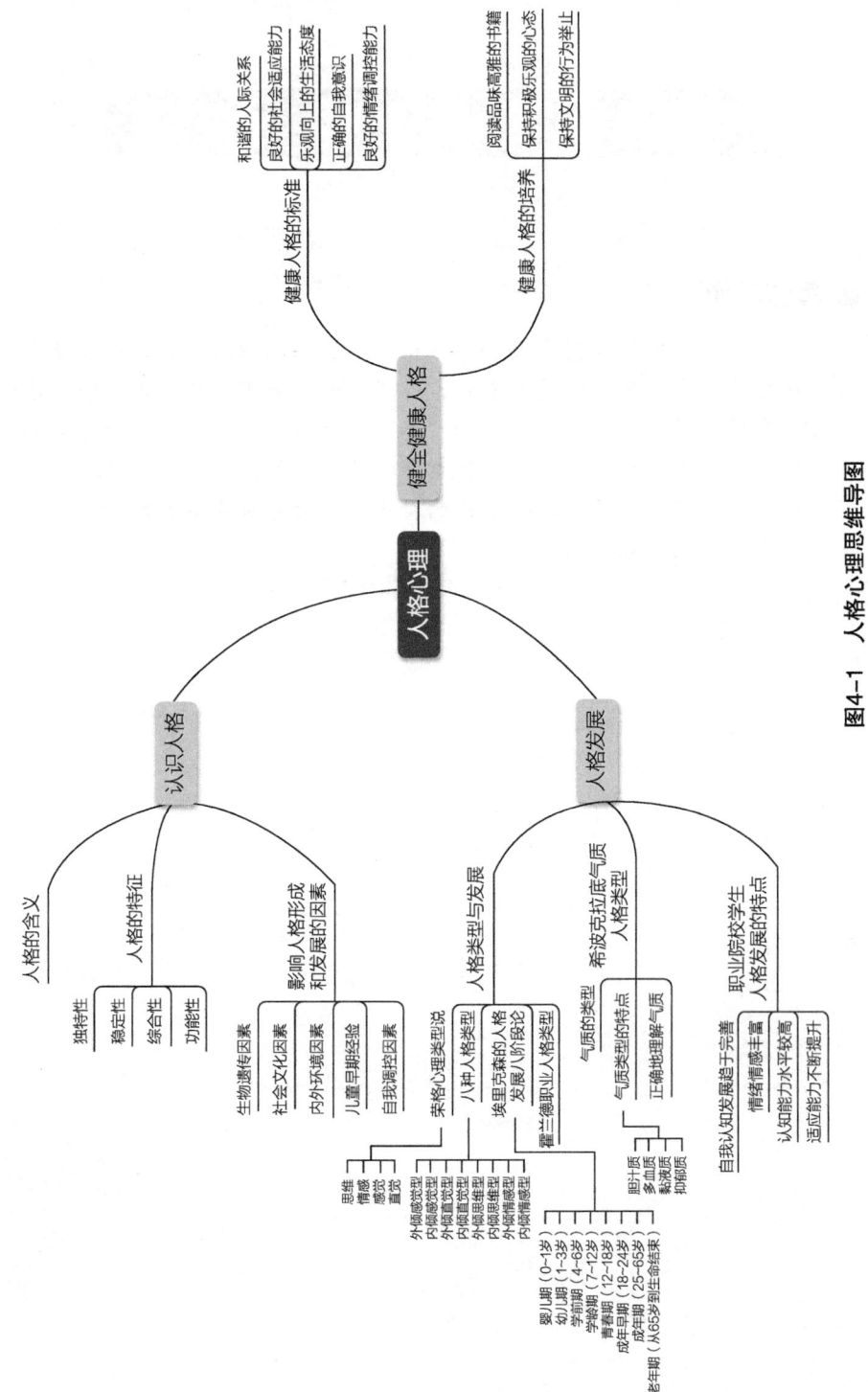

图4-1 人格心理思维导图

单元一　认识人格

学习目标

1. 知识目标：了解人格的含义与特征，认知影响人格形成和发展的主要因素。
2. 技能目标：能分析出影响自己人格的最主要因素。
3. 情感目标：意识到健康人格的重要性，树立健全完善人格发展的观念。

重点和难点

1. 重点：掌握人格的特征，以及影响人格形成和发展的主要因素。
2. 难点：理解儿童早期经验对人格形成和发展的影响。

> **案例 4-1**
>
> 我到底怎么了？
>
> 　　小佩，男，大一，来自一个二线城市，自幼独立，从小学开始就在学校寄宿，性格开朗，和不同时期的舍友关系都很密切。大学入学后，他一直感觉不能找回原来的自己，跟同学们的关系若即若离，也无意参加各类学习与文娱生活，自述跟过去的自己判若两人。他感觉自己在同学中显得幼稚、孤陋寡闻，很难真正融入同学们的交谈与活动，在人际交往中显得吃力和退缩。他渴望能够拥有真挚的友谊，但是对周围同学的言行举止多有评判，进而觉得自己跟大家不是一类人，无法深入沟通。在入学三个月后，他越发觉得自己与同学格格不入，排斥在大众面前展示自己，猜测同学对自己有不好的评价，担心自己的行为、语言出错，时常处于防备和紧张的状态，言行谨小慎微，注意力无法集中，饮食睡眠也陆续受到影响，精神状态欠佳。
>
> 　　问题：
>
> 　　1. 小佩入学以来的困境主要是什么？造成这些困境的主要原因有哪些？
> 　　2. 他该如何调整自己？
> 　　3. 现实生活中你或你身边的同学是否也曾有类似的体验？你们是如何处理的？
>
> 　　**分析：** 小佩刚刚进入大学，既想亲近同学又缺乏自信，无法融入新的人际关系和学习、生活环境，无法在新环境中建立与同学的信任关系，导致自己紧张、注意力无法集中，饮食和睡眠也受到影响。

　　职业院校学生正处于朝气蓬勃的青春期，在此期间，不仅身心会发生巨大的变化，自我意识也将由分化、矛盾、冲突逐渐走向统一。这是大学生人格发展、完善的重要时期。所以，每位同学都应该关注自己的人格特征，积极地塑造人格，通过提高心智逐步使自己拥有健康、完善的人格。

一、人格的含义

　　心理学中的人格一词，源自拉丁文"persona"。persona 指的是古希腊演员所带的面具，它能够反映演员所演绎的不同角色的行为特征及行为模式，以及对角色不同的要求。这类似于我国京剧中的脸谱所展现的角色形象特征，"红脸的关公，黄脸的典韦，白脸的曹操，黑脸的张飞"，让人对各个角色的性格、行为特征有最直观的联想。一般来说，人格包含的范围比较广，包括需要、动机、兴趣、态度、气质、性格等。人格通常是指构成一个人的思想、情感及行为的特有综合模式，这个特有综合模式包含了一个人区别于他人的稳定而统一的心理品质。

二、人格的特征

（一）独特性

个体的人格是在遗传、环境、教育等因素的交互作用下形成的。个体在不同的遗传、生存及教育环境中，形成了各自独特的心理特点。我们经常所说的"人心不同，各如其面"就是指的这个意思。

（二）稳定性

人格具有稳定性，表现为那些经常表现出来的特点，以及一贯的行为方式。正如我们所说的"江山易改，本性难移"。个体的人格是较为稳定的，虽然具有一定的可塑性和可变性，但是很难在短时间内有较大的变化。

（三）综合性

各种人格结构的组合千变万化，使人格表现得色彩纷呈。在每个人的人格世界里，各种特征并非简单地堆积在一起，而是依据一定的内容、秩序与规则有机组合。人格的有机结构具有内在一致性，受自我意识的调控。当一个人人格结构的各方面彼此和谐一致时，人们就会呈现出健康的人格特征，否则就会出现各种心理冲突，甚至导致"人格分裂"。

（四）功能性

人格是一个人生活成败、喜怒哀乐的根源。正如人们常说的"性格就是命运"。人格决定了一个人的生活方式，甚至有时会决定一个人的命运。当人格功能发挥正常时，人表现得健康而有力；当人格功能失调时，人会表现得懦弱、无力、失控甚至变态。

三、影响人格形成和发展的因素

人格的形成和发展是一个非常复杂的过程，受到了多种因素的影响和制约。生物遗传因素、社会文化因素、内外环境因素、儿童早期经验以及自我调控因素等，相互影响并制约着人格的形成与发展。

（一）生物遗传因素

人格的发展是遗传与环境交互作用的结果，生物遗传因素影响着人格的发展方向及形成的难易。

（二）社会文化因素

社会文化具有塑造人格的功能，这反映在不同文化的民族有其固有的民族性格，不同的地域有着不同的文化传统，不同的文化发展时期有着不同的文化认同。

> **知识链接**
>
> ### 自我实现人具备的16项人格基本特征
>
> 美国心理学家马斯洛在研究了历史上许多智者共同的人格特征之后，详细地描绘出了"自我实现人"（自动人）的画像。自我实现人有下列16项特征：
>
> 1. 他们的判断力超乎常人，对事情观察得很透彻，只根据现在所发生的一些事，常常就能够正确地预测与把握未来事情会如何演变。
>
> 2. 他们能够接纳自己、接纳别人，也能接受所处的环境。无论在顺境或逆境之中，他们都能安之若命、处之泰然。虽然他们不一定喜欢现状，但他们会先接受不完美的现实（不会抱怨为何只有半杯水），然后负起责任改善现状。
>
> 3. 他们单纯、自然而无伪。他们对名利没有强烈的需求，因而不会戴上面具，企图讨好别人。有一句话说："伟大的人永远是单纯的。"我相信，伟人的脑子里满存智慧，但常保一颗单纯善良的心。
>
> 4. 他们对人生怀有使命感，因而常把精力用来解决与众人有关的问题。他们也较不以自我为中心，不会只顾自己的事。
>
> 5. 他们享受独居的喜悦，也能享受群居的快乐。他们喜欢在独处的时间里面对自己、充实自己。
>
> 6. 他们不依靠别人来满足自己安全感的需要。他们像是满溢的福杯，喜乐有余，常常愿意与人分享自己，却不太需要向别人收取什么。
>
> 7. 他们懂得欣赏简单的事物，能从一粒细沙想见天堂，他们像天真好奇的小孩一般，能不断地从最平常的生活经验中找到新的乐趣，从平凡之中领略人生的美。
>
> 8. 他们当中有许多人曾经历过"天人合一"的体验。
>
> 9. 虽然看到人类有很多丑陋的劣根性，但是他们仍然有悲天悯人之心、民胞物与之爱，能从丑陋之中看到别人善良可爱的一面。
>
> 10. 他们的朋友或许不是很多，然而所建立的关系却比常人深入。他们可能有许多淡如水的君子之交，素未谋面却彼此心仪、灵犀相通。
>
> 11. 他们比较民主，懂得尊重不同阶层、不同种族、不同背景的人，以平等和爱心相待。
>
> 12. 他们有智慧，明辨是非，但不会像一般人那样用绝对二分法（"不是好就是坏"）分类判断。
>
> 13. 他们说话含有哲理，也常有诙谐而不戏谑的幽默。
>
> 14. 他们心思单纯，像天真的小孩，极具创造性和艺术天赋。他们真情流露，欢乐时高歌，悲伤时落泪，与那些情感麻木，喜好"权术""控制"，"喜怒不形于色"的人截然不同。
>
> 15. 他们的衣着、生活习惯和方式、处世为人的态度看起来比较传统、保守，然而他们的心态开明，在必要时能超越文化与传统的束缚。
>
> 16. 他们也会犯一些天真的错误，当他们对真善美执着起来时，会对其他琐碎事心不在焉。
>
> 据美国心理学家估计：世界上大概只有1%的人，最后能成长到"不惑"、"知天命"、

"耳顺"、"随心所欲而不逾矩"、圆融逍遥、充满智慧的人生境界。

我们不敢期望每个人都能达到这个境界，但是我们相信，当我们越趋近这种境界，我们的人生会越喜乐、越有意义。

成长是必须付代价的，因为成长永远包含着冒险、面对未知、尝试新经验、扩展个人的极限以及改变。若不必成长，我们就不用改变自己，不用面对未知的危险，更不用花心神面对生活的挑战，从各种选择中做出新的决定。

（三）内外环境因素

这里的内外环境主要指家庭环境和学校教育环境。家庭对一个人人格的形成和发展具有重要和深远的影响。家庭是儿童的最初环境，社会和时代的要求往往是通过家庭在儿童心灵上打下烙印的。许多精神分析学家认为，从出生到五六岁是人格形成的最主要阶段，这时一个人的人格类型已基本形成。在这个阶段，绝大多数儿童在家庭中生活，在父母抚养中长大。因此，父母的教养态度对于一个人人格的形成和今后的发展起着重要作用。

学校是一种有目的、有计划地向学生施加影响的教育场所。教师对学生人格的发展具有指导定向作用。教师的人格特征、行为模式与思维方式会对学生产生巨大的影响。教师的公平公正性对学生也有着至关重要的影响。班集体是学校的基本组织结构，班集体的特点、要求、舆论和评价对于学生人格的发展具有"弃恶扬善"的作用。

（四）儿童早期经验

人格发展的确受到童年经验的影响：幸福的童年有利于儿童人格的健康发展，不幸的童年也会引发儿童不良人格的形成。但二者不存在一一对应的关系，溺爱也可使孩子形成不良的人格特点，逆境也可磨炼出孩子坚强的性格。儿童早期经验不能单独对人格起决定作用，它与其他因素共同来决定人格。儿童早期经验是否对人格造成永久性影响因人而异，对于很多人来说，随着年龄的增长、心理的成熟，童年的影响会逐渐减弱，其效果不会永久不衰。

由于父母与孩子间关系的亲密性、长期性及高度影响力，亲子关系的质量与儿童早期经验一样，与儿童的人格及一般适应性发展之间存在着极其重要的联系。

（五）自我调控因素

自我调控系统的主要作用是对自己人格的各个成分进行调控，保证人格的完整、统一、和谐。

知识链接

最"抗压"的人格特质

早在20世纪70年代，心理学研究者就发现，有一些个体不管压力情境如何，都能抵抗住压力所带来的生理和心理影响。一项研究分析了超过700名职业经理人的压力反应，结果发现，在同样的压力环境中，有数百人表现出的压力带来的生理症状在另一些人身上却没有。对这一小部分人群进行进一步的研究发现，他们与那些屈服于压力的人的区别在于拥有独特的人格特征，心理学家Kobassa把这样的人格特征称为坚韧人格。

Kobassa还对不同种族、宗教和性别的人群中共有的坚韧人格进行了如下归纳：

1）坚韧人格可能可以克服遗传的患病倾向。

2）个体可能表现出 A 型人格特质，却没有心脏疾病的风险（A 型人格是指一种急促或匆忙的生活风格，这种人格与时间紧迫感有关，个体擅长思考或做许多事情。A 型行为比其他所有危险因子的组合更能有效预测心脏疾病）。

3）在更高压力的工作中，内部资源比强有力的家庭支持更为重要。

4）一些被视为坚韧人格的人会表现出 A 型人格中除敌意外的其他行为表现，这些人会非常享受生活。

Kobassa 和他的同事认为，虽然坚韧人格是天生的，但是承诺、控制、挑战的特质却可以习得。在一项研究中，为了证明为期八周的坚韧技能培训的有效性，16 名正经历着与压力相关健康问题的职业经理人被分成两个小组，一组学习坚韧技能，即学习组，另一组为控制组，没有接受相关训练。教给学习组的技能包括聚焦或认识压力的身体信号（如身体紧张等）、重构（重新解释压力源以及解决它的种种观点）和补偿（把个人才能的控制转为重要力量的能力，而不是助长无助感）。在学习这些新技能后，学习组在坚韧人格量表上的得分提高了，甚至血压也随之降低了。实际上，Kobassa 等人的研究结果与马斯洛理论中的自我实现概念很接近。坚韧人格可以缓冲压力对身心健康的不良影响，使处于高压力情境下的个体保持身心健康。

心理训练营

"如果我是"句子完成小测验

一、活动目的

帮助大学生梳理、觉察自己的性格特点。

二、活动时间

10 分钟。

三、活动地点

普通教室或宿舍。

四、活动步骤

请完成以下一些想象的主题，把句子填写完整。

1）如果我是一种动物，我希望自己是＿＿＿＿＿＿＿＿＿＿＿＿＿＿＿＿＿。

2）如果我是一种鸟，我希望自己是＿＿＿＿＿＿＿＿＿＿＿＿＿＿＿＿＿＿。

3）如果我是一种昆虫，我希望自己是＿＿＿＿＿＿＿＿＿＿＿＿＿＿＿＿＿。

4）如果我是一朵花，我希望自己是＿＿＿＿＿＿＿＿＿＿＿＿＿＿＿＿＿＿。

5）如果我是一棵树，我希望自己是＿＿＿＿＿＿＿＿＿＿＿＿＿＿＿＿＿＿。

6）如果我是一种家具，我希望自己是＿＿＿＿＿＿＿＿＿＿＿＿＿＿＿＿＿。

7）如果我是一种乐器，我希望自己是＿＿＿＿＿＿＿＿＿＿＿＿＿＿＿＿＿。

8）如果我是一种交通工具，我希望自己是＿＿＿＿＿＿＿＿＿＿＿＿＿＿＿。

9）如果我是一个国家，我希望自己是＿＿＿＿＿＿＿＿＿＿＿＿＿＿＿＿＿。

10）如果我是一部影片，我希望自己是＿＿＿＿＿＿＿＿＿＿＿＿＿＿＿＿＿＿＿。
11）如果我是一种颜色，我希望自己是＿＿＿＿＿＿＿＿＿＿＿＿＿＿＿＿＿＿＿。
12）如果我是一种食物，我希望自己是＿＿＿＿＿＿＿＿＿＿＿＿＿＿＿＿＿＿＿。
13）如果我是一项世界纪录，我希望自己是＿＿＿＿＿＿＿＿＿＿＿＿＿＿＿＿＿。
14）如果我是一种自然现象，我希望自己是＿＿＿＿＿＿＿＿＿＿＿＿＿＿＿＿＿。
15）如果我是一本书，我希望自己是＿＿＿＿＿＿＿＿＿＿＿＿＿＿＿＿＿＿＿＿。

如果你已经完成，可以重新仔细读一下自己所写的内容，然后问一下自己那样写的理由。

此外，你还写下了自己的希望，也思考一下：你的现状是怎样的？希望和现状有什么不同？存在怎样的差距？

如果有其他同学也做了这个练习，你可以试着和他们交流一下，看看别人会写什么，为什么会这样写。

这是一个通过比喻的途径来认知自己的方法，借此可以深入了解自己想要做什么事，想要成为怎样的人。如果能和别人交流讨论，你就能了解别人的想法，也许别人会有一些与你视角不同的观察，还可以反馈给你一些你原先没有考虑过的或是你自己没有意识到的盲点。

单元二 人格发展

学习目标

1. 知识目标：了解荣格心理类型说；掌握人格类型，了解职业院校学生人格发展的特点。
2. 技能目标：能根据霍兰德职业人格类型客观认识自己的职业人格类型。
3. 情感目标：理解不同人格类型与相应职业的关系，树立良好的职业人格观念。

重点和难点

1. 重点：掌握霍兰德职业人格类型和希波克拉底气质人格类型。
2. 难点：能客观分析自己的职业人格类型。

案例 4-2

身高 1.6 米的 NBA 球星

NBA 中有一个夏洛特黄蜂队，黄蜂队有一位身高仅 1.6 米的运动员，他就是蒂尼·博格斯，NBA 最矮的球星。他这么矮，怎么能在巨人如林的篮球场上竞技，并且跻身大名鼎鼎的 NBA 球星之列呢？这是因为他有自信的人格。

博格斯自幼酷爱篮球运动，但由于身材矮小，伙伴们瞧不起他，有一天他伤心地问妈妈："妈妈，我还能长高吗？"妈妈鼓励他："孩子，你能长高，长得很高很高，会成为人人都知道的大球星。"从此，长高的梦像天上的云一样在他心里飘动着，促使他每时每刻都渴望实现梦想。

"业余球星"的生活即将结束了，博格斯面临着更严峻的考验，1.6米的身高能打好职业赛吗？博格斯横下心来决定要凭自己1.6米的身高，在高手如云的NBA赛场中闯出自己的天地。"别人说我矮，反倒成了我的动力，我偏要证明矮个子也能做大事情。"在维克森林大学和华盛顿子弹队（1997年更名为华盛顿奇才队）的比赛场上，人们看到的博格斯简直就是一个"地滚虎"，从下方来的球，90%都被他收走。后来他凭借精彩出众的表现，加入了实力强大的夏洛特黄蜂队。在关于他的一份技术分析上写着：投篮命中率50%，罚球命中率90%。一份杂志专门为他撰文说：他个人技术好，发挥了矮个子重心低的优势，成为一名使对手害怕的断球能手。"夏洛特的成功在于博格斯的矮"，不知是谁喊出了这样的口号，许多人都赞同这一说法。许多广告商也推出了这位大球星的照片，上面是博格斯淳朴的微笑。成为著名球星的博格斯，始终牢记着当年妈妈鼓励他的话，虽然他没有长得很高很高，但是他已经成为人人都知道的大球星了。

分析：身高1.6米的博格斯能够成为一名球艺出众的NBA球星，关键就在于他相信自己，并能够在此基础上充分发挥自己的身高优势，使自己成为夏洛特黄蜂队里的超级断球手。博格斯的成功告诉我们，无论是什么人，只要有健全的人格，只要相信自己，并一直为实现梦想而努力，就都能够成功。

一、人格类型与发展

（一）荣格心理类型说

心理学家卡尔·荣格对于人类个体的探索始终贯穿在他的心理学研究中。他发现，在个体身上普遍存在着两种倾向：一种人向内思索，思考自身；另一种人则向外探求，靠近客观世界。他将前者称为内倾型（introversion），而将后者称为外倾型（extroversion）。

任何人都可以在不同程度上被归入其中一种类型。在荣格看来，之所以存在内倾和外倾两种类型，是因为世界存在两种真实——外在真实（即外部客观世界）和内在真实（即人内在的精神模式）。

荣格认为，一般而言，个体的类型是根据他们对待客体的特殊态度来区分的。内倾型的人对待客体的态度是抽象的，他们与客体的关系含有对抗意味，实际上对客体抱有不信任的态度，需要通过抵御外界的要求来保存自己的能量、稳固自己的地位；而外倾型的人对客体保持着一种过分信赖的关系，他们坚信客体的重要性，并时刻调整自己的主观态度来保持与客体的关联。

在荣格看来，如果个体在成长过程中，由于种种原因使其类型的本质在外界的影响下有所改变，那么这个个体在日后便会不可避免地变成神经症患者。只有当个体态度的发展过程与其天生属性完全吻合时，才有可能被成功治愈。

虽然在现代语境中，人们对这两种类型的理解与荣格最初提出时的概念略有不同，但我们在日常生活中自然地使用着"内向"与"外向"等描述性词语时，依然应该感谢荣格在多年前开创性地提出了内倾与外倾的概念，为人类探索自身提供了新的可能性。

在根据态度将个体分为内倾型和外倾型之后，荣格又提出了用四种心理功能作为标准，采取了思维－情感和感觉－直觉两个维度，将个体进一步划分为不同类型。

1. 思维

思维（thinking）主要是指对事物的判断和推理，是一种根据自身规律用某种方式表达概念关系的心理功能，属于理性功能（rational function）的范畴。荣格认为思维有两个来源：一是来自主观，最后归结为无意识的根源；二是由感官直觉传送的客观事实。偏向外倾型的思维会更多地受客观事实影响，而偏向内倾型的思维则依赖于主观的加工。

2. 情感

情感（feeling）是指用感官对事物进行感知和判断，属于非理性功能（irrational function）的范畴。在荣格看来，情感唯一的价值标准是通过感觉对客体本质进行反映。外倾型的情感会更多地被客观价值和标准所影响，个体会调整自己的情感以与客体情感保持协调；内倾型的情感则更多地受主观影响，会形成以自我为中心的情感强化。

3. 感觉

感觉（sensation）是指对事物的好恶倾向，属于理性功能的范畴。感觉是基于客观事物而形成的判断，受客观价值的制约。在外倾型态度中，感觉的主观性受到了阻止和压抑，只有具体的、通过实际的感官感知的部分才会激起外倾型的感觉；而在内倾型态度中，感觉明确地建立在知觉的主观部分上，最初引起感觉的刺激物被主观反映所替代。

4. 直觉

直觉（intuition）是指对事物变化的预感，无须解释和推论，属于非理性功能的范畴。荣格认为直觉属于一种无意识过程，包含主动性与创造性，其基本功能是传送纯粹的意象及对关系和环境的知觉。直觉在外倾型态度中会更倾向于客体，出现一种决定性的对外部环境的依赖；而在内倾型态度中，直觉则依靠主观感受进行判断，依靠意象构建起意象，而没有在现象与个体自身之间建立起任何联系。

（二）八种人格类型

根据两种态度和四种心理功能，荣格提出了八种人格类型。

1. 外倾感觉型

"没有什么是一顿美食解决不了的。"外倾感觉型（extroverted sensation，Se）的个体常常拥有一种魅力和明快地追求欢乐的能力，他们需要感知客体，要拥有感觉，如果可能的话还要欣赏感觉；但同时，过度地追求感觉可能导致个体沦为寻欢作乐者或肆无忌惮的酒色之徒。外倾感觉型的主要心理过程是参与（engaging）—体验（experiencing）—享受（enjoying）。

2. 内倾感觉型

"离开幻想，我便不复存在。"内倾感觉型（introverted sensation，Si）的个体定向于客观刺激所释放的主观感觉要素的强度，他们对于偶发事件的选择是非理性的，常被所发生的事情牵着鼻子走。他们沉浸在自己的主观幻想中，在他们的感觉和实际客体之间不存在协调的联系。内倾感觉型的主要心理过程是落实（implementing）—确认（verifying）—计算（accounting）。

3. 外倾直觉型

"三分钟热度，行动力强。"外倾直觉型（extroverted intuition，Ne）的个体对那些具有远大前景而尚处于萌芽状态的事物具有敏锐的嗅觉，不断追求新鲜事物和可能性。他们通常被认为是不道德和冷酷的冒险家，一旦感受到摆脱稳定与限制的可能性，便会将全部命运托付给它。外倾直觉型的主要心理过程是考虑（entertaining）—洞察（envisioning）—促使（enabling）。

4. 内倾直觉型

"别人笑我太疯癫，我笑他人看不穿。"在荣格看来，内倾直觉型（introverted intuition，Ni）的个体一方面是神秘莫测的梦幻者和窥测者，另一方面又是幻想的狂热者和艺术家。他们试图把自己与幻觉联系起来，通过主观的幻想来指导直觉和自己未来的行为。内倾直觉型的主要心理过程是想象（imaging）—确信（knowing）—预测（divining）。

5. 外倾思维型

"我追求绝对的理性，臣服于自然的真实。"外倾思维型（extroverted thinking，Te）的个体常常将他们的整个生命活动与理智的结论联系起来，且这些结论总是定向于客观事件。他们希望用理智的程式来衡量世间的善恶与美丑，并想要尽可能多地认识和理解客观世界。外倾思维型的主要心理过程是调节（regulating）—规划（planning）—执行（enforcing）。

6. 内倾思维型

"在我的世界里，我就是唯一的规则。"内倾思维型（introverted thinking，Ti）的个体同样重视思维，受到理念的决定性影响，但是这些理念并非来自客观事件，而是源于其主观判断，这有时会使得他们的理性判断显得冰冷、固执和武断。内倾思维型的主要心理过程是命名（naming）—界定（defining）—理解（understanding）。

7. 外倾情感型

"情感是我的氧气，我是爱的奴隶。"外倾情感型（extroverted feeling，Fe）的个体会逐渐将情感发展为一种调节功能，他们的情感与客观环境和普遍的价值观保持一致。对他们而言，快速地调节情感以符合客体需求比思维过程更加重要，所以他们的思维通常是被压抑的，成为情感的附属物。外倾情感型的主要心理过程是验证（validating）—肯定（affirming）—协调（relating）。

8. 内倾情感型

"沉静的水面下往往暗藏汹涌。"内倾情感型（introverted feeling，Fi）的个体大多沉默寡言、难以接近、让人捉摸不透。他们将自己生命的控制权交付给了主观倾向的情感，所以他们的真实动机一般都被掩盖起来了，呈现出了一种内敛的特质。内倾情感型的主要心理过程是判断（judging）—评价（appraising）—确立理念（establishing the value）。

虽然我们并不能完全依据人格类型理论把个体分类并简单地贴上不同标签，毕竟每个人都是在不同的环境等因素作用下形成的独特个体，但是人格类型理论常常可以帮助我们更好地探索和了解自我，也能为我们更好地理解他人提供方法与窗口。

（三）埃里克森的人格发展八阶段论

埃里克森（E. H. Erikson）是美国著名的精神病医师、新精神分析派的代表人物。他认为，人的自我意识发展会持续一生。他把自我意识的形成和发展过程划分为八个阶段，这八个阶段的顺序是由遗传决定的，但是每一阶段能否顺利度过却是由环境决定的，所以这个理论可称为心理社会阶段理论。每一阶段都是不可忽视的。埃里克森认为，人要经历八个阶段的心理社会演变，这种演变称为心理社会发展（psycho-social development）。八个阶段包括四个童年阶段、一个青春期阶段和三个成年阶段。每一阶段都有本阶段应完成的任务，并且每一阶段都建立在前一阶段之上，这八个阶段紧密相连。

1. 婴儿期（0~1岁）

发展信任感、克服不信任感、体验着希望的实现是这个阶段的主要任务。这个阶段是基本信任和不信任的心理冲突期，因为这期间孩子开始认识人了，当孩子哭或饿时，父母是否出现则是建立信任感的重要问题。信任在人格中形成了"希望"这一品质，它起着增强自我的作用。

2. 幼儿期（1~3岁）

这个阶段是儿童社会化迅速发展的阶段，其主要任务是获得自主感，避免怀疑感和羞耻感，体验着意志的实现。这一时期，儿童掌握了大量的技能，如爬、走、说话等；更重要的是他们学会了怎样坚持或放弃，也就是说儿童开始"有意志"地决定做什么或不做什么。这时候父母与子女的冲突很激烈，也就是第一个反抗期出现。一方面，父母必须承担起控制儿童行为使之符合社会规范的任务，即养成良好的习惯，如训练儿童大小便，使他们对随地大小便感到羞耻，训练他按时吃饭、节约粮食等；另一方面，儿童开始有了自主感，他们坚持自己的进食、排泄方式。这时孩子会反复应用"我""我们""不"来反抗外界控制，而父母决不能听之任之、放任自流，这将不利于儿童的社会化。反之，若过分严厉，又会伤害儿童的自主感和自我控制能力。如果父母对儿童的保护或惩罚不当，儿童就会产生怀疑，并感到害羞。因此，把握住"度"的问题，才有利于在儿童人格内部形成意志品质。

3. 学前期（4~6岁）

这一阶段的任务是获得主动感，克服内疚感，体验着目标的实现。在这一时期如果幼儿表现出的主动探究行为受到鼓励，幼儿就会形成主动性，这为他们将来成为有责任感、有创造力的人奠定了基础。如果成人讥笑幼儿的独创行为和想象力，那么幼儿就会逐渐失去自信心，这使他们更倾向于生活在别人为他们安排好的狭窄圈子里，缺乏自己开创幸福生活的主动性。当儿童的主动感超过内疚感时，他们就有了"目的"的品质。埃里克森把目的定义为："一种正视和追求有价值目标的勇气，这种勇气不被幼儿想象的失利、罪疚感和惩罚的恐惧所限制。"

4. 学龄期（7~12岁）

这个阶段是儿童自我成长的决定性阶段。这个阶段的主要任务是获得勤奋感，克服自卑感，体验着能力的实现。这一阶段的儿童都应在学校接受教育。学校是训练儿童适应社会、掌握今后生活所必需的知识和技能的地方。如果他们能顺利地完成学习课程，就会获得勤奋感，这使他们在今后的独立生活和承担工作任务中充满信心；反之，就会产生自卑感。另外，如果儿童养成了过分看重自己的工作的态度，而对其他方面漠然，那么这种人的生活是可悲的。

5. 青春期（12～18岁）

这个阶段的主要任务获得自我同一性，避免角色混乱，体验着忠诚的实现。一方面青少年本能冲动的高涨会带来问题，另一方面青少年因面临新的社会要求和社会冲突而感到困扰和混乱。所以，青少年期的主要任务是建立一个新的同一感或自己在别人眼中的形象，以及确定自己在社会集体中所占的情感位置。这一阶段的危机是角色混乱。

6. 成年早期（18～24岁）

这一阶段的主要任务是获得亲密感，避免孤单感，体验着爱情的实现。只有具有稳定的自我同一性的青年人，才敢于冒与他人发生亲密关系的风险。因为与他人建立爱的关系，就是把自己的同一性与他人的同一性融合为一体。这里有自我牺牲或损失，只有这样才能在恋爱中建立真正亲密无间的关系，从而获得亲密感，否则将产生孤独感。埃里克森把爱定义为"压制异性间遗传的对立性而永远相互奉献"。

7. 成年期（25～65岁）

成年期即从成年到老年的时期，是成家立业的阶段。这个阶段的主要任务是获得繁衍感，避免停滞感，体验着关怀的实现。一个人顺利地度过了自我同一性时期，以后的岁月中将过上幸福充实的生活，他将生儿育女，关心后代的繁殖和养育。埃里克森认为，生育感有生和育两层含义，一个人即使没生孩子，只要能关心孩子、教育指导孩子也可以具有生育感。反之，没有生育感的人，其人格贫乏和停滞，是一个自我关注的人，他只考虑自己的需要和利益，不关心他人（包括儿童）的需要和利益。

8. 老年期（从65岁到生命结束）

这个阶段的主要任务是获得完善感，避免失望感，体验着智慧的实现。老人的体力、心力和健康每况愈下，对此他们必须做出相应的调整和适应，所以被称为自我调整对绝望感的心理冲突。

（四）霍兰德职业人格类型

高等职业院校的学生更应该了解职业人格特征的分类。职业人格与职业选择和适应有着密切的关系：如果一个人所从事的工作与其人格（如性格、气质等）不相适应，就会导致其在工作中产生不愉快或不满足的感觉；反过来，这些情绪又会影响工作的效果。在职业指导中影响最大且得到普遍承认的一种人格类型测试量表是美国心理学家霍兰德（John Holland）的"教育和职业计划的自我指导探索"（the self directed search of educational and vocational planning，SDS）。霍兰德认为，人们的行为表现在很大程度上受制于本人的人格特征与其所处环境的交互作用。从这种交互作用的立场出发，他将人格划分成六种类型，提出相对应的六种职业人格类型：常规型（conventional type，C）、现实型（realistic type，R）、研究型（investigative type，I）、管理型（enterprising type，E）、社会型（social type，S）、艺术型（artistic type，A）。根据心理学研究的成果，各种职业人格类型所对应的人格特征和适合从事的职业见表4-1。

表 4-1　职业人格类型

职业人格类型	人格特征	适合从事的职业
常规型（C）	自我抑制的，顺从的，防卫的，缺乏想象力的，持续稳定的，实际的，有秩序的，回避创造性活动的，等等	适合从事严格按照固定的规则、方法进行的重复性和习惯性工作，希望较快地见到自己的劳动成果，有自控能力。相关的职业有前台接待员、办公室秘书、图书馆馆员等
现实型（R）	非社交的，物质，遵守规则的，实际的，安定的，缺乏洞察力的，敏感性不丰富的，不善与人交往的，等等	适合从事明确的、具体的、按一定程序要求的技术性或技能性工作。相关的职业有司机、电工等
研究型（I）	善于分析的，内省的，独立的，好奇心强烈的，慎重的，敏感的，喜好智力活动和抽象推理的，等等	适合从事通过观察、科学分析而进行的系统性、创造性工作，研究对象侧重于自然科学。相关的职业有系统分析员、网络工程师、市场研究人员、管理咨询人员等
管理型（E）	喜欢支配的，乐观的，冒险的，冲动的，自我显示的，自信的，精力旺盛的，好发表意见和见解的，但有时是不易被人支配的，喜欢管理和控制别人的，等等	适合从事需要胆略、冒风险且承担责任的工作，如管理、决策方面的工作。相关的职业有中高层管理人员等
社会型（S）	乐于助人的，易于合作的，善于社交的，有洞察力的，重友谊的，有说服力的，责任感强的，比较关心社会问题的，等等	适合从事对人进行说服、教育或治疗的工作。相关的职业有公关人员、市场策划和推广人员、人力资源专员等
艺术型（A）	想象力丰富的，理想的，直觉的，冲动的，独创的，感情丰富的，秩序性较弱的，缺乏事务性办事能力的，等等	适合从事需要通过非系统化的、自由的活动进行艺术表现的工作，对操作的精细程度要求不高。相关的职业有网页设计师等

如果某同学的测试结果更倾向于常规型，则表明他更适合做那种持续稳定的、比较实际的、有秩序的工作，不太适合从事一些创新性的设计活动。这样，在选择职业工种时，最好选择一些能够较快地见到成果的、自己能把握的职业，如前台接待员、办公室秘书和图书馆馆员等。当然，有些职业工种本身对人的要求也是多样化的，一些职业兴趣也是可以通过接触和了解逐渐培养的，不能一概而论。

二、希波克拉底气质人格类型

（一）气质的类型

古希腊医生希波克拉底（约公元前460—公元前370年）提出了关于人的四种气质类型说。他认为，人体内有四种基本体液，即血液、黏液、黑胆汁、黄胆汁，每种体液对应于一种气质。人体中四种体液可以有不同的配置，其中占优势的体液主导着人的气质类型。古罗马医生盖伦根据希波克拉底的四种气质类型提出了气质的概念，这就是近代气质概念的由来。这四种体液与气质的对应关系是：血液——多血质，黏液——黏液质，黑胆汁——抑郁质，黄胆汁——胆汁质。

希波克拉底认为，不同的气质对应不同的行为模式，如活泼、沉静、犹豫、急躁、易怒等。

现代科学已经证明,希波克拉底关于人的气质类型由体内的四种液体决定的观点是站不住脚的,但是他关于气质类型的划分却和实际情况较相符,所以他的划分仍被今天的心理学界所认可。

（二）气质类型的特点

1. 胆汁质

这种气质的人精力旺盛、直率、热情、行动敏捷、情绪易激动、心境变换剧烈。这类职业院校学生的特点是：有理想、有抱负、有独立见解，反应迅速，行为果断，表里如一；不愿受人指挥，而喜欢指挥别人；一旦认准目标，就希望尽快实现，遇到困难也不折不挠，但往往比较粗心；学习和工作带有明显的周期性特点，即能以极大的热情和旺盛的精力投入学习和工作，一旦精力消耗殆尽，便会失去信心，情绪顿时转为沮丧而心灰意冷。

2. 多血质

这种气质的人具有活泼好动、反应迅速、情绪发生快而多变、兴趣容易转移等特征。这类职业院校学生的特点是：易于适应环境的变化，性情活泼、热情，善于交际，在群体中精神愉快、相处自然，常能机智地摆脱困境；在学习和工作上肯动脑，主意多，不喜机械、刻板、循规蹈矩，常表现出较强的学习和工作能力以及办事效率；对外界事物兴趣广泛，但容易浮躁，见异思迁。

3. 黏液质

这种气质的人安静、稳重、反应缓慢、沉默寡言、情绪不易外露、注意稳定、难于转移、善于忍耐。这类职业院校学生的特点是：反应较为迟缓，但无论环境如何变化，都能基本保持心理平衡；凡事深思熟虑、力求稳妥，一般不做无把握的事情，在各种情况下都表现出较强的自我克制能力；外柔内刚，沉静多思，不易流露内心的真情实感；与人交往时，态度适度，不卑不亢，不爱抛头露面和做空泛的谈论，学习、工作有板有眼，踏实肯干，恪守既定的生活秩序和制度；过于拘谨，不善于随机应变，固定性有余而灵活性不足，有墨守成规、因循守旧的表现。

4. 抑郁质

这种气质的人孤僻，行动迟缓，情感体验深刻，善于觉察别人不易察觉到的细小事物。这类职业院校学生的特点是：在生理上难以忍受或大或小的神经紧张，厌恶那些强烈的刺激；感情细腻而脆弱，常为小事而情绪波动；心里有话宁愿自己品味，也不愿向别人倾诉；喜欢独处，与人交往时显得腼腆、忸怩，善于领会别人的意图，在团结友爱的集体中很可能是一个容易相处的人；遇事三思而行，求稳不求快，对力所能及的工作能认真负责地完成；在学习、工作一段时间后，常比别人更感疲倦；在困难面前常怯懦、自卑和优柔寡断。

（三）正确地理解气质

气质类型不是人品的标签，没有好坏之分。气质主要是由遗传决定的，因而不带有道德价值和社会评价的内涵。任何一种气质类型都能表现为积极的心理特征，也能表现为消极的心理特征。

气质不决定人的社会价值和事业成就。气质只是使人的心理活动染上某些独特的色彩，并不决定一个人能力的发展水平。同样气质的人可能对社会的贡献差别极大，而不同气质的人也可能在成就上相差无几。

气质对活动效率有一定的影响。例如,要求速度的活动,多血质和胆汁质特征的人更适合;要求稳定、持久性的活动,黏液质特征的人更适应;要求精细、敏锐的活动,抑郁质特征的人更能胜任。所以,了解气质特征可对活动选择起参考作用。但是,在一般的学习和工作中,这种影响并不显著,这是因为气质的积极方面对其消极方面有补偿作用。

气质对某些性格特点形成的难易有一定影响,也使个人的性格表现带有独特的色彩。

总而言之,气质没有优劣之分,气质的分类也是相对的。很少有人属于绝对的某种气质类型,现实中绝大多数人都是介于两种甚至多种气质类型之间的,这种混合形态使我们更容易适应多种环境的要求。

案例4-3 你会怎样反应?

心理学家以看电影迟到为例,对人的几种典型人格特征做了注解。假如电影已经开始放映了,保安不让迟到的人进去,不同人格类型的人会有不同的表现。

第一个人来到门口,保安拦住他说:"对不起,先生,您迟到了10分钟,现在进去将会影响其他观众……我不能让您进去。""不让我进?你知道我为什么来这么晚吗?刚才,在影院门口,一个老奶奶跌倒了,我把她扶起来送回家,我因做好事而迟到,你怎么能不让我进!"保安让他进去了。这位先生的行为带有攻击性人格特征。

第二个人来到门口,保安拦住他说:"对不起,先生,您迟到了10分钟,现在进去将会影响其他观众……我不能让您进去。""哦,我来晚了,"他看看表,"真的来晚了……咦,听口音你是南阳人吧?我爱人也是。老弟来,抽支烟,抽支烟,跟你说,我是卖家具的,以后有事尽管找我。"保安也让他进去了。这位先生灵活、不生气、总有办法解决问题,这种人具有灵活性人格特征。

第三个人来到门口,保安拦住他说:"对不起,先生,您迟到了10分钟,现在进去将会影响其他观众……我不能让您进去。""哦,迟到了,是不是迟到了都不让进?""是的。""那不进了……我站在这儿可以吧?你看,我是大老远来的,换了两趟公交车呢!我知道你要执行规定,也挺不容易的……"数分钟后,保安经不住他的软磨硬泡,终于"投降"了,说:"算了,算了,你进去吧。"他的目的达到了。第三个人有很强的耐力,具有典型的忍耐性人格特征。

第四个人来到门口,保安拦住他说:"对不起,先生,您迟到了10分钟,现在进去将会影响其他观众……我不能让您进去。""哦,就是,就是,迟到了10分钟,这不能怪你,都是我的责任,要是我早到,你一定不会不让我进,对不起,那我走了。"第四个人的特点是刻板认真,会把原因归结到自己身上,具有自责性人格特征。

问题:
1. 你遇到过类似的情况吗?
2. 如果遇到了类似情况,你会怎么做?

分析:人格特征本无优劣之分,任何一种人格特征都有其消极或积极的地方,不同的人格特征往往在不同方面有不同的表现。例如,具有攻击性人格特征的人敢想敢干、精力旺盛,这个特质使得他们往往具有开拓创新精神,但是也常常莽撞冒失。所以,要正确看待自己的人格特征,发扬自身特征中积极的一面,以利于形成良好的个性。另外,很多人

> 不只具有单一人格特征，而是几种人格特征的混合体，主要看处于某种情境下哪种人格特征占主导地位。

三、职业院校学生人格发展的特点

人格发展具有较为明显的阶段性特征，由此心理学家们提出了诸多人格发展阶段理论。人格发展会受到生理成熟、内外部环境和社会因素等的影响，具有较为明显的阶段性发展和个体差异，但同时也会呈现出一些共同的发展规律。当代职业院校学生的人格发展主要呈现出以下特点：

（一）自我认知发展趋于完善

相较于过去，职业院校学生对自我的了解与认识更为全面具体，也逐渐形成稳定的自我效能感，但仍然需要面临现实化自我与理想化自我、自我与他人认知差异等矛盾与冲突，并不断调整与成长。

（二）情绪情感丰富

职业院校学生的情绪情感经验相对丰富，而且变得愈加细腻深刻，但情绪的波动性与情感的稳定性、情绪的外显性与情感的内隐性并存，伴随着生活事件体验经验的丰富，个体情绪情感的自我调控能力也得到了相应的提升。

（三）认知能力水平较高

职业院校学生处于智力、记忆力、观察力、思维力和注意力发展的最佳状态，各种认知能力的有机结合使得其思辨能力、逻辑思维能力、创新创造能力都处于较高水平。

（四）适应能力不断提升

相较于中学阶段，职业院校的生活环境与学习生活更为灵活多变、绚烂多彩，这也令职业院校学生们面临更多的不可预测性与挑战，从而提升了个体的应变能力，激发了个体的活力与创造力，提升了自我调适与驾驭能力，为其将来步入社会工作生活奠定了基础。

心理训练营

你是一个性格内向的人吗？

请逐一阅读以下主要特征，感觉哪一类所列的描述更像你，或是大多数时候更像你。请根据实际情况作答，而不是根据你想要成为的那样去回答。请根据你的第一印象进行选择。

1. 特征A

    喜欢处于各种各样的事情之中。

    喜欢多样性，厌烦千篇一律。

    认识很多人，并将他们视为自己的朋友。

    喜欢聊天，即便谈话的对象是陌生人。

活动后觉得精力充沛，并渴望参加更多的活动。
说话或做事时不需要先想一想。
通常是精神饱满、劲头十足的。
喜欢说话而不愿意倾听。

2. 特征 B

休息时喜欢独自一人或与少数几个亲密的朋友在一起。
只是将关系较深的人视为朋友。
在外出活动（即便是喜欢的活动）之后，需要休息。
通常是一位倾听者，但在谈论对自己重要的话题时，能侃侃而谈。
看起来是平静的、沉默寡言的，喜欢观察事物。
在说话或做事前倾向于先想一想。
在群体中或压力大的时候感到头脑变得一片空白。
不喜欢匆忙行事。

哪一类特征更好地描述了你？如果是特征 A，你是一位性格外向的人；如果是特征 B，你是一位性格内向的人。你可能不会具有某个特征的所有描述，但其中一个特性一定会比另一个更加适合你。

单元三　健全健康人格

学习目标

1. 知识目标：了解健康人格的标准，掌握健康人格的培养方法。
2. 技能目标：能对比健康人格标准客观观察自己的人格。
3. 情感目标：意识到健康人格的重要性，树立健全完善自我人格的观念。

重点和难点

1. 重点：掌握健康人格的标准。
2. 难点：掌握人格品质培养的方法。

案例 4-4

童年时不爱说话的科学家

爱因斯坦幼时并不活泼，三岁多还不会讲话，父母很担心他是哑巴，曾带他去医院检查。还好，小爱因斯坦并不是哑巴，可是直到九岁时，他讲话还不是很流畅，所讲的每一句话都必须经过吃力而认真的思考。

> 爱因斯坦在念小学和中学时,学习成绩一般。由于他举止缓慢,不爱与人交往,老师和同学们都不太喜欢他。教授希腊文和拉丁文的老师对他更是厌恶,曾经公开说:"爱因斯坦,你长大后肯定不会成器。"因为怕他在课堂上会影响其他学生,这位老师竟想把他赶出学校。
> 　　在后来的岁月里,爱因斯坦逐渐突破自己、超越自己,与学者交流,做学术报告,最终做出了卓越的学术贡献。
> 　　分析:如果爱因斯坦一直不爱说话,不与人交流,那么他的研究成果就不会被人了解,人类文明史上也就可能失去他那光辉灿烂的一笔。

一、健康人格的标准

心理学家卡尔·荣格认为,文化的最后成果就是人格。我国著名的教育学家蔡元培认为,所谓健全的人格,内分四育,即体育、智育、德育、美育。学校教育应注重学生健康人格的培养。人格教育的特别之处在于它着眼于内在心灵成长,使学生能够塑造健全健康的人格,这是个人整合发展的关键所在。健康的人格包括以下方面:

(一)和谐的人际关系

人际关系最能体现一个人人格的健康程度,是检验个人人格健康的试金石。人格健康的人乐于与他人交往,能与他人建立亲密的关系,与人相处时,尊敬、信任等积极态度多于嫉妒、怀疑等消极态度。健康的人常以诚恳、公平、谦虚及宽容的态度尊重他人,同时也受到他人的尊重和接纳。

(二)良好的社会适应能力

社会适应能力反映了人与社会的协调程度。人的社会适应能力是在社会化过程中不断发展起来的。人格健康的人能和社会保持良好密切的接触,以一种开放的态度主动关心社会、了解社会,观察接触到的各种事物和现象,看到社会发展的积极面和主流,在认识社会的同时使自己的思想、行为跟上时代的发展,与社会的要求相符合,表现出快速适应新环境的能力。

(三)乐观向上的生活态度

乐观的人常常能看到生活的光明面,对前途充满希望和信心,对自己所从事的工作或学习抱着浓厚的兴趣,在工作和学习中发挥自身的智慧和能力,并最终获得成功。即使遇到困难和挫折,乐观向上的人也能耐心地去面对,不畏艰险、勇于拼搏。学生的主要活动是学习,因此对学习的兴趣可以反映出学生对生活的基本倾向。人格健康的学生对学习怀有浓厚的兴趣,表现出观察敏锐、注意力集中、想象丰富、充满信心、勇于克服困难的特点;而对学习和生活缺乏兴趣、处于苦恼烦闷中的学生,其人格的健康发展必受影响。

(四)正确的自我意识

自我意识是个体对自己、自己与他人关系、自己与周围世界关系的认识。自我意识表现于认知过程,就是正确地认识自己、客观地评价自己;表现于情感过程,就是自尊、自信、自豪感、责任感、悦纳自己;表现于意志过程,就是能够自我监督、自我调节、努力发展身心潜能。具有健康人格的学生对自己有恰如其分的评价,充满自信,扬长避短,在日常生活中能有效地调节自己,与环境保持平衡。而缺乏正确自我意识的学生,其表现常常自我冲突、自我矛盾,如自视过高、妄自尊大,做力所不及的工作,或者自轻自贱、妄自菲薄,甘愿放弃一切可以努力的机遇。

(五)良好的情绪调控能力

情绪标志着人格的成熟程度。人格成熟的人情绪反应适度,具有调节和控制情绪的能力,经常保持愉快、满意、开朗的心境,并富有幽默感,当消极情绪出现时,也能合情合理地宣泄、排解、转移和升华。

总之,人格健康的人,其人格的各个方面是统一的、平衡的。上述标准不仅是衡量一个人人格健康的尺度,也为学生改善自己的人格提出了具体的努力目标。

二、健康人格的培养

健康人格的形成不是与生俱来的,也不是一蹴而就的。我们可以通过后天的培养来努力完善自己的人格。健康的人格不是依靠靓丽的衣着服饰和精巧的梳妆打扮养成的,而是内在自我的集中表现。影响人格特征的最主要因素是自我的世界观、价值观、人生观、才学、品性、人生态度、自我修养等。有的人性格温和、秀丽端庄,显得品行高洁;有的人性格开朗、潇洒大方、慷慨爽直,显得豪放洒脱;有的人心胸狭窄、斤斤计较、萎靡不振,往往显得卑劣。聪慧、高洁、豪放、恬静的气质都能给人们一定的美感,而刁钻、奸猾、孤傲冷僻、卑劣萎靡的气质则毫无美感可言。健康人格的培养是一个漫长的过程,需要在平时不断地进行人格的修炼、道德的熏陶,以实现自我的提升。以下几条建议有助于我们改善自己的人格。

(一)阅读品味高雅的书籍

古人云:"腹有诗书气自华。"一个有着丰富知识储备的人,可以做到博古通今,上知天文、下知地理,说话做事处处透露出一股书卷气,自然少了一些粗野气,显得温文尔雅、不落俗套。《论语·雍也》中提到:"质胜文则野,文胜质则史,文质彬彬,然后君子。"既文雅又朴实,既有才华又谦虚,则会显得文质彬彬。学生在课余时间,可以多读读古文典籍、诗词名句、人物传记来陶冶自己的情操。国外名家的经典著作也是非常好的选择,例如泰戈尔的《飞鸟集》就是影响了无数人的文学经典。

(二)保持积极乐观的心态

个人最闪亮、最有魅力的时候可能就是他最快乐的时候。整日愁眉苦脸的人,其外观就会影响外在气质。情绪最容易影响人的心境,建议每天都保持乐观积极的心境,这样就会从内到外地"发光"。凡事看得开些,心胸放宽阔些,不斤斤计较,不优柔寡断,不杞人忧天。这样不仅能够培养自己良好的性格,也能够给周围的人以情绪的感染,增强自己的吸引力。我国宋代的无门慧开禅师曾经有诗云:"春有百花秋有月,夏有凉风冬有雪。若无闲事挂心头,便是人间好时节。"一个有着乐观开朗心境的人,自然就少了许多烦恼,也就多了几分温和恬淡、文雅娴静的气质。

（三）保持文明的行为举止

在学校的环境中，大家应有文明的行为举止，这样可以保持文明得体的外在形象。青年学生在学生时代就必须注意保持自己的良好形象，这对自己的整个人生都是大有好处的。衣着服饰不必追求华美昂贵，但要保持干净整洁。我们可以接受平凡普通的容貌，但不会接受粗鲁的言语和放肆的行为。一个人可以没有曼妙的身材，但必须要有文明的行为举止。我们要随时随地保持礼貌和谦逊。人的品性都是在一点一滴、一举一动中逐渐锻炼和积累的，一个注重日常行为举止的人更会严格要求自己的品性。

心理训练营

自我暗示法改变羞怯

1. 对镜自夸法

羞怯者不敢面对自己认为重要的人或者不敢在公开场合当众发言的问题，可以通过积极的自我暗示来解决。每天对着镜子郑重其事地大声对自己说"我是最棒的""我勇于面对一切""我能战胜眼前的困难"等。每天至少说三遍，一定要态度坚决、一本正经、语气强硬。这些激励自己的话表面上看起来是自欺欺人，其实是积极的自我暗示，是对自己内心世界的一种强烈冲击。只要你能够按照要求坚持一个月时间，就一定能体会到自信的感觉。

2. 白日梦法

你是否经常在清醒时陷入美好的幻想当中，幻想自己拥有健康、财富、快乐和幸福的时刻，这就是做白日梦。白日梦虽然只是一种幻想，但也是激励自己的重要方法，而且还能改善情绪。因为那是一种美好的畅想，所以做完白日梦的人心情都会不错。做白日梦时，你可以幻想自己摆脱羞怯、言谈举止潇洒大方的样子，要仔细想到自己自信的姿态、动作、表情和语言。幻想得越形象、生动和具体，效果就越好。白日梦法也是自我激励的有效手段，如果经常幻想，你的行为就会潜移默化地被幻想的内容所影响，从而真正克服羞怯变得自信满满。

心理学家及核心理论（四）

弗洛伊德与人格结构理论

弗洛伊德在《自我与本我》一书中提出，人格结构由本我、自我和超我三个部分组成。

本我是人格中最原始的部分，完全处于潜意识中。它包含了所有与生俱来的本能冲动，如饥饿、性欲和攻击性。本我遵循快乐原则，寻求即时的满足和快乐，不考虑现实的限制或道德的约束。

自我是在个体与外界环境互动中逐渐发展起来的。它负责现实检验，即在本我的冲动和现实世界的要求之间进行调解。自我遵循现实原则，旨在以现实和合理的方式满足本我的需求，同时避免与超我的冲突。

超我是在儿童时期通过内化父母以及社会的道德标准和价值观而形成的。它包括良心（对违反道德准则的行为进行惩罚）和自我理想（对符合道德准则的行为进行奖励）两个系统。超我遵循至善原则，追求道德完美，对个体的行为进行道德评价和指导。

弗洛伊德认为，这三个部分在个体的心理健康中起着关键作用。本我提供动力，自我负责协调，而超我提供道德指导。当这三者之间达到平衡时，个体能够健康地发展和适应社会；如果平衡被打破，可能会导致心理问题和冲突。

模块五 学习心理

● 导读导学

　　同学们，当你们告别了自己的中学时代、跨进了大学校门，就进入了一个全新的世界。在上大学前，同学们可能会想象大学犹如"天堂"一般，浪漫神奇，美妙无比。可是上了大学后才发现，更加自律、自强、独立，培养自己的学习品质，提高自己的学习能力，才是大学生活的重中之重。人只有通过学习才能达到自我完善与自我发展的目标。本模块将从认识学习、常见的学习心理及学习能力的培养等方面入手，帮助同学们开拓多种学习途径，创新多种学习方法，使同学们能够认真积极地面对学习，学会学习，体会其中的乐趣。

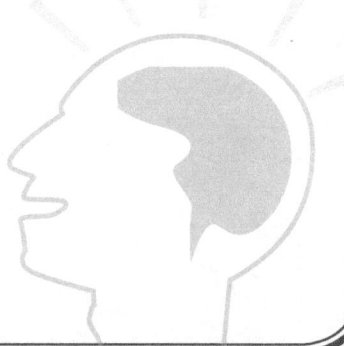

● **思维导图**

学习心理思维导图见图 5-1。

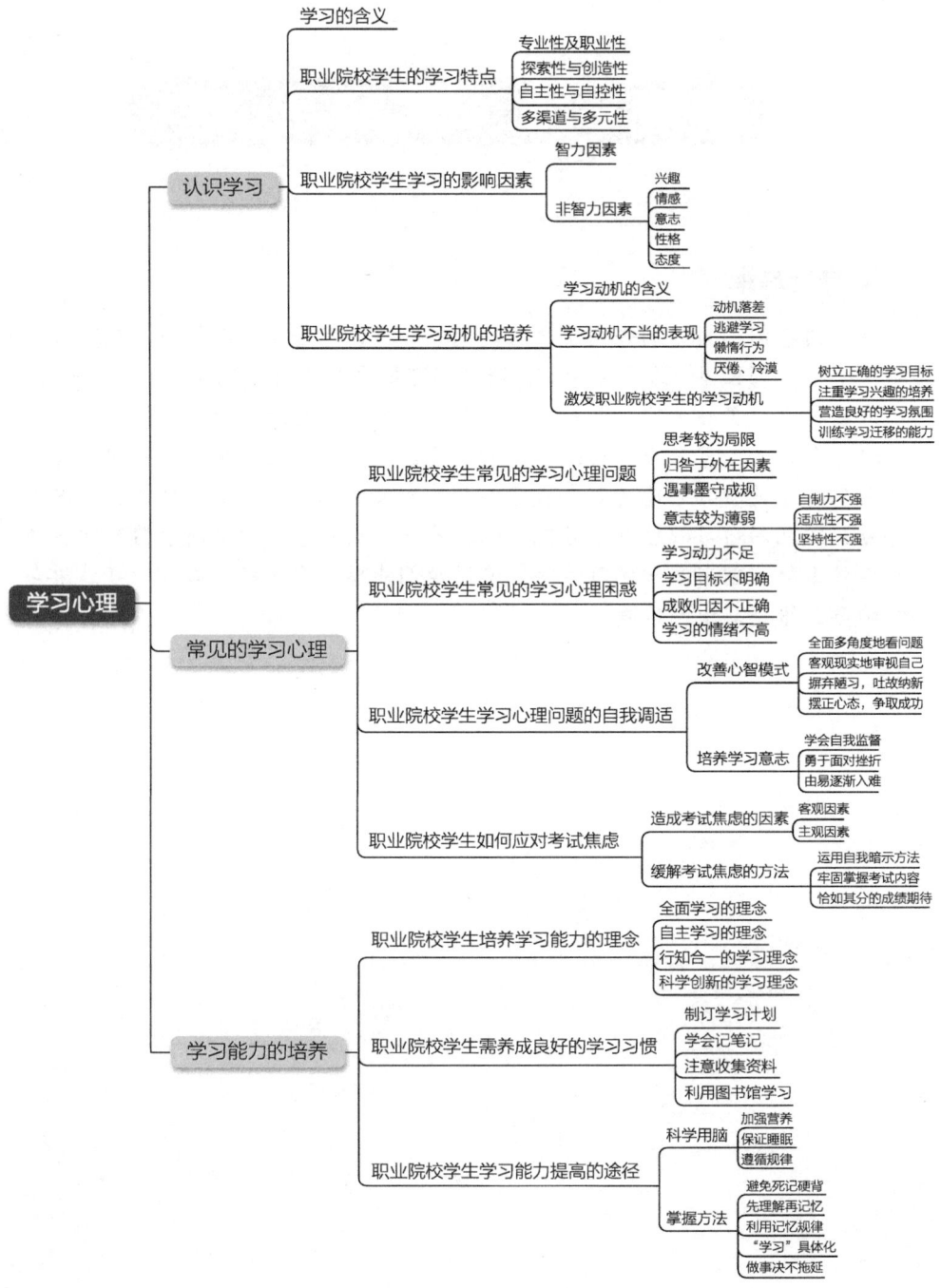

图 5-1 学习心理思维导图

单元一　认识学习

学习目标

1. 知识目标：了解学习的含义和影响学习的因素，掌握学习动机的培养方法。
2. 技能目标：树立正确的学习观念，提升自我的学业处理能力。
3. 情感目标：认真负责地对待学习；敢于挑战，不畏困难。

重点和难点

1. 重点：掌握职业院校学生学习的特点和动机。
2. 难点：树立良好的学习动机，灵活掌握学习动机的培养方法。

案例 5-1

张晓的困惑

张晓最近正为学习的事而犯愁。张晓是个"乖乖女"，一直以来都是老师、家长怎么要求，她就怎么做。可是进了大学，情况就变了，老师们除了布置一下作业，并不会特别督促学生或者安排一些其他的任务。做完作业的张晓，发现自己还有大把的空闲时间，却不知道应该如何利用这部分时间自主学习。身边的同学好像都有自己的想法，有的练习英语口语，有人练钢琴，大家好像都早早地想好了如何去填充自己的课余生活。张晓越发觉得自己落后了一大截，心里很不踏实，但是究竟要怎么学、学什么，张晓并没有头绪，内心十分困扰。

问题：

1. 引起张晓困扰的主要原因是什么？
2. 如果你是张晓，你会怎么做？

分析：进入大学的新生们，已经学习了十几年，说他们不会学习，听起来有些荒谬。但确实在很多学生身上都有这个问题发生，他们长久以来习惯了被动学习，在大学这个给予充分自由的空间里，反而不知道如何学习了，或者准确一点来说，是不知道自己应该学些什么。

告别中学生活，进入职业院校，同学们将会面临一个全新的学习环境。在这里，同学们将会结识新的伙伴、新的老师，获得新的知识、新的技能，增强自身适应社会的能力。许多新鲜的东西都吸引着同学们，但同学们要认识到，这些需要通过学习去探索、去追求。学习的内容既可能是新鲜的、有趣的，也可能是严谨的、枯燥的，而且与以往学习不同的是，大学学习需要自觉自控。如果不能及时调整自己，以适应新学习环境的要求，就可能在学习中落伍，甚至会丧失信心或放弃努力。那么，如何完成这一阶段的学习呢？正确的做法是：培养自己良好的学习兴趣，增强学习动机，使自己学会更加科学、自主地学习，使大学生活更加愉快，为成就未来打下基础。

一、学习的含义

学习是人们最基本的需要之一,是人的本质特征。学习的概念有广义和狭义之分:从广义上说,学习是人和动物在生活过程中通过实践或训练而获得个体行为经验的过程;狭义上的学习是指作为个体的人的学习,它是在一定教育目标的引导下,在教师的组织指导下,以掌握一定的系统知识、技能、经验,形成一定的世界观和道德品质为主要任务的一种积极能动的过程,同时也包含着一系列极为复杂的心理活动。

职业院校学生处于职业生涯的探索阶段,由于所处阶段的特殊性,其学习特点也明显有别于其他阶段。此外,由于处于信息化时代,当代大学生的学习活动也具有异于其他时代大学生的特点。

二、职业院校学生的学习特点

(一)专业性及职业性

专业性是指大学教育不同于中小学阶段的基础教育,具有更为明确的专业指向性。高等教育属于专业教育,学生需要根据自己的兴趣爱好及学校的培养方向选择学习的课程,学习内容都是围绕所选专业安排的,具有较强的专业性。此外,大学的学习还体现出较强的职业化倾向,学习的最主要目标是就业,也就是说,通过学习获取的专业基础和职业能力,要被未来的工作单位认同和接受。必须明确的是,高等职业技术教育以培养技术型人才为主要目标,不仅要求学生具备所学专业的基本理论知识和科学文化基础知识,还要求学生掌握相关的专业技能和主干技术,更加侧重实际应用,社会、企业、事业单位对人才的需求就是其培养目标。

(二)探索性与创造性

大学生除了掌握基本理论和技能外,还要对知识的形成过程、发展状况及存在的问题进行更深层次的探索。学生的思维也不能局限于死记硬背,而应在现有理论的基础上,形成独立见解和知识理论体系。将知识应用于实践是探索新知的重要途径,这不仅能够培养知识应用能力,而且对于掌握所学的理论知识也是非常重要的。

大学教育必须重视培养大学生的创新能力,大学生的学习也具有研究和探索的性质。大学的课堂教学已从阐述既定结论逐步转变为介绍各学派理论及学术争论、最新学术动态等,学生的学习方式和思维方式逐渐从死记硬背、正确再现教学内容逐渐向汇集众家之长、确定个人见解的方向转变,这是人生求学过程中的一大飞跃。大学生的学习不仅要求理解、巩固知识,而且需要树立独立思考、探索创新的精神,培养创造性。在大学这种学术气氛浓厚的环境中,大学生要渐渐地建立一种重新组合各种知识、从新的角度解释已有现象的创新愿望,从而产生探索和创新的需求。

(三)自主性与自控性

在中小学阶段,老师的教诲和家长的督促在一定程度上能够促使学生努力学习。进入大学之后,课堂讲授仅仅是学习过程的一个环节,大学生有相当比例的自由支配时间,可以根据自己的实际需要、兴趣和特点自主安排在这些时间内学什么、怎么学。没有了他人的检查和督促，这就要求学生由被动、依赖的学习方式转变为主动、自觉的学习方式。

（四）多渠道与多元性

在高等教育阶段，课堂学习仍然是学生学习、获取知识的主要途径。此外，学生还可以通过其他渠道开展多方面的学习以拓宽知识面，例如查阅文献资料，参与学术讨论，参加学校安排的跨学科的讲座、论坛等。

> **知识链接**
>
> **高原现象**
>
> 在学习中，很多同学有过这样的经历：在应考复习的时候，起初自己的分数会有较大程度的提高，但是经过一段时间后，自己的学习效率似乎变得很低，甚至下降或倒退；由于成绩忽高忽低，因此自己的自信心及情绪也受到极大影响。这种现象，在心理学中称为"高原现象"。

三、职业院校学生学习的影响因素

从个体发展来看，影响个人学习的既有遗传、个体生理健康的因素，也有环境和个体心理的因素等；而从个体心理的因素来看，则既有智力因素，也有非智力因素。

（一）智力因素

智力是指个人凭借感觉、知觉、注意、记忆、想象和思维的活动来分析问题和解决问题的能力，而个人分析问题和解决问题所依赖的观察力、注意力、想象力和思维力就构成智力的因素。

智力分为流体智力和晶体智力两大类。流体智力是随神经系统的成熟而提高的，如知觉速度、机械记忆、识别图形关系等，不受教育与文化影响。晶体智力是通过掌握社会文化经验而获得的智力，如词汇概念、言语理解、常识等，是以记忆储存信息为基础的能力。在青年期以前两种智力都随着年龄增长而提高，到 25 岁左右达到顶峰，此后流体智力开始缓慢下降。在成人阶段，流体智力呈缓慢下降的趋势，而晶体智力一直保持相对稳定，并随经验和知识积累而呈上升趋势。

人在智力水平上存在差异，这就是我们常说的"智商有高低"。智力水平的高低是影响学生学习效率的一个因素，但并不能完全决定一个学生的学习成绩。如果一个学生对所学的知识有抵触甚至排斥，那么即使他智商再高，也不能取得好成绩。

（二）非智力因素

心理学研究表明：影响大学生学习成绩的主要因素是学习中的非智力因素。学习中的非智力因素主要是指兴趣、情感、意志、性格、态度等。

1. 兴趣

"兴趣是最好的老师"，学习兴趣历来为教育工作者所重视。浓厚的兴趣能推动个体进行探索性学习，对某一学科有着强烈而稳定兴趣的大学生，会将此学科作为自己的主攻方向，在学习中主动克服困难、排除干扰。

兴趣一般要经过有趣、乐趣、志趣三个阶段。

（1）有趣　有趣是兴趣发展的低级阶段，它往往是由某些外在的新异现象所吸引而产生的直接兴趣。其特点是随生随来、为时短暂。

（2）乐趣　乐趣是兴趣发展的中级阶段，它是在有趣的基础上逐步定向而形成起来的。其特点是基本定向、持续时间较长。

（3）志趣　志趣则是兴趣发展的高级阶段，它与崇高的理想和远大的奋斗目标相结合，是在乐趣的基础上发展起来的。其特点是：积极自学、持续时间长，且在学习活动中具有积极作用。

兴趣只有上升到了志趣阶段，才会使学生全身心地投入到学习活动中去。

高职学生进入了专业学习阶段，对学习的理解已脱离了有趣，应向着乐趣与志趣发展，从对专业的不了解到了解专业性质，再拓展到喜爱专业。

2. 情感

孔子将学习分为三个不同层次：知之者不如好之者，好之者不如乐之者。三个层次呈递进状态，乐学是最高层次的学习热情。情感是在认识的基础上产生和发展起来的，它既可能推动和加深人们的认识，也可能妨碍对事物的进一步认识，甚至产生不正确的认识。心理学的研究表明，情感的产生虽然与生理上的激活状态紧密联系，但它并非单纯地由生理激活状态所决定，而必须通过人的认识活动的"折射"才能产生。美国心理学家沙赫特（S. Schachter）提出了"情绪三因素说"，认为情绪的产生归于三个因素的整合作用，即刺激因素、生理因素和认知因素，而认知因素在情绪的形成中起着重要的作用。事实证明，对客观事物没有一定的认识，就不可能产生情感。人的情感越丰富、越深刻，则认识也同样丰富与深刻。人的情感又可以反作用于人的认识活动。心理学的有关研究表明，人们回忆那些愉快的经历较之回忆那些痛苦的经历要容易得多，也深刻得多。一般地说，一个学生在学业上取得的较大成就，是与他对学习活动的满腔热情分不开的。但是，情感与认识又是互相干扰的。我们要学会用理智支配情感，做情感的主人，以克服消极的情感，防止它们对学习活动产生阻抑作用。

3. 意志

对于意志在学习中的作用，古今中外的学者都有深刻认识。荀子提出："骐骥一跃，不能十步；驽马十驾，功在不舍。锲而舍之，朽木不折，锲而不舍，金石可镂。"苏轼也说："古之立大事者，不唯有超世之才，亦必有坚忍不拔之志。"陶行知先生将育才学校的创业宗旨总结为十句话："一个大脑，二只壮手，三圈连环，四把钥匙，五路探讨，六组学习，七体创造，八位顾问，九九难关，十必克服。"有人曾对学生的学习做了这样的描述，学生之间差别最小的是智力，差别最大的是毅力。可见，意志在学生的学习中起着重要作用。

4. 性格

人性格的形成，既以先天因素为基础，又有后天因素起作用，是先天因素与后天因素的"合金"。性格是在一个人先天因素的基础上，在后天诸多因素的共同作用下，通过主体的实践活动逐步形成的。

陶行知先生从教育实践中得出结论，认为良好的性格特征有以下四个方面：

1）努力奋斗。"奋斗是成功之父。"

2）实事求是。"知之为知之，不知为不知。"
3）独立意识。"独立的意志，独立的思想，独立的生计与耐劳的筋骨。"
4）创造精神。

一个具有优良性格特征的学生，可以保证其具有正确的学习动机、稳定的学习情绪、持久的学习兴趣和顽强的学习意志，可以提高心智活动的水平，获得学业成功。

5. 态度

态度是指一个人对人、事、物和某种活动所持有的一种接近或背离、拥护或反对的稳定的心理倾向性。它包括认识、情感与意向三种成分。学生的学习态度是指学生在学习情境中表现出来的比较稳定的心理倾向。高职学生的学习态度直接影响其学习行为和学习成绩。很多情况下，学生会有意或无意地吸取或模仿教师的某些行为。学生把教师作为自己心目中的楷模，会对学习产生积极的态度，反之会产生消极的态度。教师教学过程中所涉及的学科内容、组织方式、授课艺术和讲课策略都会影响到学生的学习态度，如有的学生对专业不感兴趣，会直接影响其课程学习。许多研究表明：严谨而不失趣味的教学内容，易使学生产生积极的学习体验，从而形成或改变其学习态度；而消极的学习态度，往往伴随着枯燥的学习内容、呆板的教学形式和沉闷的课堂情境。

> **知识链接**
>
> **鲁迅卖奖章**
>
> 鲁迅在南京江南水师学堂读书时，因考试成绩优异，获得学校颁发的一枚金质奖章。他没有戴此奖章作为炫耀自己的凭证，而是拿到鼓楼大街把它卖了，买回几本心爱的书和一串红辣椒。每当读书到夜深人静、天寒体困时，他就摘下一个辣椒，分成几片，放在嘴里咀嚼，直嚼得额头冒汗、眼里流泪、嘴里"唏唏"，顿时周身发暖、困意消除，于是又捧起书攻读。

四、职业院校学生学习动机的培养

（一）学习动机的含义

学习动机是指直接推动学习者进行学习的一种内部动力，是有效地进行学习的必要因素。学习动机并不是某种单一结构。学生的学习活动是由各种不同的动力因素组成的系统所引起的，其心理因素包括学习的需要、对学习必要性的认识及信念、学习兴趣、爱好或习惯等。

心理学家布鲁纳（J. Bruner）将人的动机分为外部动机和内部动机两种类型。外部动机是指学习的动机来自于学习活动以外，由外界事物激发产生的动力作用，比如学生为了得到父母或老师的嘉奖而学习。内部动机是指学习的动机来自于学习者本身，是由个体的内在需要引起的，比如理想、兴趣或好奇心等。外部动机所激发的意志努力一般比较短暂和微弱，且难以持久，但它在某些情况下具有强化内部动机的原始发动作用；内部动机所激发的意志努力则一般持续时间更长，作用也较外部动机更强。

（二）学习动机不当的表现

学习动机不当主要表现为学习动机不足和学习动机过强两个方面。学习动机不足往往会造成学习动力不足，进行的是无目标的学习、为学习而学习，甚至厌倦或逃避学习。但学习动机也并不是越强越好，如果学习动机和奖励动机过强，过分地看重结果，往往会给自己带来过大的心理压力，长此以往，不仅不利于学习效率的提高，也容易导致生理或心理疾病。

大学生的学习生活和中小学生的学习生活有了很大的差别，加上环境变化带来的影响，大学生特别是刚入学的大学生要特别注意克服以下学习动机不当的行为表现：

1. 动机落差

在高中阶段，大部分学生学习的最主要目的就是能够考上大学、接受更好的教育。在这个目标的激励下，学生往往能够保持较强的学习动机，自觉学习。进入高等院校后，考上大学的目标得以实现，但是新的目标尚未形成，这时上大学前后的"动机落差"就形成了。在这一阶段，由于学习生活环境、学习方式的变化，高中时期形成的学习生活习惯不再适用，但新的兴趣和爱好还没有形成，学生容易产生松散懈怠的心理或无心学习。

2. 逃避学习

大学生生活在一个复杂的环境中，社会上不良因素的影响以及宽松、缺乏约束的生活学习环境，使其更容易放松对自己的要求。不少学生有"严进宽出"的观念，认为进入大学后，只要不违反校规校纪，顺利毕业应该不是难事，因此相比于高中阶段，其学习兴趣和成就感都大大降低了。

3. 懒惰行为

对于大部分学生而言，分数已经不像中小学时那样重要。一些学生平时不愿意上课，即使上课，也总是无精打采的；课后几乎不再复习或预习，很少再看专业书籍；作业也往往不再独立完成，只是敷衍了事；考试往往抱着"及格万岁"的心态。

4. 厌倦、冷漠

由于没有了学习兴趣，缺乏学习动机，一些学生对学习抱有厌倦、冷漠的情绪，对与学习相关的事情总是感到无聊或是漠不关心。这部分人当然无法体会到掌握职业技能所带来的喜悦。

（三）激发职业院校学生的学习动机

1. 树立正确的学习目标

古人云："凡事预则立，不预则废。"这里的"预"就是事先确定目标的意思。在学习中，只确定目标还远远不够，只有合理、符合自己实际情况的目标才能指引学生更好地学习。如果不仅仅是为了自己，而是能扩大到为了自己的家庭，甚至为了社会责任去学习，则求知欲会更稳定、更强烈；相反，如果仅仅是为了顺利毕业、拿到文凭，那么在学习中就容易抱有得过且过的心态，从而投机取巧、偷工减料，使学业荒废。

2. 注重学习兴趣的培养

兴趣是人积极地探索、认识某种事物的倾向，有了这种倾向，人们就会优先注意这种事物，并积极地去了解它。比如正在上课的时候，突然从门外进来一个陌生人，大家很自然地会把目光投向他。他是谁？进来干什么？这就是一种感兴趣的心理反应。兴趣是最好的老师，只有对学习内容感兴趣，才会产生强烈的求知欲望，自动地调动全部感官，积极主动地参与到教学过程之中。

3. 营造良好的学习氛围

学习动机不仅与意志品质有关,也会受到客观环境的影响。针对学习动机不足的外部原因,要通过多方努力改善外部环境和外部条件。比如学校可以改善教学条件,加强校风建设,净化学校风气,营造良好的学习氛围,使学校环境更有利于学习;也可以成立学习小组,通过相互监督和激励的形式使学生更好地学习。

4. 训练学习迁移的能力

(1) 寻找学习内容的相似性　先前的学习内容与后来的学习内容之间所包含的共同要素、需要运用的相同的原理及产生形式越多,迁移也就越容易产生。因此,我们应当主动去寻找新旧知识的相似点,以加强迁移的效果。

(2) 学会概括和总结　对于原有的知识经验的概括水平越高,迁移的可能性就越大,效果也就越好;反之,知识经验的概括水平越低,迁移的可能性就越小,效果也就越差。

(3) 认知技能与策略　迁移过程是通过复杂的认知活动实现的。学习的认知是指个体在以往学习的基础上,在头脑中形成新的知识经验结构体系。认知技能和策略的掌握水平,必然能影响迁移的实现。因此,一方面,要注意对知识进行有效的加工与整理;另一方面,要对知识进行分门别类的系统储存,以形成系统的认知结构。

(4) 打破心理定式　心理定式是一种特殊的,由先前学习引起的,对后继学习活动产生影响的一种心理准备状态。心理定式对学习迁移的积极影响是,能保持心理活动的稳定性和前后一致性;心理定式对学习迁移的消极影响是,会妨碍思维的灵活性,不利于心智模式的形成和发展,使人表现出惰性,使心理活动趋于呆板,不利于适应环境,有时也会影响解决问题的速度。

案例 5-2

无助的王佩

王佩,大一新生,来自一个贫困、多子女的家庭。进入大学后,王佩的目标就是通过专升本考入一所好的大学。然而,即使有了这样的学习目标,王佩依然很苦恼,因为王佩想法虽然很美好,但实现起来却是另一番景象。王佩想努力学习,想每天坚持去图书馆看书,想去学习英语、数学,可是实际上,王佩每天都睡懒觉,有时间就玩手机,根本不去图书馆,买来的英语考试书籍也从来没有翻阅过。而且,王佩容易受周围同学的影响,看着其他同学有的忙着玩游戏,有的忙着恋爱,有的忙着做兼职,根本无法专注于学习。眼看着时间一天天过去,王佩又自责、又悔恨。可是,他真的不知道该怎么办。进入大学后,没有人督促,王佩不知道该如何安排自己的学习,找一个可以监督自己学习的人很难,找一个在学业上志同道合的朋友也很难。王佩感觉很无助、很孤单。

问题:

1. 你遇到过与王佩类似的情况吗?
2. 如果你是王佩,你会怎么做?

分析:王佩的情况在大学里面并不少见,他们想在学业上有更进一步的提升,然而他们缺乏自我管理能力,自主学习意识差,存在学习情绪低等问题,出现理想高远、现实低下的现象,而且这种现象很普遍。其实,很多学生在进入大学之前对大学学习存在一定的误区,他们认为十年寒窗后进入的大学是用来"潇洒和放松"的。所以如王佩同学所见,很多同学的专注力并不在学习上。王佩想通过他人来督促自己学习显得不易，因而心理上倍感无助、孤单。

心理训练营

突破思维障碍，激发学习潜能

一、活动目的

帮助学生突破固有的思维模式，激发学生的学习潜能，增强学生的自信心和团队合作能力。

二、活动时间

30分钟。

三、活动过程

将学生分成若干小组，每组5～6人。各小组准备白纸、彩色笔、剪刀、胶带等。每个小组抽取一个主题，如"未来学校""智能交通"等。各小组在规定时间内利用提供的材料，设计并制作一个与主题相关的模型或展示板。模型或展示板需要体现创新思维，突破常规思维模式。最后，各小组展示自己的作品，并简要介绍设计思路和创意点。

单元二　常见的学习心理

学习目标

1. 知识目标：了解常见的学习心理困惑。
2. 技能目标：掌握常见的学习心理问题。
3. 情感目标：面对学习心理问题具有自我调适的方法。

重点和难点

1. 重点：掌握职业院校学生学习心理问题的自我调适方法。
2. 难点：树立良好的学习动机，灵活掌握学习方法。

案例 5-3　小姜的困扰

小姜，从小父母离异，家庭经济情况较为贫困，大学期间利用节假日打工赚取生活费。小姜从小乖顺懂事，自我要求严格。最近因面临专升本考试，小姜睡眠较少，经常一天

> 只睡 3~4 个小时，且食欲不好，常以没胃口为由拒绝同学一起吃饭的邀请。小姜以前爱与人交流，但这段时间总是一个人独处。同学时常看到她偷偷抹眼泪，去询问原因她也不回答。
>
> 问题：
> 引起小姜困扰的主要原因是什么？
>
> 分析：这是典型的考试焦虑症。小姜身上被寄予了父母的厚望，压力过大。考试焦虑症也称为测验焦虑，是指在一定的应试测验激发下，受个体认知评价能力、人格倾向与其他身心因素制约，以担忧为基本特征，以防御或逃避为行为方式，通过不同程度的情绪反应所表现出来的一种心理状态。这是一种不健康的心智模式。

我们常说：滴水能把石穿透，万事功到自然成。这句话的本意是：水滴不停地滴到石头上就能够把石头给穿透，而人只要肯下功夫必定就能将事情做好，最终取得成功。在学习的道路上，很多同学不是没有梦想，而是在追逐梦想的道路上缺乏恒心、毅力，常常半途而废，因此要经常用这句话来鞭策自己。

一、职业院校学生常见的学习心理问题

（一）思考较为局限

"盲人摸象"的故事大家耳熟能详，它非常形象地描绘了人思维的局限性。高职阶段学习内容的高度专业化，可能使我们看问题的角度反而单一了。在遇到问题时，学生往往容易只从自己专业的角度去分析，看待问题的宽度和广度受到了比较大的限制。从长远来看，这不利于学生的成长和发展。

（二）归咎于外在因素

在日常生活和学习中，常常有这样的现象：出了问题相互推卸责任，归咎于外，而自己永远是对的。比如，不愿意学习时，总是会寻找外在原因，如学习条件差、教学内容枯燥、知识难度高等，而忽略自身的内在原因。

（三）遇事墨守成规

人们常常容易受到固有习惯的影响：过去这样做，现在还这样做；别人这样做，我也这样做。墨守成规的人往往自我设限，难以做出改变，无法摆脱不良习惯的桎梏。在学习过程中，学生也容易受到原有不良学习习惯或是周围人不良习惯的影响，出现学习效率低下等问题。

（四）意志较为薄弱

有些学生具有较强的学习兴趣和动机，但总是"三天打鱼，两天晒网"，无法坚持下去。制订好的学习计划往往实施几天就放在一边，再也不管了。这主要是因为其学习意志较薄弱。学习意志是指学习者能够自觉地制定学习目标，并支配自己的学习行为，克服学习困难，以实现预定目标的心理过程。学习意志薄弱的原因主要包括：

1. 自制力不强

学习自制力是指学习过程中自我克制、自我约束的能力。缺乏学习自制力的学生在学习中往往随心所欲，做事拖沓、懒散，意志不够坚定，不能排除干扰因素，难以抵制诱惑。

2. 适应性不强

意外状况打乱了原有的学习计划后，不能迅速而合理地重新安排学习计划，使得学习效率大打折扣。

3. 坚持性不强

容易知难而退，遇到一点挫折和失败就打退堂鼓，难以持之以恒。当事情进展不顺利时，试图退而求其次或者绕道而行等。

二、职业院校学生常见的学习心理困惑

（一）学习动力不足

学习动力是推动学生进行学习活动的内在原因，是激励、指引学生学习的强大动力。对职业院校学生来说，学习动力在学习中发挥着以下重要作用：

1）学习动力决定着学习方向。
2）学习动力决定着学习过程。
3）学习动力影响学习效果。

在校园内，总有一部分学生上课经常迟到或者不到，即使在课堂上也不认真听讲，而是玩手机、睡觉等，课堂纪律差。课后，不复习预习，不完成作业，把大量课余时间用来做一些与学业无关的事情。久而久之，多门科目不合格，出现留级、休学甚至退学的现象。探究其背后的原因主要就是缺乏学习动力。

心理学家也指出，缺乏学习动力的日常表现为：

1）学习带有盲目性，没有明确的学习目标。
2）存在厌学情绪，对学习知识没有渴望，对学习带有抵触情绪。
3）行为上懒散，不愿意在学习上花时间、动脑筋。

（二）学习目标不明确

很多高职院校学生无法适应学习方式的改变，他们习惯于较机械式、灌输式的教育，面对这种自由开放的教学方式无所适从。在学习上往往表现出没有明确的学习目标，虽然有考证、就业的压力，但是缺乏长远规划，导致无所事事、懒懒散散。有的学生学习目标定位太低，只求考试过关、如期毕业；有的定位过高，导致个体所追求的"理想"成为"空想"，而逐渐丧失斗志。

（三）成败归因不正确

1958 年海德（F. Heider）在《人际关系心理学》一书中从通俗心理学的角度提出了归因理论。寻求行为的原因时，或者把它归因于环境，或者把它归因于个人。如果归因于环境，则行动者对其行为不负什么责任；如果归因于个人，则行动者就要对其行为结果负责。而高职学生往往把自己的学习失败归因于外部环境，他们常常抱怨学校环境不好、教学条件差、

教师指导不够等，却忽略了自我主体的作用。

（四）学习的情绪不高

对于学习缺乏热情，不积极、不专注，没有勤奋刻苦的精神：这是很多从事一线教学工作的教师对现在学生学习状态的评价。很多学生把考入大学作为人生奋斗的目标，认为考上大学就万事大吉，考上大学就开启了人生成功的大门，从此可以安枕无忧、潇洒度日了。这实则是一个错误的认识。曾经有人做过一个实验：把一只青蛙放到一锅热水里，青蛙会立即跳出来，反应很快；但是，如果把青蛙放到冷水中去，慢慢地给水加热，青蛙会舒适地在水里游来游去，对慢慢上升的水温毫无觉察，自得其乐，然则当温度达到70～80℃，它觉察到有危险想跳出来时，却为时已晚。

> **知识链接**
>
> **空杯心态**
>
> 南隐是日本明治时代著名的禅学大师。一天，一位客人慕名前来问禅，但自己喋喋不休，南隐则默默无语，以茶相待。他将茶水注入这位客人的杯子，满了也没停下来，而是继续往里面倒。眼睁睁看着茶水不停地溢出杯外，客人着急地说："已经漫出来了，不要再倒了！"南隐说："你就像这只杯子一样，里面装满了自己的看法和成见。如果你不先把杯子倒空，叫我如何对你说禅呢？"

三、职业院校学生学习心理问题的自我调适

对于学习中存在的心理问题，可以通过以下方法进行调适：

（一）改善心智模式

1. 全面多角度地看问题

注重培养自己的发散思维能力。发散思维要求在分析和解决问题时，向不同方向看，从不同角度想，用不同方法做。在平时的学习中，一方面，不能被专业知识束缚，在完成专业学习的同时，注重博采众长、拓宽自己的知识面；另一方面，在遇到问题时，要有意识地要求自己全面、多角度地分析和解决问题。

2. 客观现实地审视自己

当面对问题时，不要急于责怪他人，将问题全部归咎于外部环境，而应首先看自己是否有责任或过失，自己是否有不足的地方，从自身出发，通过自己的努力和改变来解决问题，以取得更好的结果。

3. 摒弃陋习，吐故纳新

大学的培养目标、学习内容和学习特点不同于中小学，在中小学阶段养成的学习习惯不再适应大学教育的需要。因此，应该根据大学教育的新特点和新要求培养新的习惯，抛弃陈旧的学习习惯，以全新的面貌迎接大学的学习生活。

4. 摆正心态，争取成功

学习不是为了别人，而是为了自己。有了这样的意识，你就会明白学习对于你的意义，因此不会再把学习当成一种压力，而是一种需要，一种让你获得成功的需要。这样，你就能

怀着更轻松愉快的心情进行学习，因为这正是成功所需要的行为。

（二）培养学习意志

1. 学会自我监督

没有了家长和老师的督促，更要从自身出发，依靠自己的力量，注重自我检查、自我约束、自我监督。例如，当没有按计划完成学习任务时，给自己一些小惩罚；当学习取得了成果时，给自己一些小奖励。也可以通过与身边同学进行比较，相互督促，共同进步。

2. 勇于面对挫折

在学习中，挫折是不可避免的。只有不断经历挫折，在挫折中磨炼，才能逐渐增强对挫折的耐受力，树立战胜挫折的勇气与决心，进而提升意志力。

3. 由易逐渐入难

有些人很想把某件事情善始善终地做完，但往往因为事情的难度太大而中途放弃。对意志不太坚强的人来说，在确定自己的奋斗目标、选择实现这一目标的突破口时，一定要坚持从实际出发、由易入难的原则。

知识链接

时间管理

（一）目的

帮助职业院校学生学会时间管理。

（二）过程

1. 请你拿出一张空白的A4纸，在纸上尽可能大地去画一个圆，并以圆心为中心把它均分为24份，代表一天的24个小时。

2. 可以将自己的学习生活状况分类为睡觉、上课、玩手机、做运动、整理内务、吃饭、陪朋友、发呆、自我学习等，并按照自己现在一天学习生活的状况，在时间"大饼"上标出来它们所用的时间。

3. 请你仔细观察你的时间"大饼"，探索你的时间分布是怎样的。你对自己目前的时间安排情况满意吗？你每天能用在学习上的时间是多少？实际生活中，你用在学习上的时间是多少？其中有效的学习时间是多少？

4. 你理想的时间大饼是怎样的？请在纸的背面画出来。

（三）思考

如果你能按照理想的时间"大饼"来安排自己的生活与学习，你会有什么收获呢？

四、职业院校学生如何应对考试焦虑

考试对每位学生来说都是再熟悉不过的事情了，从小学到大学，可谓是身经百战了，但是有些同学在面临考试时仍然会出现考试焦虑的现象。其实考试焦虑是考试时一种常见的心理现象，大多数人面临重要或关键的考试时，总会感到一定的心理压力，产生不同程度的焦虑。考试焦虑的一般表现为：在生理上，出现心跳加快、多汗、头痛、失眠、呼吸加剧、尿意频繁甚至恶心呕吐等；在行为上，常常表现出烦躁、紧张、思维停滞、焦躁、易发脾气等。

（一）造成考试焦虑的因素

考试是学习生活中不可缺少的事，考试是检验学习效果、知识水平等的重要途径。但是，所有考试都会带来一定的心理压力，产生不同程度的紧张、恐惧和焦虑，也就是考试焦虑。

形成考试焦虑的原因是多方面的，可以从客观因素和主观因素两个方面来分析。

1. 客观因素

客观因素主要包括两方面：一方面是考试的重要性、难易程度等因素，考试的重要性越高，难度越大，学生越容易出现焦虑症状；另一方面，考试压力会在学生中间传递，比如上一批学生考试失意的感受，会对下一批赴考学生产生情绪上的感染。

2. 主观因素

主观因素主要包括以下几个方面：一是个性因素，有的学生敏感、易焦虑、过于内向、缺乏安全感和自信心、做事追求完美；二是考试经验，有的学生有过考试失败的教训，导致对自己的能力产生怀疑，感觉自己的能力已被耗尽，失去自信心；三是学生对知识的掌握程度，"难者不会，会者不难"，当知识掌握得不牢固、临阵磨枪、匆忙上阵时，学生心中会因无底气而慌乱。

考试焦虑能够分散和阻断注意的过程，使学生不能把注意力集中在试题上，而是分散在各种各样的担心、忧虑或多余的动作上，影响考试的正常发挥。考试焦虑还会干扰回忆的过程，使大脑记忆库中的信息检索和提取发生混乱，出现错答、漏答，或不知如何应答的现象，让学生不能发挥应有水平，严重影响考试成绩。此外，考试焦虑还可以影响正常的思维过程，使学生的思维活动陷于停滞状态。在焦虑状态下，人们的分析、综合、抽象、概括等具体思维能力无法正常发挥，从而导致考试失败。

（二）缓解考试焦虑的方法

考试作为一种衡量和检验学生学习成绩的手段，在教学中能起到很好的检查作用，考试分数的多少对于老师或学生来说，只是一个参考数据，只能反映学生在某个阶段或某个方面对知识是否掌握或存在漏洞，以供在接下来的教学中能够有所侧重，弥补不足。学生不能把考试作为学习的一个目的，只有这样才能保持稳定的情绪，才能让自己的心态达到最佳状态，也才能最大限度地发挥自己的应试能力。要缓解考试焦虑可以采取以下几个方法：

1. 运用自我暗示方法

应对考试我们要做好心理上的准备，做到心中有数。我们可以通过自己的语言和想象对自我进行安慰和强化。比如：在开始考试前我们可以通过呼吸调整法，使自己全身放松，缓解紧张的状态；接下来对自我暗示，如"我已经全都复习好了，这次考试对我来说是小菜一碟""我能轻松地应对这次考试"等。自我暗示可以帮助树立自信。

2. 牢固掌握考试内容

所有办法都只是一种辅助，考试成绩好的前提必须是考生能够在日常的生活中掌握所要学习的知识，能够对所学知识进行运用，并能够在考试前对其进行复习和总结。只有这样才能够在考试时对考试的内容做到胸有成竹，也才能应对自如。

3. 恰如其分的成绩期待

心理学家勃尔奇（H. G. Brich）做了这样一个实验：高处放着香蕉，猩猩身旁有一根竹竿，只有利用竹竿才可取到香蕉。猩猩在受饿不到 6 小时的时候，由于取食的驱力（即动机）太弱，它的注意力很容易被各种不相干的因素分散；可是，当它受饿超过 24 小时后，又由于取食的驱力过强，而把注意力过分紧张地集中于香蕉这个目标，因而忽视了解决问题的各种必要条件，同样取不到食；只有在受饿 6～24 小时之间时，由于驱力强度适中，它们的行为才是灵活的，注意力也不会被分散，很快取到了食物。同理，对于学生来说，如果对考试结果没有要求，这样应对考试的积极性一定不高；如果对考试的结果要求太高，超出自我能力范围，这样应对考试虽有积极性，但是心态却容易失去平衡，成绩往往也不理想。所以，我们要对自己的学业成绩有恰当的期待。

案例 5-4   "故事"带来的启示

你正驾驶一辆公共汽车，里面坐了 50 位乘客。汽车靠站停下，这时有十名乘客下了车，又有三人上了车；下一次靠站，下了七个人，上了两个人；接下来又分别停车两次，每次都有五名乘客下车，有一次上了六个人，另一次没有人上车。路上，公共汽车和别的车发生了剐蹭，有部分乘客因有急事，决定下车走回去，所以八个人下了车。当事故处理完之后，汽车直接开回终点站，在终点站，剩下的乘客下了车。请问：这辆公共汽车的司机是谁？

问题：
哪些信息误导了你？你从这个游戏中获得了哪些启示？

分析：实际"故事"开始时，答案就已经给出了，可为什么大家都不知道呢？这是因为过程中掺杂着过多的信息。在学习中也要汲取有价值的信息，只有排除杂念，才能有所收获。

心理训练营

学习动机测验问卷

本问卷由 20 个题目构成。请仔细阅读问卷中的每一个题目，并与自己的实际情况相对照。若相符，请打"√"号；若不相符，则打"×"号。

1. 如果别人不督促你，你极少主动学习。
2. 你在读书时，需要很长的时间才能提起精神来。
3. 你一读书就觉得疲劳与厌倦，只想睡觉。
4. 除了老师指定的作业外，你不想再多看书。
5. 如有不懂的，你根本不想设法弄懂它。
6. 你常想，自己不用花太多的时间成绩也会超过别人。
7. 你迫切希望自己在短时间内就大幅度提高自己的学习成绩。
8. 你常为短时间内成绩没能提高而烦恼不已。
9. 为了及时完成某项作业，你宁愿废寝忘食、通宵达旦。
10. 为了把功课学好，你放弃了许多感兴趣的活动，如体育锻炼、看电影、去郊游等。

11. 你觉得读书没意思，想去找个工作做。
12. 你常认为课本的基础知识没啥好学的，只有看高深的理论、读大部头作品才带劲。
13. 只在你喜欢的科目上狠下功夫，而对不喜欢的科目放任自流。
14. 你花在课外读物上的时间比花在教科书上的时间要多得多。
15. 你把自己的时间平均分配在各科上。
16. 你给自己定下的学习目标，多数因做不到而不得不放弃。
17. 你几乎毫不费力就能实现自己的学习目标。
18. 你总是同时为实现几个学习目标忙得焦头烂额。
19. 为了对付每天的学习任务，你已经感到力不从心。
20. 为了实现一个大目标，你不再给自己制定循序渐进的小目标。

计分方法：该题目若打"√"号记1分，若打"×"号记0分。

上述20个题目可分成4组，分别测查学生在学习欲望的四个方面上的困扰程度：1～5题测查动机是不是不足；6～10题测查动机是不是太强；11～15题测查学习兴趣方面是否存在困扰；16～20题测查学习目标方面是否存在困扰。假如学生在某组（每组5题）中的得分在3分以上，则可认定其在相应的方面存在一些不太正确的认识，或存在一定程度的困扰。

单元三　学习能力的培养

学习目标

1. 知识目标：了解培养学习能力的理念。
2. 技能目标：掌握提高学习能力的途径。
3. 情感目标：养成良好的学习习惯。

重点和难点

1. 重点：掌握职业院校学生学习能力提高的途径。
2. 难点：根据自身情况选择提高学习能力的途径。

案例 5-5

拖拖拉拉的刘同学

刘同学说自己进入大学后，感觉学习起来总是没有效率，很多时候，为了完成一项作业，要花费整整一天的时间。比如，周日早上会睡到自然醒，收拾一下，出去吃个饭，然后回到宿舍，准备开始写作业，写作业之前总会干点闲事儿、刷个微博、看看课外书等，然后才会正式开始写作业，写作业中间也会时不时地看看手机、刷刷微信朋友圈，室友如果在聊有趣的事情，也会停下来参与讨论。

> 问题：
> 1. 你有没有刘同学描述的情况？
> 2. 如果出现这样的情况，你会怎么做？
> 分析与建议：
> 进入大学以来，同学们有了更多的自由支配时间，怎样高效地进行自我学习管理、提高学习能力就成了每个学生的一门必修课。这里推荐一种循环式作息计划。不同于线性计划，它是先集中小部分时间做大部分工作，这种计划安排能让你张弛有度。比如：将一天的工作放在早上至下午6点前集中完成，这样6点后就有几个小时的闲暇时间可供支配；也可以设定90分钟集中精力完成某项学习任务，一旦90分钟结束，就停止工作，这样也可以使你的注意力在这段时间中更加集中。

俗话说："磨刀不误砍柴工。"高职学生在紧张的学习中要注重科学用脑、改进学习方法、提高学习效率。高职学生在校学习期间，根据要求必须要获取相应的资格等级证书，比如英语水平、专业技能等。可见高职学生的学习任务是比较重的，要想获取知识就必须勤奋学习，因此在学习中难免出现学习疲劳、疲惫的现象。一旦我们的大脑处于疲劳状态，就会头脑发昏，记忆力下降，学习效果也会明显降低，这个时候大脑便发出了休息的信号。我们如不顾疲劳、继续学习，不仅收不到效果，反而会影响大脑的神经功能，导致身心疾病。我们可以通过打球、跑步、听音乐等方式来消除大脑的疲劳。

一、职业院校学生培养学习能力的理念

高职高专院校是大学生实现未来职业梦想的熔炉，只有在大学的学习环境中打好理论知识和专业技能的基础，才有成就未来的可能。在信息化飞速发展的时代，要想通过学习来丰富自我、发展自我、提升自我、成就自我，就必须有正确的学习理念。大学生要树立全面学习、自主学习、行知合一、科学创新的学习理念。

（一）全面学习的理念

当今世界正处在大发展、大变革、大调整的时期，世界多极化、经济全球化深入发展，科技进步日新月异，知识经济方兴未艾。国家需要全方面发展的高素质人才。在欧盟执委会2002年6月发表的《欧洲终身学习品质指标报告书》中指出，为适应当代信息社会的诸多挑战，当代人需要具备如下基本能力或关键能力：

1）算术与识字能力。
2）数学、科学与技术的基本能力。
3）外语。
4）信息与计算机技术应用能力。
5）学习如何学习的能力。
6）社会能力。
7）创业精神。
8）大众文化。

这也就要求大学生在学好、学精专业知识的同时，要以浓厚且广泛的学习兴趣尽可能多地去进行多方面、多层次的学习，积极拓展自己的知识面、丰富自己的知识结构，为自己成为一个适应能力强的复合型人才做准备。

（二）自主学习的理念

大学的学习模式和以前任何一个学习阶段都不同。自主学习，就是让学生真正成为学习的主人，自己根据专业要求和社会需求，自由地安排学习时间、学习空间、学习内容，积极主动地掌握相关知识、技能和方法。自主学习是学生"自立""自为""自律"的重要体现。

（三）行知合一的学习理念

学习不仅能帮助我们认识世界、探索未知，而且是现实中的实践。大学生作为技能型人才，不仅要掌握书本的专业知识，还要多参与实践，锻炼自己的动手能力，提升自己的专业技能，在实践中领悟知识的应用，在应用中发现自己理论的不足。

（四）科学创新的学习理念

大学生作为社会的接班人和建设者，在校学习期间，要牢固树立科学创新的学习理念。在知识的学习过程中，要敢于提问、敢于发问、多多思考，不要人云亦云；在专业技能学习中，要勇于去发明、去创造新的事物，不畏困难和挑战，学会应用科学技术和科学方法，不蛮干、不盲干。

> **知识链接**
>
> $A=X+Y+Z!$
>
> 在爱因斯坦获诺贝尔奖的若干年后，有一个美国记者采访他，问他成功的秘诀是什么。爱因斯坦回答："早在1901年，我还是个22岁的青年时，我已经发现了成功的公式。我可以把这公式的秘密告诉你，那就是 $A=X+Y+Z!$ A 是成功，X 是正确的方法，Y 是努力工作，Z 是少说废话！"

二、职业院校学生需养成良好的学习习惯

学习是一种艰苦而系统的脑力劳动，是否形成良好的学习习惯对取得好的学习效果至关重要。因此，开始大学阶段的学习时，首先要养成良好的学习习惯。

（一）制订学习计划

一个人的学习是否有计划地进行，会大大影响学习效果。要想获得最佳的学习效果，关键在于根据个人特点，对自己的学习、生活进行科学、合理、系统的规划，以提高单位时间利用率。大学生的学习计划可以分为年度学习计划和作息时间表两类。其中，年度学习计划是指对全学年学习的总体设计和安排，制订时应考虑的内容包括：本学年开设哪些课程；有哪些重大活动，比如运动会、节日、义务劳动；课外学习，比如参加哪些兴趣小组；社会交往，比如参加学校或社会性的集体活动。通过制订年度学习计划，统筹安排这些活动内容。作息时间表则是在单位时间内具体标明各项日常活动开展的时间表。

（二）学会记笔记

记笔记是一种重要的学习方法。笔记分为课堂笔记和课外笔记两种。由于笔记要作为今后长期参考的资料，因此记录时要有一些特殊的要求。

课堂笔记一般记录老师在课堂上讲授的内容，为了便于理解和记忆，除了讲授条目之外，还应包括一些例子。对于教科书中没有的内容、老师的独特见解，应记得详细一些。记录时要求纲目清楚，不宜书写得太密。实在无把握的内容可先用铅笔记录。上课时应把主要精力集中于听课上，当出现难以理解的知识点和需要课下进一步研究的内容时才需要记笔记。

（三）注意收集资料

报纸、杂志上有价值的文章，或是自己感兴趣且对学习有帮助的资料，都可以剪下来加以整理。整理应根据内容分类，以便于查找。剪报还可以贴在卡片上，最好能备一个本子来贴，使收集的资料比较集中、不显得零乱。如果在网络上发现有价值的资料，也可以通过建立文件夹或运用其他数据存储技术来收集。

（四）利用图书馆学习

了解图书馆的结构、功能，充分利用图书馆，也是大学生必须具备的基本学习方法之一。图书馆一般设有阅览室，可以通过计算机信息检索的方法寻找到需要的读物。这里有各类期刊、报纸、书籍，可供学生巩固课堂的学习内容、扩展知识面。借阅图书时，可通过查目录的方法找到索书号，填写索书单借阅。查目录一般有三种方法，即查分类目录、查书名目录和查作者目录。如果需要某方面的书籍，但不知道书名和作者名，就可以借助索引期刊进行查找。当然，仅靠图书馆只能解决一部分问题。急需或常用的书，比如工具书、学科的参考书，若购买能力允许，应当自备。

知识链接

自我效能

自我效能（self-efficacy）是指一个人在特定情景中做出某种行为并取得预期结果的能力，它在很大程度上指个体对自我有关能力的感觉。自我效能也指人们对自己实现特定领域行为目标所需能力的信心或信念，简单来说就是个体对自己能够取得成功的信念，即"我能行"。

三、职业院校学生学习能力提高的途径

（一）科学用脑

有一些同学整天埋头苦读，但学习效果并不佳；还有一些同学在学习方面则有劳有逸，显得很轻松，考试成绩反而名列前茅。相比之下，这两种同学在智力发展水平上并没有什么差距，会不会科学用脑则是学习成绩不同的主要原因之一。

1. 加强营养

有人把摄取营养比喻为给机器加油，这是很有道理的。学习、活动都要消耗能量，人体消耗了能量会产生二氧化碳和乳酸等物质。大脑是思维的器官，学习时间太长也会疲劳。

科学用脑的基础是加强营养。三餐食物热量分配的比例可以是早、晚餐各占30%，午餐占40%。早餐应食用体积小、富含热量和蛋白质多的食物，晚餐应食用富含碳水化合物和易消化的食物，一般来说午餐营养要丰富一些。

2. 保证睡眠

人是通过睡眠来补充脑力的，这就像充电一样。生理学家指出，睡眠时脑的消耗少，可以加快高能磷酸酯等能源物质的合成，增加神经传导中不可缺少的神经递质——乙酰胆碱。所以，注意睡眠是恢复人体功能、保障大脑正常工作的需要。临近考试时，大家会争分夺秒，形成了紧张的学习气氛。不少同学越来越感到时间不够用，于是"开夜车"的现象就越来越频繁，有的同学甚至通宵达旦。一般说来，大学生每日的睡眠时间不得少于8小时。当然，睡眠时间过长也不是好习惯。有些同学反映，睡觉过多后，人反而无精打采，记忆迟钝、反应慢、办事拖拉，这些现象在假期中表现尤为明显。

3. 遵循规律

1) 有的同学上午大脑思维严谨、周密，下午反应敏捷，晚上记忆力最强。那么，早上就安排一些要求严密的工作或学习内容，下午多做一些要求速度快的作业，临睡前再记忆外语单词。当然，每个同学情况不尽相同，要根据个人特点来安排不同时间的学习内容，特别是临考前的复习，安排得当可获得高效低耗的结果。

2) 人脑两半球具有不同的功能：左半球更多地记忆抽象思维的事物，比如数学概念、规则等；右半球更多地记忆形象思维的事物，比如画面、乐曲或大自然的景色等。在学习某一科目时，时间一般不要超过2小时，而且要注意交替安排文科（形象记忆）和理科（抽象记忆）的内容，这样就可以充分调动两半球的功能，不至于使某部分大脑长期工作而另一部分"无所事事"。此外，在学习时由于集中精力，神经、肌肉容易紧张，适当活动一下身体，听听音乐或者做一些运动，可使人全身放松、心情舒畅，使自己在后来的学习中精力旺盛，处于最佳状态。

知识链接

童第周的故事

童第周小时候的好奇心十分强，看到不懂的问题往往要向父亲问个为什么。父亲每次都不厌其烦地给他讲解。

一天，童第周看到屋檐下的石阶上整整齐齐地排列着一行小坑，他觉得十分奇怪，琢磨半天也弄不明白是怎么回事，便去问父亲："父亲，那屋檐下石板上的小坑是谁敲出来的？是做什么用的呀？"父亲看到儿子这么好奇，高兴地说："这不是人凿的，这是檐头水滴下来敲的。"小童第周更奇怪了，水还能把坚硬的石头敲出坑？父亲耐心地解释说："一滴水当然敲不出坑，但是天长日久，点点滴滴不断地敲，不但能敲出坑，还能敲出一个洞呢！古人不是常说'滴水穿石'嘛！就是这个道理。"父亲的一席话，在小童第周的心里激起了一阵阵涟漪，他坐在屋檐下的石阶上，望着父亲，似懂非懂地点了点头。

由于农活比较多，童第周对学习有些失去兴趣，不想读书了。父亲耐心地开导童第周说："你还记得'滴水穿石'的故事吗？小小的檐水只要常年坚持不懈，便能把坚硬的石头敲穿。难道一个人的恒心不如檐水吗？学知识也要靠一点一滴积累，坚持不懈才能获得成功。"为了更好地鼓励童第周，父亲书写了"滴水穿石"四个大字赠给他，并充满期望地说："你要把它作为座右铭，永志不忘。"

（二）掌握方法

1. 避免死记硬背

死记硬背是一种相当低效的方法，只能使人在较短的时间内记住书上的内容，即学得快忘得也快。而且，这种死记硬背的方法不利于我们对学习的材料进行深层次的加工，以及进一步挖掘其深层次的含义，总体来说，是不利于我们有效学习的。

2. 先理解再记忆

与死记硬背相比，先理解再记忆是在对记忆材料积极思考、深刻理解的基础上进行记忆，通过理解，学习者抓住新旧知识的联系，使得新的知识有了支撑点，不仅记得牢固，而且可以使旧知识得到新的理解。通过理解，学习者将知识系统化，把所要记忆的内容纳入知识体系之中，成为原有知识结构的一部分，这样就更加容易记忆了。

3. 利用记忆规律

提高记忆效率是一个非常好的学习方法。德国心理学家艾宾浩斯（H. Ebbinghaus）研究发现，遗忘在学习之后立即开始，而且遗忘的进程并不是均匀的，最初遗忘速度很快，以后逐渐缓慢。他认为"保持和遗忘是时间的函数"，并根据实验结果绘出描述遗忘进程的曲线，即著名的艾宾浩斯记忆遗忘曲线（见图5-2）。

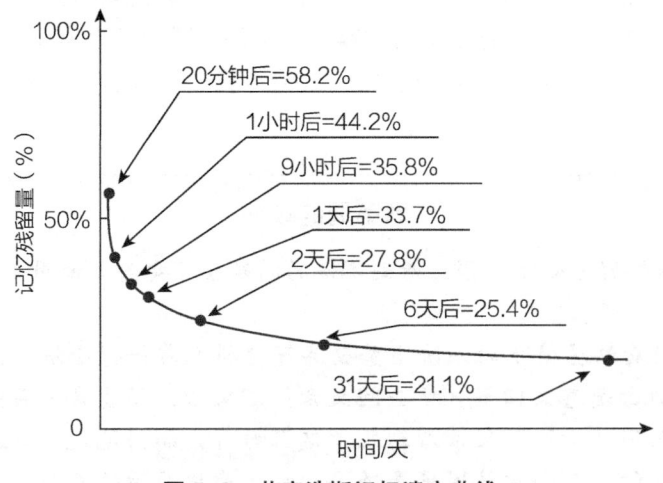

图 5-2　艾宾浩斯记忆遗忘曲线

这条曲线告诉我们，在学习中的遗忘是有规律的，遗忘的进程不是均衡的，不是一天固定丢掉几个，转天又丢几个，而是在记忆的最初阶段遗忘的速度很快，后来就逐渐减慢了，到了相当长的时间后，几乎就不再遗忘了，这就是遗忘的发展规律，即"先快后慢"的原则。随着时间的推移，遗忘的速度减慢，遗忘的数量也就减少了。

我们可以根据艾宾浩斯的遗忘曲线进程，对不同时间记忆的学习材料安排相应的复习。比如，对于很重要的知识或者学习材料，当天学习的内容一定要在当天复习一遍，然后在相隔2天、6天、31天的时候安排复习。

4."学习"具体化

"学习"是一个相对模糊、容易产生歧义的概念，同时也给大多数学生带来一定的精神压力。学生的本职就是"学习"，这样的想法使得他们认为如果不能一直待在图书馆、坐在书桌前沉思苦读，就有种"玩忽职守"的意味。于是，学生就陷入了一场持久的自我斗争过程。但其实，坐在书桌前沉思苦读只是"学习"的外在表现形式，我们更应该关注它的过程本身，这就可能包含着一系列的具体活动，比如阅读、做作业、记笔记、写文章、做练习等，最为关键的是任何一种学习都要坚持深入下去。因此在列待办清单时，我们就需要把"学习"具体化，精简地把此刻需要做的事情理出一个流程。

5. 做事决不拖延

很多学生都被拖延这个问题深深困扰，可以采用周/日目标体系来完成日常各项任务的安排，如果能长期坚持，效果是不错的。具体操作是这样的：①每周周末列一个清单，包括下一周所有的任务、作业以及想在下周完成的读书和其他学习活动。除非在一周内出现意想不到的事情，否则就有责任完成这个清单，不过也不必超过清单所规定的任务。这样做就把无限的任务分割成在一周内可以完成的多个子任务。②每天晚上检查周计划，列出每日目标清单，确保完成每日的工作清单。通过制订计划，可以将工作分配到周和日，不需要再在最后期限前拼命赶工，可以做到细分任务。

案例 5-6

迷茫的晓倩

晓倩现在读大三，面临着选定毕业设计课题。然而，晓倩脑袋空空，没有什么灵感。她和指导自己毕业设计的老师沟通过选题的问题，老师建议可以从自己的兴趣入手，找一下自己感兴趣的课题。如果想不到的话，老师提供研究方向，这样也方便老师指导。她是很喜欢自己专业的，但就是抓不住一个自己喜欢的研究课题，而从老师的研究方向里找，又没有自己感兴趣的。如果不是自己感兴趣的，后期可能就会比较痛苦。就这样，晓倩陷入了一天天的空想中，始终想不到什么好的课题。日子一天天过去，马上就要到和老师报告自己毕业设计的日期了，晓倩还没有选好研究课题。

问题：

1. 你遇到过与晓倩类似的情况吗？
2. 如果你是晓倩，你会怎么做？

分析：我们可以看出来，晓倩的思考是在一种焦虑情绪驱动下进行的没有材料支持的空想。凭空想出一个很好的点子，对于任何人来说都是很困难的，这个过程也是很煎熬的，因为它近似于要求我们去建造一个空中楼阁。真实的思考应该是建立在感性材料上的理性认识。所以，建议晓倩应该更多关注自己专业领域的一些基础发现，先对当前该学科领域的现状与前景有一个感性认识，然后选择自己喜欢的细分领域进行深入研究。没有调查就没有发言权，在收集和研读相关资料的同时，自然会有所启发，发现感兴趣的研究课题，进而一点点地明确自己的研究假设。这是一个量变产生质变的过程，希望晓倩能在这个过程中有所收获！

心理训练营

学习习惯自我测查表

阅读每个句子，对符合情况的陈述，在括号中画"√"，对不符合情况的陈述，在括号中画"×"，不能确定的画"？"。

1. 我实际上连一个完整的句子包括哪些成分都不知道。（　　）
2. 我常常需要有一定的压力才能学习。（　　）
3. 我定期复习。（　　）
4. 我的学习常常被来访者、电话和其他娱乐打断。（　　）
5. 只有完成指定的学习任务后，我才能做其他事情，并把这作为一项制度。（　　）
6. 我常利用做作业的时间玩耍、约会、读小说、看电视或听音乐。（　　）
7. 有时，当我坐下学习时，才发现自己连今天的课外作业是什么都不清楚。（　　）
8. 我用所学的书本知识帮助自己理解外部世界中的各种事情。（　　）
9. 我常睡眠不足，因此上课时昏昏欲睡。（　　）
10. 学到一个新词后，我常会在此后一段时间内有意识地多使用它。（　　）
11. 我有一个明确的学习计划表，列出了学习时间、地点和进度。（　　）
12. 我在学习时常坐不住，因此无法把精神集中在学习任务上。（　　）
13. 开始学习新功课之前，我对先前学过的材料进行复习。（　　）

心理学家及核心理论（五）

学习与智力

1. 大卫·韦克斯勒（David Wechsler，1896—1981，见图5-3），美国医学心理学家，韦氏智力测验的编制者。韦克斯勒是继法国比奈之后对智力测验研究贡献最大的人，其所编制的多种智力量表是当今世界最具权威的智力测验之一。

图5-3　大卫·韦克斯勒

韦克斯勒用标准化的智力测验研究了人从7岁到65岁不同年龄层次的智力水平，结果发现智力发展的高峰在22岁左右。

2. 朱智贤（1908—1991，见图5-4），字伯愚，江苏省赣榆县（今江苏省连云港市赣榆区）人，心理学家、教育家，中国现代心理学的奠基人之一。1930年毕业于中央大学教育系，赴日本任东京帝国大学研究员，抗战开始后回国任江苏教育学院、四川教育学院、中山大学教授，香港达德学院教务长兼中山学院院长，新中国成立后历任中央出版总署教育组组长、人民教育出版社副总编辑。1951年调入北京师范大学，曾任教育系主任、儿童心理研究所所长、《心理发展与教育》主编。他是国务院公布的首批博士研究生导师，培养了新中国第一位心理学博士林崇德。

图5-4　朱智贤

朱智贤教授认为："人至18岁左右，智力已达到成熟时期。在此以后，随着知识经验的增长，总的智力能量虽然不会有显著增长，但在某一方面的智力可能还是以不同的速度在增长。"

对于大学生而言，他们的智力水平相对来说是稳定的，但通过良好的环境和教育影响，再加上个人的主观努力，智力水平仍会在一定范围内有所改善。大学时代是大学生智力发展的黄金时期，在良好的教育影响和个人的主观努力下，大学生的智力水平可以得到进一步提高，素质能力可以得到较大提升。

3. 霍华德·加德纳（Howard Gardner，1943—），美国心理学家，在1983年提出了多元智能理论。加德纳认为，智力不是单一的，而是由多种相对独立的智能组成的。他最初提出了七种智能，后来扩展到八种，包括语言智能、逻辑数学智能、空间智能、身体运动智能、音乐智能、人际智能、内省智能、自然观察智能。

多元智能理论的主要观点是，每个人都有自己独特的智能组合，这些智能在不同人身上的发展程度各不相同。这种理论强调了个体差异的重要性，并认为教育应该关注和发展每个学生的特定智能，而不是仅仅侧重于传统的语言和逻辑数学能力。

模块六 情绪

● **导读导学**

我们刚刚来到这个世界上时,什么也不会说,但是已经会本能地通过微笑、平和等情绪与他人交流,以得到成人的关注。在成长的过程中,我们会遇到很多高兴的事,但也有生气的时候,所有的这些,包括愉快、焦虑、孤独、愤怒等,都是一种情绪状态。而情绪始终与我们的生活紧密相连,它在一定程度上反映出我们与外界环境的关系。如果客观事物或情景满足了我们的需要和愿望,就会产生积极的、肯定的情绪;一旦客观事物不能符合我们的需要和愿望,就会导致消极的、否定的情绪出现。人的一生都伴随着喜怒哀乐的情绪体验,尽管人生不如意之事十有八九,但是我们依然选择做自己情绪的主人。本模块将带领大家认识情绪的含义、情绪的分类和常见情绪的表现,帮助大家学会管理自己的情绪,学会科学的情绪调节方法。

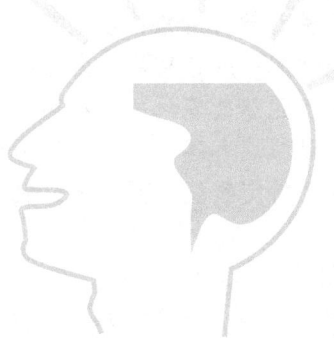

● **思维导图**

情绪思维导图见图 6-1。

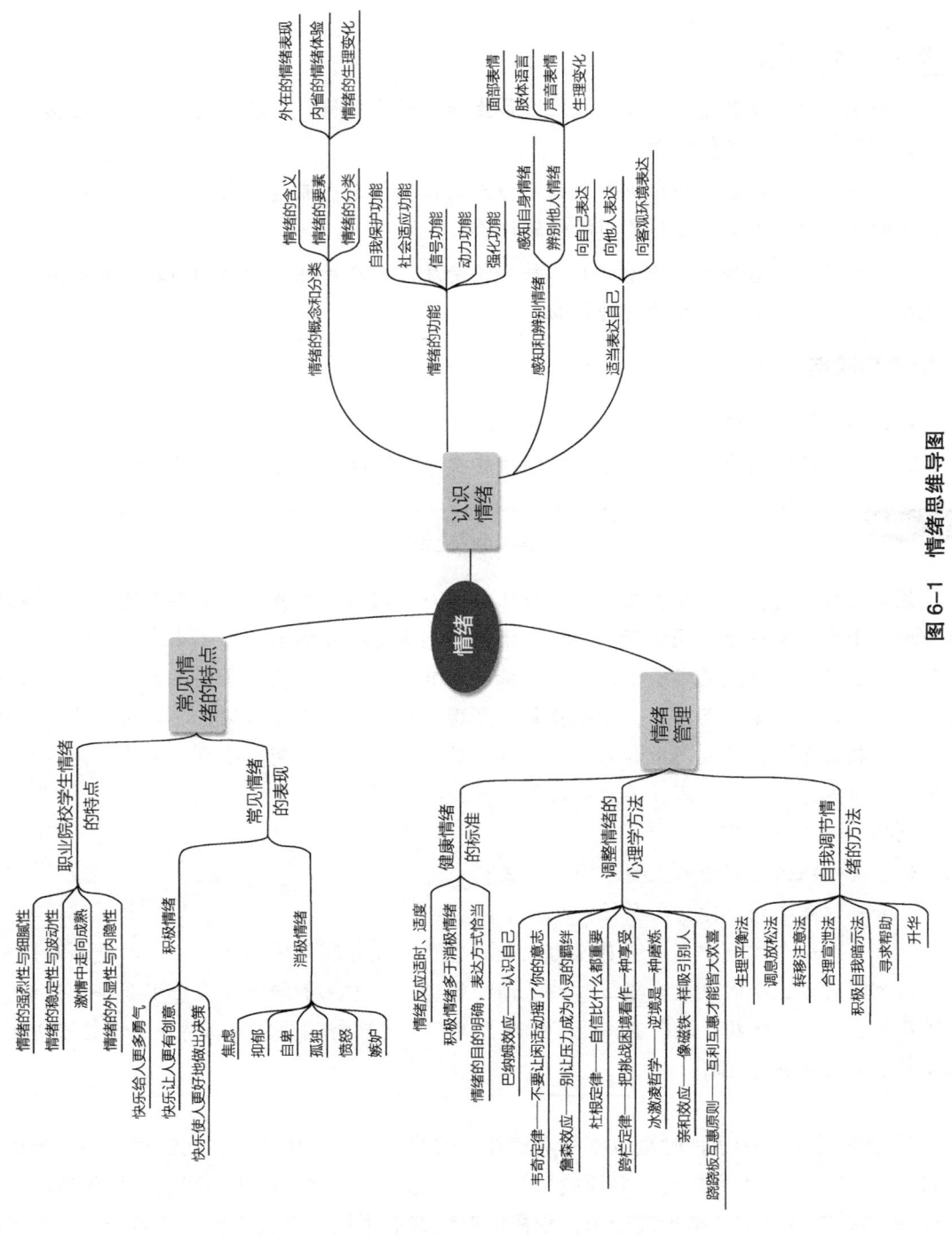

图 6-1 情绪思维导图

单元一　认识情绪

学习目标

1. 知识目标：理解情绪的含义及在个体生活中的重要性；了解情绪的功能，包括其对认知、行为和身体健康的影响。

2. 技能目标：学会感知和辨别自己及他人的情绪状态；能适当表达自己的情绪；能运用基本的情绪调节策略，应对不同的情绪体验。

3. 情感目标：增强对自身情绪的认知和接受度；提高对他人情绪的同理心和敏感度；促进积极的情绪，减少负面情绪的影响。

重点和难点

1. 重点：感知和辨别情绪的方法和技巧。

2. 难点：能准确地识别和区分不同的情绪状态，能以积极的态度管理情绪。

案例 6-1

情绪惹的祸

某学院超市内，小明正在购物。在排队结账时，因为一件商品的条码无法识别，在超市兼职的小方同学便让小明重新拿一件。小明看到身后排着的长队，不予理睬。小方见小明站在原地不动，嘴上便嘟囔了几句，继续扫描其他商品。小明注意到小方在说话，但没听清楚，以为小方是在骂自己，于是便怒不可遏地走到小方面前质问他。两人矛盾瞬间升级，开始相互推搡，其他同学和老师急忙赶来劝架。事后，小明、小方分别找来同学在操场理论，双方你一言我一语，最后导致群架，造成一些同学受伤。

问题：

1. 引起小明情绪突变的主要原因是什么？

2. 如果你是小明，你会怎么做？

分析：在这个案例中，小明自以为被小方辱骂，没有理智地沟通处理，而是带着愤怒的情绪质问对方，小方也没有冷静对待、诚恳解释，双方互不相让、言语不合导致群架。如果能够合理表达情绪，这个事件是可以避免的。只要理智沟通、宽容待人、调整好情绪，很多矛盾都能被妥善化解。

情绪如同我们的影子，时刻以某种形式伴随着我们。日常生活中，我们每个人都难免因遇到各种各样的问题而产生复杂多样的情绪，喜、怒、哀、惧早已成为我们常见的情绪。倘若个体能够拥有较高的情绪管理能力，积极应对情绪的困扰，那么快乐就会多一些，烦恼就会少一些。

一、情绪的概念和分类

（一）情绪的含义

情绪是指人的喜、怒、哀、惧等心理体验，这些体验是人对客观事物的态度的反映。

情绪是非常复杂的心理或生理状况的感受。当代心理学家将情绪（emotion）界定为一种复杂的身体和心理变化模式，包括生理唤醒、感觉、认知过程、外显的表达（包括表情和手势）以及特殊的行为反应，这些反应都是个体针对对其具有个人意义的情境做出的。

本单元对情绪概念的界定采用心理学家黄希庭对情绪的定义：情绪是指人对待认知内容的特殊态度，它包含情绪体验、情绪行为、情绪唤醒和对情绪刺激的认知等复杂成分。在了解情绪概念的同时，我们需要对与它相关的几个概念做澄清。比如心境（mood）、情感（feeling）、感情（affection）等。通常，情绪持续的时间比较短，但比较强烈，与认知内容关系紧密。心境通常持续的时间比较长，但不太强烈，与激发事件关系较弱。情感是情的感受方面，即情绪过程的主观体验（情绪体验）。而情绪通常不仅包括情的主观体验，还包括行为表现和生理机制等。感情这个概念较为口语化，通常是用来表示情绪、情感这一类心理现象的笼统称谓。

（二）情绪的要素

面对复杂的情绪现象，心理学家通常把情绪归结为外在的情绪表现、内省的情绪体验、情绪的生理变化三个方面。

1. 外在的情绪表现

外在的情绪表现即表情（见图6-2），具体是指面部表情、声态表情和体态表情。面部表情最直接反映人的情绪状态，人们可通过一个人面部表情的变化，了解一个人的情绪状态。例如，我们在获奖时会不由自主地露出笑容，当遇到挫折时会愁容满面。声态表情则是指人们在与人交流时说话的声调、音色和声音节奏的快慢等方面的变化。例如，一个人兴奋时，语调会高昂，语速加快，声音抑扬顿挫。体态表情同样反映

图6-2 表情

着一个人的情绪状态。例如，在等待面试结果时，我们会坐立不安、前后徘徊，此刻的情绪状态和面临的境地显而易见。

2. 内省的情绪体验

心理学家伊扎德（Izard）提出情绪的四维理论，即强度、紧张度、激动度、复杂度。简单来说，人的情绪状态是在强度、紧张度、激动度和复杂度四个维度上产生的心理感受。内省的情绪体验是人脑对客观环境和客观现实的反映形式，它不同于认知活动，不是对客观事物本身的反映，而是带有主观色彩的反映。例如：人在得到肯定和表扬时，会感到快乐；在面临危险时，会感到害怕；在失去亲人时，会感到悲伤等。

3. 情绪的生理变化

在不同的情绪状态下，人的心律、血压、呼吸乃至内分泌、消化系统等都会发生相应的变化。例如，人在紧张的状态下，会感到呼吸急促、心跳加快；在愤怒状态下，会出现血压

升高、汗腺的分泌增加、面红耳赤等生理特征。情绪的生理变化既是主观体验的深化，也是外在情绪表现的基础，在情绪结构中起着承上启下的作用。

（三）情绪的分类

情绪一般划分为正面情绪和负面情绪。负面情绪又称为消极情绪，有焦虑、紧张、沮丧、失落、失望、郁闷、悲伤、痛苦、嫉妒、猜疑、反感、委屈、抱怨、自卑、愤怒、抵触等。此类情绪体验是不积极的，产生这类情绪后身体会有不适感，甚至影响学习、生活和工作的顺利进行。

正面情绪又称为积极情绪，是指个体由于体内外刺激、事件满足个体需要而产生的伴有愉悦感受的情绪。喜悦、感激、宁静、兴趣、希望、自豪、逗趣、激励、敬佩和爱等统称为正面情绪。正面情绪让我们感觉良好，不仅能改变我们的思维、改变我们的未来，同时能够抑制消极的负面情绪。

知识链接

情绪的钟摆效应

钟摆效应是心理学名词，主要是描述人类情绪的高低摆荡现象。

钟摆的运动轨迹是往复的，它总是围绕着一个中心在一定范围内有规律地摆动。人在快乐的时候，可以毫无顾忌地笑；在悲伤的时候，可以无所顾忌地哭。不管是喜悦还是哀伤，都是人与生俱来的情绪情感。如果我们不断压抑负面情绪，通常有两个后果，一是突然爆发，二是逐渐消失。情绪的钟摆效应就是指第二种情况。我们感觉自己很好地控制了情绪的同时，也在渐渐减弱自己体验正面情绪的能力。也就是说，当负面情绪的强度逐渐降低时，相应的正面情绪也逐渐减弱。这样下去，痛苦虽然少了，但是快乐也随之减少了。久而久之，人会感到生活枯燥无味，甚至会觉得人生没有意义。

情绪实际上也是我们能力的体现，每一种情绪都在提示我们，生活中可能出现了一些问题，需要我们去解决。所有的负面情绪实际上也是一种推动力，督促我们采取行动，直到这些情绪不再出现。我们应该怎样做呢？应该把自己的情绪强度尽量扩大（重回较大的摆动幅度）。这样，每天中每件事给我们的喜悦、满足、自豪、信心被我们完全得到，心中充满了正能量。受到喜悦、自信等正面情绪的积极影响，即使负面情绪的摆动幅度达到最大，我们也能承受，此时还有很多调节技巧可以帮助我们化解负面情绪。

钟摆效应的内涵在于：只有像钟摆一样，让两边的幅度尽量扩大，让我们感知正、负面情绪的能力都很强，才能充分享受人生！"痛"并"快乐"着——"痛快"活着，而不是逃避、压抑地活着！这是一种人生境界！为了不让负面情绪影响我们太久、太深，我们要学会在合适的场合让自己与负面情绪相处，接受它、理解它、安慰它，并在适当的场合学会感谢它、释放它、缓解它。同时，我们也要让自己的正面情绪得到加强，使正面情绪远多于负面情绪，从而使我们的生活充满正能量。

二、情绪的功能

在我们的生活中，情绪不是一种毫无目的、没有任何意义的伴随体验，相反，它们是在适应外界变化的过程中产生的，具有重要作用。

（一）自我保护功能

在最简单的水平上，情绪能够帮助我们做出更迅速的反应。当遇到危险状况时，人马上会有紧张害怕的感觉；当发生利益或权利上的冲突时，人会产生愤怒以应对；当吃到不适的食物或污物时，会产生厌恶感。这些情绪反应表现出非常明显的自我保护倾向，可以使人及时地采取适当的应对措施保护自己不致受"伤"。

（二）社会适应功能

情绪能够使个体针对不同的刺激事件产生灵活自如的适应性反应，并调节或保持个体与环境间的关系。情绪之所以具有灵活性的特征，是因为情绪的机能不仅来源于个体全部的先天机能，而且来源于学习及认知活动。多种情绪都具有调控群体间互动的功能。例如：羞怯感可以加强个体与社会习俗的一致性；当个体对他人造成伤害时，内疚感可激发社会公平重建；其他的情绪，诸如同情、喜欢、友爱等，能起到构建和保持社会关系的作用。它们可以增强群体内的凝聚力，而且有提高个体社会适应能力的作用。

（三）信号功能

人与人之间最重要的是情感的交流。一个人不仅能凭借表情传递情感信息，而且能凭借表情传递自己的某种思想和愿望。表情是思想的信号，如微笑表示赞赏，点头表示默认，摇头表示反对。俗语"出门看天色，进门看脸色"，意思就是说通过别人的情绪信息，领悟到别人对自己的态度。

（四）动力功能

情绪可以推动人的各种活动，使人拥有一个积极进取和对社会有贡献的人生。比如自信、勇敢等令人心情舒畅的情绪，被称为动力性情绪，会引导并维持人的行为以达到特定的目标。现代科学更清楚地提示了人在紧张情绪发生时，会表现出一系列生理变化，如血压升高、呼吸频率提高、肾上腺素分泌增加等，这一切都有助于人充分调动体力，去应付紧急状况。适度的情绪反应能够激励人的活动，提高人的活动效率，进而推动人们有效地完成工作任务。

（五）强化功能

大量研究表明：当出现紧急情况时，消极的情绪能够唤起大脑的警觉；积极的情绪能使一个人的感觉、知觉变得敏锐，记忆获得增强，思维更加敏捷，有助于一个人内在潜能的充分展示。

三、感知和辨别情绪

（一）感知自身情绪

你今天的情绪状态怎么样？是积极的还是消极的？是强还是弱？是什么事情引起了这种情绪？准确地感知自身的情绪可以帮助我们倾听自己内心的想法，理解周围的人和事件对自己造成的影响，从而更好地了解自己，更好地跟别人相处。做情绪记录可以有效地觉察和感知自身情绪。在每天固定的几个时间，或者在出现情绪时记录下情绪产生的时间、事件、引起情绪的触发点，并加以调整，见表6-1。

表6-1 情绪记录

时间	事件	触发点	情绪	当时的想法	当时的反应	结果
11月16日19：00	参加校园歌手大赛	没有获得任何奖项	失落、沮丧、抱怨	白白付出那么多努力；感觉那个第一名也不怎么样啊，评委是怎么评的	深呼吸、放松；转念一想，重在参与嘛，认真练了是有收获的，积累了经验下次能表现得更好	平静、释怀
6月13日15：00	参加讨论入党问题的党员大会	通过表决成为预备党员	激动、兴奋、喜悦	又有了一个身份——党员，多光荣啊	记住这个有意义的日子，享受这份美好感觉；把这个好消息与家人、好友分享	激励自己继续努力

注：1. 正面、负面情绪都可以填写，通过记录，使正面情绪的美好感觉得以放大、存储，使负面情绪通过觉察和调整得到疏导、转化。
2. "当时的反应"一栏，填写放大或调整情绪的具体行动。
3. 此记录坚持一段时间后，会内化为自觉行为，再出现情绪时就会自动觉察。

（二）辨别他人情绪

辨别他人情绪的能力在人的成长过程中发挥着重要作用。如果对他人情绪感受的表达无动于衷，就难以与之建立起融洽的人际关系。这种能力是从婴儿期开始发展起来的。一岁左右的孩子，在看到别人跌倒而哭时，他也会像自己跌倒一样哭起来。随着自身的成长，他会逐渐理解自己的情绪感受，也能够认识到他人在某种环境下的情绪感受与情绪表达，从而进行有效的人际交往。那么，怎样通过一些细微的人际信息，敏锐地感受到他人的情绪和需要呢？可以从以下几个方面观察，以提高自己的情绪敏感度。

1. 面部表情

观察面部表情是最直接的判断对方情绪的方法，比如根据对方眉头是舒展还是紧锁，是怒目圆睁还是满含泪花，嘴角是上扬还是下撇来判断对方当下的情绪状态。

2. 肢体语言

人的身体部位也可以透露出不同的情绪信息。例如，人在高兴时大步流星，悲伤时无精打采，恐惧时手足无措，愤怒时捶胸顿足，紧张时抓耳挠腮，等等。

3. 声音表情

通过声音的语调、语速也可以判断人的情绪状态。人在高兴时声音轻快，悲伤时声音低沉、语速缓慢；愤怒时音量大、语速急促。同样一句话，用不同的语音语调说出来就会产生不同的含义。比如简单的一句"你干吗？"在不同的语境下，可以分别表示疑问、不耐烦或者责备等意思。

4. 生理变化

情绪的变化通常伴有生理的变化，但有些不易察觉，例如人在紧张焦虑时心率的加快。有些生理变化容易被观察到，例如人在痛苦时，面色可能从红润变为苍白，手心会发凉、出汗。怒发冲冠、不寒而栗就是情绪的明显生理表现。

四、适当表达自己

（一）向自己表达

情绪表达的第一个层面是向自己表达，就是让自己很清楚自己的情绪状态和它的来源。这种表达对我们的健康是很重要的，而且很容易做到，但是常常被我们忽略。如果我们很清楚自己的情绪状态，知道它的来源，就已经达到了一部分宣泄效果。情绪无法通过其他方式表达时，也不妨在自己心里往积极的方面想一想。向自己表达，可以做情绪记录、记情绪日记，可以结合调息放松法做清醒"五问"（我在做什么？我想要的是什么？我现在的状态如何？如何做才能调整好我的状态？如何做才能得到我想要的？），还可以找自身的优点。因为很多情绪实质上都是把注意力焦点放在了负面，都是对自己的不满意，因而多看到积极正面的、多挖掘自身优点，会让自己更有力量、更加阳光自信。

（二）向他人表达

"快乐通过分享就加倍，悲伤经过分担就减半。"过度压抑愤怒、悲伤等消极情绪，不利于身心健康。适度、合理地向周围的人表达自己的情绪，才能得到他人理解，使自我压力得到释放。向周围的人表达自己的情绪，既有助于调整自己的情绪，也有助于增加相互的理解。表达方式可以是语言表达，也可以是非语言表达。当我们有负面情绪时，可以选择向自己信任的人，比如同学、老师、家人等倾诉。在倾诉的过程中要合理地表达情绪，而不应无节制地宣泄不满，这种不考虑他人感受的表达，可能会产生一些破坏性影响。

（三）向客观环境表达

当我们有消极情绪的时候，可以采用一些方式来释放消极情绪。例如，可以去散散步，看看日出日落、云卷云舒，或者站在海边看大浪淘沙；还可以去运动场上奔跑，或者把自己关在屋子里打沙袋；还可以"化悲愤为力量"，将不良情绪升华为一种对自己、对他人、对社会都具有建设性意义的动力。比如大文豪歌德在失恋之后，把失恋的情绪能量升华到文学写作中，写出了名著《少年维特之烦恼》。

知识链接

情绪智力

情绪智力是指正确感知和妥善管理自己的情绪，以及识别他人情绪、管理人际关系的能力，俗称情商（emotional quotient，EQ）。情商高的人通常情绪稳定，不会因小事产生剧烈的情绪波动；在产生情绪反应时，不仅能够正确感知到自己的情绪，还会表现出合适的行为反应；在面对挫折时，能够调节自己的负面情绪，进行自我激励，提高个体的主观幸福感，快乐健康地生活。

心理学家戈尔曼（Goleman）认为，在一个人的成功过程中，智商和情商缺一不可。智力是成功的根本，只有具备了较高的智力水平，才有可能获得成功；但是，只有智力，并不能保证获得成功，还必须具有较高的情商，它可以更好地帮助一个人去争取并获得成功的机会。

情绪智力的高低主要表现在以下五个方面：

1）认识自身情绪的能力。

2）妥善管理自身情绪的能力。
3）自我激励的能力。
4）认识他人情绪的能力。
5）人际关系管理的能力。

心理训练营

情绪表演

一、活动目的
通过观察人的面部表情，识别人的情绪状态。

二、活动时间
15 分钟。

三、活动过程
1）每 4～6 人分为一个小组，每个组员表演喜悦、悲伤、宁静、愤怒、自豪、自卑、敬佩、蔑视八种情绪。
2）每个小组推选一个代表，走上讲台进行表演，其他学生猜测所表演的是哪种情绪，指导教师进行点评。

四、思考
请大家完成以上练习后，与同组的伙伴分享，通过观察表演你感受到了什么。

情绪的自我觉察

一、活动目的
促进同学们对情绪的自我觉察。

二、活动过程
将全班同学自由组合，2～3 人为一组。请大家思考与分享以下练习：
慢慢地闭上眼睛，深呼吸，感觉周围一切都慢慢地安静下来，慢慢地回想一下，过去的一段时间发生了哪些事情或遇到了哪些人让你觉得有意义。该过程 6～8 分钟，指导教师可以搭配一些轻音乐。
然后请同学们慢慢睁开眼睛，完成以下练习：
1）记得那天，你遇到了_____，你发现自己挺开心的。
2）记得那天，你完成了_____，你发现自己还是挺不错的。
3）记得那天，因为_____，让你一直以来思考的问题获得了一些帮助。
4）记得那天，因为_____，你有点不开心，但后来_____，你觉得情绪好多了。
5）如果让你对过去一个月遇到的_____说一句话，你会真诚地说一声"谢谢"。

三、思考
请大家完成以上练习后，在内心允许的范围内，和同组的伙伴相互分享。在分享的过程中仔细聆听与觉察，并思考通过这个活动你感受到了什么。

单元二　常见情绪的特点

学习目标

1. 知识目标：掌握情绪的特点。
2. 技能目标：能识别常见情绪的表现。
3. 情感目标：正确认知情绪的特点。

重点和难点

1. 重点：能识别常见情绪的表现。
2. 难点：正确认知情绪的特点。

案例6-2

情绪的躯体化表现

小林是某职业院校毕业班的学生，即将毕业却还没找到满意的工作，看到周围的同学纷纷收到用人单位的录用通知，小林很着急。回想在学校的生活，小林内心感慨万分。曾经的小林也是以较高的分数被该校录取的，原本决定进校后认真学习，争取毕业时找个好工作。刚进校时，小林充满热情与好奇，学习的同时积极加入学生社团，但一个学期后，他受到周围几个同学的影响，逐渐对学习和活动懈怠下来，开始沉迷于网络游戏。小林发现自己大学期间浪费了大量的时间和精力，不仅学习成绩大大下降，也忽视了社会实践能力的锻炼。现在的小林越想越后悔，心情焦虑、烦躁，感觉最近食欲下降，睡眠也不太好。

分析：从小林目前的情况看，很显然，他的情绪出现了焦虑和低落，情绪不好也导致了躯体的不适。像小林这样的情绪问题在职业院校学生中并不少见，学习的压力、人际交往、恋爱、求职择业、社会实践等都是直接影响学生情绪的因素，了解情绪的特点及常见的情绪困扰对自我的发展是有利的。

我国仍处于社会转型过程中，随着社会不断发展，新时代职业院校学生面对较多的生活和学习压力，这些压力事件可能会产生负面情绪。当代职业院校学生的年龄在18～23岁，正处于由青春期向青年期过渡的重要阶段和关键时期，身心还不够成熟，并不能很好地把握自身心理和情绪状况，体现出这个年龄阶段独有的特点。本单元我们将分析职业院校学生情绪的特点、常见情绪的表现及其产生的原因，增进职业院校学生对自身的了解与把握。

知识链接

萨提亚模式"冰山"隐喻

情绪是人们感受的外显，与人的内在状态息息相关。

现代心理学常常将人比作一座冰山（见图6-3），露出水面的部分代表人的外在部分，其中包括人的行为、语言和情绪等,水面以下代表人的内在部分,从表面至内里依次包括人的应对方式、感受、观点、期待、渴望和自我。

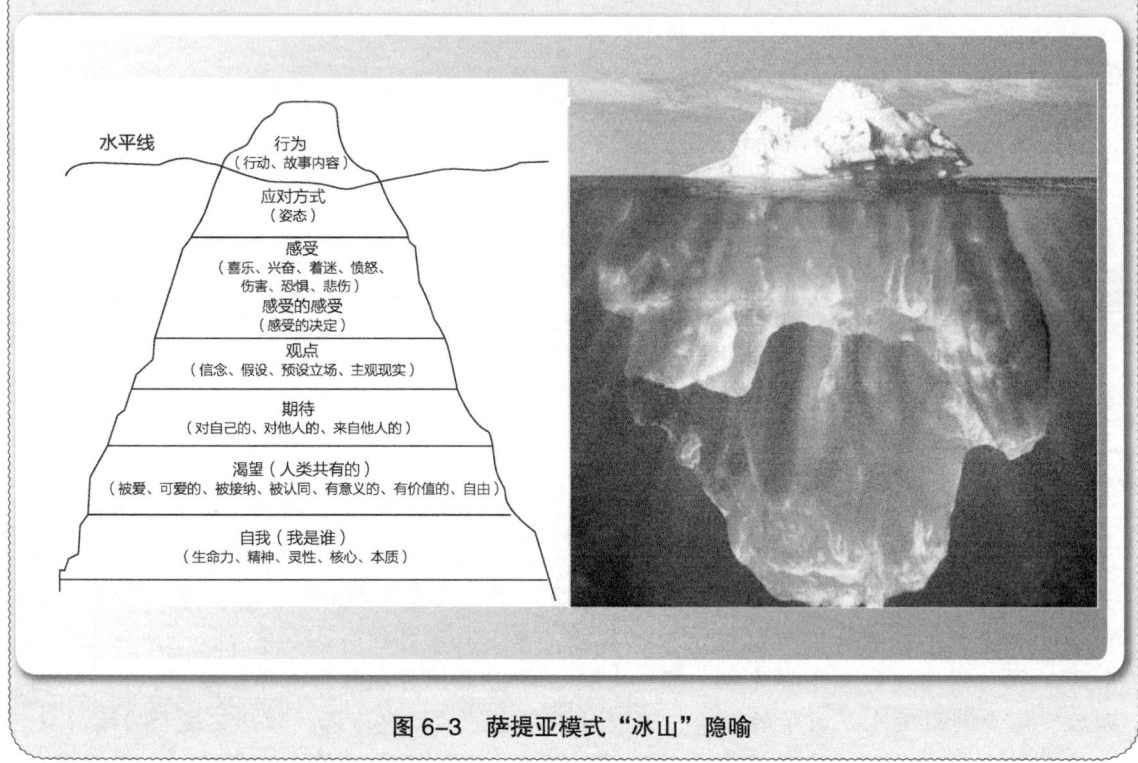

图 6-3　萨提亚模式"冰山"隐喻

一、职业院校学生情绪的特点

学校生活虽然丰富多彩,但是不少职业院校学生是第一次离开父母过集体生活,来自五湖四海的职业院校学生由于生活习惯、个性差异及经济状况的不同,常常发生同学室友之间的矛盾冲突;同时,学业压力、就业压力、交友恋爱、情感纠结、人际冲突、家庭变故等重大挑战和选择,也使职业院校学生的情绪常常处于复杂与矛盾状态之中。职业院校学生在生理发育接近成熟的同时,心理上也经历急剧的变化。据研究,职业院校学生的情绪常常呈现出以下特点:

(一)情绪的强烈性与细腻性

职业院校学生的情绪体验强烈,富于激情。他们的情绪具有强烈性、爆发性和冲动性的特点。他们对各种事物比较敏感,遇事容易冲动,或兴奋、激昂,或争吵、反抗,有时盲目狂热,以致做出傻事。例如,发生在职业院校学生中的斗殴甚至刑事案件大多是起因于对一些小事处理得不冷静、不慎重,进而发展到激怒或绝望,最后导致意外事件的发生。这种完全失去理智控制的激情状态在职业院校学生的行为中还是极其少见的。随着年龄的增长,职业院校学生心理的稳定性、选择性和亲密性也在增强,其情绪体验又表现出细腻、理智的一面,特别是在与知心朋友、异性同学或敬重的师长交往时,即使有令人不快的情况发生,他们也会冷静对待。

(二) 情绪的稳定性与波动性

职业院校学生的情绪比中学生稳定。中学生的情绪往往受制于外部的刺激，刺激消失，情绪往往也随之消失，较少有情绪的积累。18～23岁的大学生则不然，他们的情绪一旦被激发，即使刺激消失，由此引起的反应也可以持续相当长的时间。这种稳定性给职业院校学生带来了心境化的情绪特点。例如：一次考试成功、一场球赛胜利所引起的愉快心理体验会在职业院校学生心中持续一段时间并扩散到其他事物上，仿佛一切都染上了快乐的色彩，干什么事都兴致勃勃；相反，一旦染上忧愁的心境，则可能几天都闷闷不乐，干什么事都提不起精神。但是职业院校学生情绪的稳定性又是相对的，与成人相比，其情绪的波动性仍很明显，表现为心境变化比较频繁、情绪的起伏性较大。诸如学习成绩的好坏、人际关系的变化、身体健康状况、朋友的来信等都可引起他们的情绪波动，其情绪时而高涨、时而低落，容易从一个极端走向另一个极端。

职业院校学生情绪的波动性与其心理发展尚未成熟密切相关。一方面，职业院校学生的生理变化和社会需求都处在高峰阶段，他们会不断产生各种欲望和社会性需求；另一方面，由于生活阅历和知识经验的局限，职业院校学生对社会的复杂性、对自己的欲望和行为的合理性缺乏深刻的认识，因而容易导致心理上的不平衡，反映在情绪上就表现出波动性的特点。

(三) 激情中走向成熟

学校生活是丰富多彩的，职业院校学生的情绪充满了激情。例如，听到感人的英雄模范事迹报告后会激情澎湃、热血沸腾；看世界杯足球赛而废寝忘食、激动不已；当自己钟爱的足球队最终败北时，会扼腕叹息或气愤不已。职业院校学生情绪的激情化，使得他们常表现出"书生意气"，感情用事、遇事武断、头脑发热、行为固执，甚至出现打架斗殴、偷盗财物等违法行为，事后又追悔莫及。

学校生活也可以满足职业院校学生的社会性需要。例如：毕业生离校时，都会收到来自学校、老师和同学的情感关怀、理解和尊重，而毕业生也会通过捐资助学、树碑留念、赠锦旗给母校、举行毕业升国旗仪式等文明离校方式表达对母校的留恋和敬重之情；一些特困生同学由过去的易生敌意，不被人理解时易激动、易怒，转变为对学校和同学心怀感激和谢意，并以满腔的热情投身学习，自强不息，取得了不错的成绩。

(四) 情绪的外显性与内隐性

职业院校学生对外界刺激的反应迅速而敏感，喜怒哀乐常形于色。所以，在一般情况下，情绪的内心体验与外部表现基本一致，情绪呈现出外显性的特点。例如当所在班级、院系或学校在文体比赛中获胜时，学生们常欢呼雀跃、欣喜若狂。但是，随着职业院校学生自制力的增强以及思维独立性和自尊心的发展，其情绪的内心体验与外在表现有时并不一致，表现出内隐、文饰的特点。职业院校学生不再像儿童那样天真直爽、表里如一。例如，有的学生明明心中讨厌，在外表上却装作若无其事，甚至很亲热的样子；男女同学之间有时明明有好感，内心很想接近，但出于自尊或其他原因，反而在行为上表现出庄重、冷淡，甚至回避。职业院校学生虽然在心理上存在这种内隐性，但同时也存在希望被人理解的强烈愿望，他们的真心话和真情，在遇到知心朋友的时候也会倾诉和表达出来。

二、常见情绪的表现

如果我们没有办法用语言去表明情绪，就很难了解自我的内在情感世界，也不容易与人有心连心的情感交流。所以，我们应增加自己描述情绪感受的词汇量，以下是常用的描述情绪感受的词汇，供大家参考。

> **感受词汇**
>
> 高兴、好受、开心、快活、快乐、庆幸、舒畅、舒服、舒坦、爽快、甜美、甜蜜、甜丝丝、喜出望外、畅快、喜悦、喜滋滋、心花怒放、心旷神怡、幸灾乐祸、愉快、愤慨、恼怒、恼火、气愤、悲哀、悲伤、沉痛伤感、伤心、痛苦、痛心、心酸、胆怯、胆战心惊、发怵、害怕、惊吓、恐怖、恐惧、受惊、心有余悸、入迷、着迷、入神、心醉、仇恨、敌意、妒忌、嫉妒、反感、可恨、可恶、憎恨、厌恶、别扭、不快、不爽、烦闷、难受、窝火、窝囊、心烦、厌烦、担心、担忧、发愁、忧虑、忧郁、压抑、郁闷、无能感、得意、高傲、狂妄、体面、优越感、自大、自负、自豪、委屈、冤枉、浮躁、急切、急躁、焦急、焦虑、心急火燎、心切、发慌、恐慌、心慌意乱、不好意思、惭愧、丢脸、害羞、亏心、愧疚、腼腆、难堪、羞耻、悔悟、忏悔、过意不去、好奇、惊讶、震惊、警惕、困惑、迷茫、为难、无所适从、敬仰、敬重、佩服、仰慕、尊敬、赞赏、赞叹、感动、可怜、可惜、后悔、惋惜、心疼、怀念、想念、挂念、牵挂、藐视、蔑视、如意、顺心、随心、幸福、圆满、期待、向往、悲观、沮丧、失落感、无望、心寒、孤单、寂寞、乐观、烦躁、惊喜、苦闷、苦恼、受宠若惊、欣慰、羞怯、忧伤、安宁、安然、安详、安心、安慰、淡漠、淡然、放心、冷静、漠然、漠视、宁静、轻松、踏实、坦然、心安理得、心静、心平气和、镇定、昂扬、冲动、激动、紧张、兴奋、振奋、低沉、消沉、心灰意冷、沉甸甸、解气、放松、恼羞成怒、气馁、丧气、扫兴、扬眉吐气、消气、厌倦、欢畅、欢快、欢喜、豁朗、可喜、快意、宽畅、狂喜、舒心、怡然、愉悦、愤激、恼怒、激愤、气恼、盛怒、震怒、悲苦、悲酸、悲辛、哀伤、哀戚、哀痛、悲怆、惨苦、苦涩、凄惨、伤神、酸楚、痛心疾首、辛酸、诚惶诚恐、惶惶、惶惑、惊恐、惧怕、畏惧、畏怯、心惊肉跳、倾慕、抱恨、可憎、痛恨、痛恶、嫌怨、嫌恶、嫌隙、嫌憎、憎恶、憋闷、憋气、涔涔、烦闷、烦扰、糟心、愁闷、穷愁、殷忧、沉郁、阴郁、自惭形秽、自馁、快然自足、自得、自满、自恃、焦躁、情急、心焦、烦乱、纷扰、如坐针毡、忐忑不安、抱愧、愧恨、无地自容、羞涩、悔恨、失悔、痛悔、追悔、自怨自艾、歉疚、诧异、愕然、惊诧、惊异、崇敬、景仰、敬慕、钦敬、心悦诚服、悦服、尊崇、赞佩、迷惑、迷惘、彷徨、疑忌、哀怜、怜悯、怜惜、痛惜、挂念、牵肠挂肚、眷恋、渴慕、贪恋、鄙视、鄙夷、侮蔑、可人、惬意、遂心、遂意、遂愿、宜人、期求、望穿秋水、殷切、失意、懊丧、抱憾、惆怅、落魄、惘然、孤寂、哀思、哀怨、悲愤、悲郁、怅恨、怅惘、愁苦、仇怨、愤恨、感愤、戒惧、惊疑、敬畏、快慰、愧痛、闷倦、恼恨、恼人、虔诚、清爽、危惧、衔恨、欣幸、羞愤、疑惧、疑虑、忧烦、忧愤、忧惧、忧闷、怨愤、厌弃、宽慰、索然无味、泰然、闲适、自在、激昂、激奋、激越、亢奋、忘情、颓废、颓靡、颓丧、颓唐、萎靡、解恨、宽心、如释重负、吐气。

积极情绪与消极情绪是相对而言的。面对生活的压力与历练，若积极情绪战胜了消极情绪，就能促进人的进步，激发人性的优点使之为善；若消极情绪战胜了积极情绪，就会阻碍人的进步，激发人性的缺点。

（一）积极情绪

积极情绪，又称为正面情绪，是指个体由于体内外刺激、事件满足个体需要而产生的伴有快乐感受的情绪。喜悦、感激、宁静、兴趣、希望、自豪、逗趣、激励、敬佩和爱等统称为积极情绪。积极情绪让我们感觉良好，不仅能改变我们的思维，改变我们的未来，同时也能够抑制消极情绪。主要表现为：面对问题、困难、挫折、挑战和责任，从正面去想，从积极的一面去想，从可能成功的一面去想，积极采取行动，努力去做。也就是拥有可能性思维、积极思维、肯定性思维。

1. 快乐给人更多勇气

在失败不会导致过大损失的情况下，快乐的人更愿意承担适度的风险，更倾向于尝试新的解决办法。小赵是名即将毕业的大学生，对于是否自主创业迟迟拿不定主意，就在即将毕业之际，她参加"创新创意创业大赛"并取得了不俗的成绩，自主创业的项目及思路得到了认可，这让她很高兴，也让她信心倍增。那天，她做了之前一直没有勇气做的事情，她不仅下定决心自主创业，还通过新媒体向更多人介绍了自己的创业项目，得到了更多人的支持。

2. 快乐让人更有创意

在类似于头脑风暴的情景中，人们都要为复杂的问题想出尽可能多的解决办法，而快乐的人会提出更多有用的想法，更愿意采纳他人的建议，更容易参与合作，也会找出更多、更好的解决办法。这一现象已被诸多研究证实。要想达到这样的效果，只需要给参与者一个小礼物或者放几分钟好笑的喜剧片段即可。把思考型会议的地点选在舒适的环境中，并非只是为了让人逃避单调乏味的工作和学习环境。与会者快乐起来时，他们会有更多的想法，彼此间也能更好地交换思想。

3. 快乐使人更好地做出决策

研究表明，在实验中获得快乐心情的医学系学生能更快速地分析病例，并制订出恰当的治疗方案。尤其值得一提的是，当他们得到的新信息与自己最先的判断不同时，快乐的他们更倾向于马上放弃先前的判断。与此同时，他们会避免过快地下结论，他们的思考过程会比"中性"研究对象来得更为清晰缜密。其他实验也证明了快乐对决策力产生的积极效果，而且快乐的人在分析问题时比心情一般的人更有条理、更迅速。

（二）消极情绪

1. 焦虑

焦虑是一种复合性负面情绪，是个体对当前或预感到的挫折产生的一种紧张、忧虑、不安并兼有恐惧的消极情绪状态。它包括自尊心与自信心的丧失、失败感与内疚感的增加等。职业学校学生在环境适应、学习压力、人际关系以及自身因素等方面经常有焦虑的情绪，呈现不安、紧张、担心等状态，严重的焦虑情绪还直接导致个体躯体的不适，出现心悸、胸闷、气短、心跳和呼吸速度加快、食欲下降、睡眠障碍等问题。对职业学校学生而言，考试焦虑和人际焦虑是较为常见的负面情绪。不少学生在考试之前会内心紧张和不安，同时伴随着失眠、多梦、食欲下降等情况，甚至会不停地给自己消极的自我暗示；也有的学生表现出在考试中的焦虑或考试后的焦虑。可以视具体情况进行针对性心理调适。

2. 抑郁

抑郁是一种持续时间较长的低落、消沉的情绪体验。不论程度如何，抑郁的必要特征是心情低落，没有心情低落不能称为抑郁。抑郁是人类情绪中最普遍的体验，它也是低沉、灰暗的情绪基调，是一种让人感到无力应付外界压力而产生的，由情绪低落、落寞、悲观、失望等构成的复合不良情绪。抑郁可能是许多心理疾病的症状之一，也可能是一种相对轻微的心境状态。职业学校学生在实际的学习、生活、恋爱、人际交往中遇到困难和挫折，深感压力，感到无助的时候容易产生抑郁的情绪。很多时候，我们都会遇到抑郁的情绪状态，情随事迁，或随着问题的解决我们又自然地回到好的情绪状态中来，这些都是正常情绪表现。但是也有的人会长时间地沉湎于抑郁的情绪中走不出来，心情痛苦不堪，情绪低落，这容易导致抑郁症。一般来说，性格内向、敏感猜疑、不爱交往、依赖性强、遭受突然的打击、有早期创伤经历等因素更容易使人陷入抑郁情绪状态。具有这些因素的人要积极地想办法调整自己的精神状态，多与身边的人交往，必要时寻求心理咨询师或心理医生的指导与帮助，尽快地走出抑郁情绪。

3. 自卑

"之所以巨人高不可攀，是因为你跪着，站起来你就会惊异地发现，自己并不比别人矮多少，自己身上也有许多闪光点。"世界上大部分不能走出生存困境的人都是因为对自己信心不足，他们就像一棵脆弱的小草一样，毫无信心去经历风雨，这就是一种可怕的自卑心理。所谓自卑，就是轻视自己，自己看不起自己。自卑是常见的情绪。对于我们每个人来说，当现实的我与理想的我产生落差并且心理调适不当时，就容易产生自卑心理。自卑心理的产生并不一定是自身有缺陷或不足，而是不能愉快地接受自己。有自卑情绪的人经常会表现出情绪低落、郁郁寡欢、人际疏远、缺乏自信，有抑郁、忧伤、胆怯、失望、害羞、不安和内疚等表现。《哈佛大学的幸福课》曾有论述："一个人如果自卑，他不仅不敢有远大的目标，而且，他将永远不会出类拔萃。"有不少职业学校学生在高考之前把自己的理想定位在本科院校，但最终跨入高职院校，他们容易和考取本科的同学相比，从而在学业上产生自卑的情绪；也有的学生因为家庭条件暂时不太好、衣着不如别人而自卑；还有的学生会因为自己的外貌、人际关系等原因而自卑。自卑是人的主观感受，容易自卑的人往往会与别人一争高下，且虚荣心强，既容易为一时的成功而骄傲，也会为一时的失意而痛苦不堪。

4. 孤独

孤独是一种常见的情绪，且正有越来越多的人感到孤独。在一次心理健康课上，一名女生这样说："为什么周围有那么多的同学和朋友，而自己的内心却感到很孤独？"她的这句话引起了在座很多同学的共鸣，大家纷纷参与讨论。其实，孤独并不以周围有多少人来区分，而是来自每个人对周围世界的看法。大部分人都有感到孤独的时候，但并不是人人都可以战胜孤独。有些人的孤独是内在而稳定的，他们面对孤独无能为力、束手无策；而有些人的孤独则是外在而可以控制的，这些人只是在某些特定的时间里感到莫名的孤独，他们相信自己能够驾驭它，并能积极地做些排除孤独的事情。真正的孤独，往往存在于那些虽然进行着人与人之间的接触，却没有情感和思想交流的人们之中。事实上，不管你是置身人群，还是独处一室，只要你对周围的情况缺乏基本的了解，与你身处的世界无法沟通，你就会体会到孤独的滋味。在心理学上有个著名的恒河猴实验。心理学家给刚出生的小猴子制作了两个"妈妈"：一个是用铁丝做的，有奶水；另一个是用棉花做的，没有奶水。小猴子宁可不要奶水，也要依偎在那个棉花"妈妈"的怀抱里。因为小猴子不只需要食物，它还需要温暖和关怀。人也一样，只有得到爱抚、赞许、关注才能更好地成长。职业院校学生的孤独感来自不同的方面，情感的缺失、人际关系的疏离、过度地依赖网络、失恋等，都有可能使其产生孤独感。

5. 愤怒

愤怒是指个体在无法控制自己的理智时表现出的一种激烈的情绪。心理学研究表明，愤怒可能导致人体心动过速、心律失常、血压升高等躯体性疾病，同时还会使人的自制力减弱甚至丧失、思维受阻、行为冲动，甚至使人做出后悔莫及的蠢事，对己对人造成不必要的伤害。职业院校学生容易在人际交往中产生愤怒的情绪，若是在班级、宿舍中出现困扰时以愤怒来宣泄自己，不仅对自己的身心造成负面影响，而且会严重影响人际关系，同时也会给他人留下不良的印象。

6. 嫉妒

嫉妒是指因为他人在某些方面胜过自己而引起的不快甚至是痛苦的情绪体验，具体表现为焦虑、愤怒、敌意、羡慕、悲哀、失望和怨恨他人。嫉妒集中表现为心理上的恶性循环。在一定环境中，通常是同一平台上的某些人在一些方面高于自己的时候，立即会产生一种由羡慕转为恼怒甚至忌恨的情绪，并试图以各种方式中伤、诋毁他人，以维持心理平衡。攻击方式依据个人的心理素质和道德修养程度而定，多以暗中较量、曲折迂回的不公开方式出现。强烈的嫉妒心不仅会给个人带来很大的苦恼，而且会给他人带来不必要的伤害，这种痛苦和伤害表现为心理上和情感上的，有时候甚至是躯体上的。嫉妒心理人人皆有，嫉妒对人有什么样的作用关键在于归因：如果觉察到嫉妒，意识到自己的不足，从此奋起、努力，那么嫉妒就是一种成长的力量。心理学家李子勋认为："人类的心智成长来源于人开始问自己：我是谁？自我觉察是重要的。意识到自己在嫉妒，找到自己与他人的差别，了解到自己的能力与自我边界，嫉妒可以升华为一种欣赏他人的愉悦。"积极型的嫉妒是事业成功的动力，会在内心产生积极暗示的力量，不断地鼓励自己，激励自己朝更好的方向去努力，从而获得进步；而消极型的嫉妒是滋生邪恶的因素，会在内心产生消极的色彩，不平衡的心理容易导致不理智的行为，从而影响自己和他人。学生在社交、学习、生活、外表、恋爱等方面，都容易产生嫉妒的心理。每个人都有上进心，希望向比自己优秀的人看齐，这样的心理很大程度上能带给我们奋斗的力量，但如果把这种情绪发展成消极型嫉妒，就会对自己和他人造成身心上的伤害。事实上，与其羡慕别人的成就，不如自己去努力，争取成为更好的自己。

心理训练营

情绪表达

一、活动目的

促进学生分享和觉察常见的情绪表达及应对方式。

二、活动过程

将全班学生自由组合，8～10人为一组。请大家就下列问题相互分享：在日常生活中常见的负面情绪有哪些？它们是如何出现的？当这些负面情绪出现的时候，身体上有怎样的感觉？心理上又会有怎样的感觉？通常自己有哪些有效的办法来调节这些情绪？

三、思考

在与同组的伙伴一起分享的过程中，你收获了什么？

单元三 情绪管理

学习目标

1. 知识目标：掌握健康情绪的标准，了解情绪调节的方法。
2. 技能目标：能识别健康情绪的标准，掌握情绪调节的方法。
3. 情感目标：识别健康情绪的标准，积极进行情绪管理。

重点和难点

1. 重点：掌握情绪调节的方法。
2. 难点：积极进行情绪鉴定。

案例 6-3

被苍蝇击败的世界冠军

1965年9月7日，世界台球冠军争夺赛在美国纽约举行。路易斯·福克斯的得分一路遥遥领先，只要再得几分便可稳拿冠军了。然而正当他全力以赴就要赢得比赛时，发生了意料不到的事：一只苍蝇落在主球上。福克斯没有在意，一挥手将苍蝇赶走了，俯下身准备击球。可是，不一会儿那只苍蝇又飞回到主球上来了，在观众的笑声中，福克斯又去驱赶苍蝇，情绪也受到影响。更为糟糕的是，苍蝇好像是有意跟他作对，他一回到球台，苍蝇就又飞回到主球上，引得周围的观众哈哈大笑。福克斯情绪恶劣到极点，终于失去了冷静和理智，愤怒地用球杆去击打苍蝇，不小心球杆碰到台球，被裁判判为击球，从而失去了一轮机会。本以为败局已定的竞争对手约翰·迪瑞见状勇气大增，最终赶上并超过了福克斯，夺走了冠军。福克斯沮丧地离开了，从此一蹶不振。

思考：究竟是什么导致了路易斯·福克斯的失败？

一、健康情绪的标准

健康的情绪是健全人格的必要条件之一。一般而言，健康情绪的标准是：情绪反应适时、适度；积极情绪多于消极情绪；情绪的目的明确，表达方式恰当。情绪是心理健康的"窗口"，它在很大程度上反映了心理健康与否。

（一）情绪反应适时、适度

情绪健康的人，不论是积极的还是消极的情绪反应，都是由一定的原因引起的。情绪反应的程度与引起该情绪的情境相符合，情绪反应的时间与反应的强度相适应。

（二）积极情绪多于消极情绪

情绪虽无好坏之分，但情绪健康的表现是积极情绪多于消极情绪，而且所出现的消极情绪持续时间较短、程度较轻，不涉及与消极情绪产生无关的人和事，即对象明确。否则，情绪反应就是不健康的。

（三）情绪的目的明确，表达方式恰当

情绪健康的人能通过语言、仪表和行为准确表达情绪，能够采用被自己和社会所接受的方式去表达或宣泄。

对职业院校学生来说，健康情绪的标准具体表现为以下方面：

1）开朗，豁达，遇事不斤斤计较。
2）及时、准确、适当地表达自己的主观感受。
3）情绪正常、稳定，能承受欢乐与苦痛的考验。
4）充满爱心和同情心，乐于助人。
5）正确地认识自己和他人，人际关系良好。
6）对前途充满信心，富有朝气，勇于进取，坚韧不拔。
7）善于寻找快乐、创造快乐。
8）能面对现实、承认现实和接受现实，善于把个人需要与社会的需求协调起来。

知识链接

高情商的 15 种表现

1. 喜欢钻研他人行事的动机。高情商的人对人类行为非常着迷，他们会注意到其他人的肢体语言、方言甚至是脸部微表情。因为他们喜欢观察别人，所以也就能明白每个人的独特之处。

2. 是热情的领导者，言出必行。高情商的人都知道要言出必行。作为领导者，他们不

是站在背后发号施令，而是走在前面做出表率。

3. 清楚自己的优势和劣势。高情商的人知道，最大的缺陷不能说明自己弱势的一面，而最大的优势则可以显示出自己强势的一面。他们会充分发挥自己最大的优势，来弥补自身不足。

4. 能够平静地面对过去。高情商的人根本没有时间去后悔。他们放下过去，着眼当前。因为他们知道，只有这样才能进步。

5. 对未来充满信心。高情商的人并不会因为未来难以预料而心神不宁。他们生活得很快乐，不需要水晶球预测未来。对他们来说，生命应当是一次刺激的冒险之旅，而非预先安排的常规生活。

6. 能够活在当下，体会当前的每一刻。高情商的人不会简单地"度过"每一天。相反，他们会积极体验每一天每一刻的细腻与微妙。

7. 是一个成熟主动的聆听者。高情商的人知道，"听到"和"聆听"是两个截然不同的概念。他们会用提问题的形式重复别人说过的话，确保自己没有遗漏任何信息。

8. 知道自己为什么不高兴。高情商的人不会让自己的消极情绪影响自己。他们会主动寻找自己不开心的原因，最重要的是，他们会想办法让自己开心起来。

9. 能自如地和朋友以及陌生人交谈。高情商的人从不会不喜欢陌生人。他们不在乎陌生人的年龄、种族、宗教、性别、性取向或者政治立场。他们平等对待每个人。

10. 在生活和工作上都严守道德标准。无论是在工作上还是生活上，高情商的人都会遵循道德标准和原则。他们每一个人的价值观可能会有所不同，但是都会用高标准来要求自己。

11. 非常热心助人。高情商的人认为助人不需要理由。他们会帮老太太拎食品袋，会在晚餐后帮朋友或配偶洗碗。如果他先进门，无论后面是女士还是男士，他都会为他们把住门。

12. 能像读一本书一样去了解一个人。高情商的人会关注一个人的手势、表情和肢体语言。他们知道不能仅仅依靠一个人的言语来认识他，因为一个人说的话通常不能体现他的全部。

13. 坚定地追求自己的目标。不论要花费多长的时间，高情商的人都会为成功不断努力。他们愿意面对问题、解决问题，因为只要不放弃，成功终会如约而至。

14. 拥有强大的内心驱动力。高情商的人有长久的内心驱动力。他们不去想最后的结果究竟如何，而是享受整个过程。因为个人的成长并不是源于成功的那一刻，而是源于为成功奋斗的整个过程。

15. 在必要的时候敢于说不。高情商的人知道，即使面对好东西，也要把握适度的原则。他们知道自己不可能做到所有事情，所以会优先处理最重要的事。

二、调整情绪的心理学方法

（一）巴纳姆效应——认识自己

巴纳姆效应又称为福勒效应或星相效应，是1948年由心理学家伯特伦·福勒（Bertrom Forer）通过试验证明的一种心理学现象，即人们常常认为一种笼统的、一般性的人格描述十分准确地揭示了自己的特点。人们用一些普通、含糊不清、广泛的形容词来描述一个人的时候，被描述者往往很容易就接受这些描述，并认为描述中所说的就是自己。在这个过程中，人更容易受到来自外界信息的暗示，从而出现自我知觉的偏差，即所谓的"从众"。

要避免巴纳姆效应，就要客观真实地认识自己。认识自己有以下几种途径：①勇敢地面对自己。正确看待自己的优缺点，不掩耳盗铃，不自欺欺人，不以己之短比人之长，或以己之长比人之短。认识了解自己，并从容面对自己的一切。②培养一种收集信息的能力和敏锐的判断力。判断力是一种在收集信息的基础上进行决策的能力。信息对于判断的支持作用不容忽视，如果没有收集到相当数量的信息，就很难做出明智的判断。③以人为镜，通过与自己身边的人在各方面进行比较来认识自己。在比较的时候，对象的选择至关重要。要根据自己的实际情况，选择条件相当的人来进行比较，找出自己在群体中的合适位置，这样认识自己才会相对客观。④要善于总结。通过重大事件，特别是重大的成功和失败，认识自己。越是在成功的巅峰和失败的低谷，越容易暴露自己的真实性格。

（二）韦奇定律——不要让闲话动摇了你的意志

即使你已经有了自己的看法，但如果有10位朋友的看法和你相反，你就很难不动摇，这种现象被称为韦奇定律。它是由美国加利福尼亚大学洛杉矶分校的经济学家伊渥·韦奇提出的。韦奇定律有以下观点：①一个人能够拥有自己的主见是一件极其重要的事情；②确认你的主见是正确的，不是固执的；③未听之时不应有成见，既听之后不可无主见；④不怕众说纷纭，只怕莫衷一是。不要让闲话动摇了你的信念，一旦确立了自己的目标，就要一直走下去，如果认为那就是自己想要的，就不要在乎别人的看法，努力达成自己的目标即可。

（三）詹森效应——别让压力成为心灵的羁绊

曾经有一名叫詹森的运动员，平时训练有素，实力雄厚，但在体育赛场上却连连失利，让自己和他人失望。不难看出这主要是压力过大、过度紧张所致。由此人们把这种平时表现良好，但由于缺乏应有的心理素质而导致正式比赛失败的现象称为詹森效应。

（四）杜根定律——自信比什么都重要

杜根定律：强者不一定是胜利者，但胜利迟早都属于有信心的人。换句话说，你若仅仅接受最好的，你最后得到的常常也就是最好的，只要你有自信。一个人胜任一件事，85%取决于态度，15%取决于智力，所以一个人的成败取决于他是否自信。如果这个人是自卑的，那么自卑就会扼杀他的聪明才智，消磨他的意志。

（五）跨栏定律——把挑战困境看作一种享受

跨栏定律也被称为跨栏定理，由阿费烈德首先提出，并受到广泛引用。跨栏定律的内容是，一个人的成就大小往往取决于他所遇到的困难的程度。竖在你面前的栏越高，你跳得也就越高。你在遇到困难或挫折时，不要被眼前的困境所吓倒，只要勇敢面对，坦然接受生活的挑战，就能克服困难和挫折，取得更高的成就。英国有一句俗语：如果这件事毁不了你，那它就会令你更加强大。苦难并不是绝对的，它对弱者来说是万丈深渊，对强者来说却是向上的阶梯。

> **案例 6-4**
>
> 总有一些美好值得全力以赴
>
> 　　在 2024 年巴黎奥运会上，中国游泳队的张雨霏在女子 200 米蝶泳项目中遭遇世界顶尖选手之———加拿大选手萨默·麦金托什（Summer McIntosh）。张雨霏在决赛中面临身体上的极限挑战，她在比赛前经历了发烧，且在比赛当天正值生理期的第一天，这对她的身体状态造成了极大的影响。她在赛后接受采访时表示："我昨天刚发烧完，发烧好了又碰上生理期第一天，整个人右边都是麻的。"张雨霏不仅要应对身体上的挑战，还要面对外界的质疑和压力，包括关于兴奋剂的无端指责，这些都对她的心理状态构成了考验。尽管如此，张雨霏凭借坚定的意志和出色的技术，最终在女子 200 米蝶泳项目中获得了铜牌。
>
> 　　分析：人生的"赛场"是高层次高水平的较量，同时也是精神力量的较量。胜利并非像蒲公英般易得，但在面对困难时坚韧不拔和勇于挑战的精神能帮助我们奔赴美好。

（六）冰激凌哲学——逆境是一种磨炼

　　卖冰激凌必须从冬天开始，冬天顾客少，会迫使你降低成本、改善服务。如果能在冬天的逆境中生存，就再也不会害怕夏天的竞争。同样，只有吃过苦的人才知道享受生活的美好，经历生死的人才知道生活的安逸是多么快乐。所以，要想在顺境中事业蒸蒸日上，那么就必须在逆境中经过一番锤炼，这就是冰激凌哲学，又称为瘦鹅理论。

（七）亲和效应——像磁铁一样吸引别人

　　亲和效应的主要含义是：人们在交际应酬中，往往会因为彼此之间存在着某种共同之处或者相似之处，从而感到更容易接近对方。这种接近会使双方萌生亲密感，进而促使双方进一步相互接近、相互体谅。人们在人际交往中往往存在一种倾向，即更加乐于接近自己较为亲近的对象，比如有共同的血缘、姻缘、学缘或者业缘关系，有相似的志向、兴趣、爱好、利益，或者彼此共处于同一团体或同一组织的人。我们通常把这些较为亲近的对象称为"自己人"。

　　一个人如果想要让身边的同事、朋友把自己当成"自己人"，关键是要懂得与他人的相处之道。要让别人对自己产生好感，认同并喜欢自己，就需要拿出"亲和力"。只有这样，才能把周围的人吸引到自己身边来，才会得到别人的认同，被别人当成"自己人"。

（八）跷跷板互惠原则——互利互惠才能皆大欢喜

　　玩过跷跷板的人都知道，两个人分别坐在跷跷板的两端，你用力一压，对方就跷起来，对方再用力向下压，你就可以跷起来。跷起来处在上方的感觉是兴奋的。如果游戏的双方都自私地不肯向下压，那么游戏就不能继续下去。只有当双方都不停地轮流向下压，才能交替享受游戏的乐趣。这就是跷跷板互惠原则。

　　人与人之间的互动，就如同玩跷跷板一样，任何关心、帮助和友好都是一个相互的过程。帮助别人，给予别人，表面上看是一种失去，但在给予中，我们也能从对方那里得到，从而达到互惠互利。一个永远不愿吃亏、不愿让步的人，即使真讨到不少好处，也不会快乐。因为这样的人如同坐在一个静止的跷跷板顶端，虽然维持了高高在上的优势位置，但整个人际互动却失去了应有的乐趣，对自己或对方都是一种遗憾。

三、自我调节情绪的方法

如何调节情绪？调节情绪的方法有哪些？相信这是许多职业院校学生很关注的问题。当出现不良情绪时，找到原因，合理分析与处理，情绪就会有所改善。当情绪不好时，还可以学会用兴趣来化解，比如写作、画画、跑步、弹琴等。

能够管理自己的情绪，是一个人成功的重要基石；能够自我调节情绪，是促使一个人成长的重要保护。

案例 6-5

爱地巴跑圈

有一个叫爱地巴的人，每次生气和人起争执的时候，就以很快的速度跑回家去，绕着自己的房子和土地跑三圈，然后坐在田地边喘气。爱地巴工作非常努力，他的房子越来越大，土地也越来越广，但不管房地有多大，只要与人争论生气，他还是会绕着房子和土地绕三圈。爱地巴为何每次生气都绕着房子和土地跑三圈？所有认识他的人都很疑惑，但是不管怎么问，爱地巴都不愿意说明。

直到有一天，爱地巴很老了，他的房地已经很广大了。他生气后，拄着拐杖艰难地绕着土地和房子走，等他走完三圈，太阳都下山了。爱地巴独自坐在田边喘气。他的孙子在身边恳求他："阿公，您已经年纪这么大了，这附近地区也没有人的土地比您的更大，您不能再像从前那样，生气就绕着土地跑啊！您可不可以告诉我这个秘密，为什么您一生气就要绕着土地跑上三圈呢？"

爱地巴禁不起孙子恳求，终于说出隐藏在心中多年的秘密。他说："年轻时，我若和人吵架争论、生气，就绕着房地跑三圈，边跑边想，我的房子这么小，土地这么小，我哪有时间、哪有资格去跟人家生气，一想到这里，气就消了，于是就把所有时间用来努力工作。"孙子问道："阿公，您年纪大了，又变成了最富有的人，为什么还要绕着房地跑？"爱地巴笑着说："我现在还是会生气，生气时绕着房地走三圈，边走边想，我的房子这么大，土地这么多，我又何必跟人计较，一想到这，气就消了。"

分析：劝君遇事莫生气，生气是用别人的错误来惩罚自己。

案例 6-6

萧伯纳的故事

据说，著名剧作家、幽默大师萧伯纳有一天正在街上散步，一辆自行车突然向他冲来，双方躲闪不开，都跌倒了。

萧伯纳笑着对骑车人说："先生，您比我更不幸，要是您再加点儿劲，那您可就作为撞死萧伯纳的好汉而名垂史册啦！"

萧伯纳的诙谐幽默缓和了当场的气氛，俩人握手道别，没有丝毫难堪。

分析：智慧的人通常会用积极的情绪、智慧的方式化解生活中的不幸。

> **知识链接**
>
> 常见的不合理信念
>
> 1. 碰到的每个问题，都应该有一个正确而完美的解决方法，如果找不到这种解决方法，那是莫大的不幸。
> 2. 在自己的生活环境中，每个人都绝对需要得到其他重要人物的喜爱与赞扬。
> 3. 一个人必须能力十足，至少在某方面有才能、有成就，这样才是有价值的。
> 4. 有些人是坏的、卑劣的、邪恶的，他们应该受到严厉的谴责与惩罚。
> 5. 事不如意，是糟糕、可怕的灾难。
> 6. 人的不快乐是外在因素引起的，人不能控制自己的痛苦与困惑。
> 7. 对可能（或不一定）发生的危险与可怕的事情，应该牢记在心头，随时顾虑到它会发生。
> 8. 对于困难与责任，逃避比面对要容易得多。
> 9. 一个人应该依赖他人，而且依赖的应是一个比自己更强的人。
> 10. 一个人过去的经历，是影响他目前行为的决定因素，而且这种影响是永远不可改变的。
> 11. 一个人应该关心别人的困难与情绪困扰，并为此感到不安与难过。

常用的自我调节情绪的方法有下面几种：

（一）生理平衡法

生理平衡法是一种快速改变自己或他人情绪状态的方法。每当自己或他人出现负面情绪且想摆脱时，通过这种方法来帮助自己或他人改变情绪状态，保持甚至增强对环境变化的适应能力，很快便会产生效果。

第一步：保持坐姿，双腿伸直，双脚叠放，双手手指交叉，合掌成拳并放至胸口。

具体步骤如下：

1）双手叠放，假如右脚在左脚之上，则右手也在左手之上。
2）伸出手指，双手拇指向下，掌心对掌心。
3）双手手指交叉，合掌。
4）双手握成的拳头向下向胸口方向翻转向上，直至紧贴胸口，眼睛下望可以望到手指。

第二步：舌尖向上顶住口腔内上颚门牙稍后的地方，把呼吸速度调慢。

第三步：把全部注意力转移至心脏上，维持3分钟。

（二）调息放松法

调息放松法是一种最简单却颇为有效的控制呼吸达到放松的方法，主要通过深呼吸缓解焦虑。具体操作时，先要保持坐姿，背部向后靠并挺直，头、颈、背在一条直线上，松开束腰的皮带或衣物，将双掌轻轻放在肚脐上，要求五指并拢掌心向下。然后，闭上双眼，平静呼吸，体会气流先进入鼻腔，并向上冲击鼻腔顶部，然后再进出双肺的感觉。保持呼吸缓慢、有节律地进行，吸气时让腹壁轻轻扩张，呼气时腹壁回缩，而胸腔不动。练习时始终保持头脑的清晰，摒除一切杂念。

（三）转移注意法

当人被某些不良情绪所困扰而处于情绪的低谷时，可以暂时忘记那些导致不良情绪的事件，从苦闷中解脱出来，将注意力转移到其他自己感兴趣的、积极有益的活动中去，以保持愉快的心情。

（四）合理宣泄法

压抑和隐藏情绪会对人的身心造成伤害，而不合理地发泄情绪同样会对自身、他人造成伤害。因此，要学会选择合适的方式宣泄情绪。如在悲伤难过时，通过跑步可以释放情绪压力，或者在适当的场合哭一场、放声唱歌或大叫，或向他人倾诉等。情绪有多种调节方法，我们应该主动调节和合理宣泄负面情绪，适当激发正面情绪，做情绪的主人。

（五）积极自我暗示法

主动地运用积极的自我暗示可以帮助我们调节情绪。可行的做法有言语自我暗示，即设计一句鼓励自己的话作为常用语。比如在考试紧张时，绝对不能说"我要做到不焦虑"，因为这时潜意识得到的暗示不是"不焦虑"，而是忽略了"不"的"焦虑"，应该说"我一定可以"来激励自己。另外，动作和表情自我暗示也会起到作用。如每天对着镜子给自己一个微笑，暗示自己美好的一天从微笑开始，这样每天就会快乐一点。

（六）寻求帮助

当我们难以控制情绪、不能自我调节不良情绪的时候，向他人寻求帮助是最直接有效的途径。大学里都有专业心理咨询服务中心，有了情绪困扰，我们可以选择寻求专业人士的帮助，而不必随便宣泄给身边的亲人和朋友，避免破坏自己的人际关系和社会支持系统。

（七）升华

升华是对不良情绪的一种高水平的调适，通过其他事情的成功来改变自己的失败处境，改善自己的心境，将强烈的情绪冲动所带来的能量，转化为建设性的、有价值的、有积极意义的力量，也就是我们通常所说的化悲痛为力量。

心理训练营

情绪智力小测试

这个测试包括 33 道题，测试时间为 25 分钟，最大情商值为 174 分。如果已经准备就绪，请开始填写并计时。

第 1～9 题：请从下面的问题中，选择一个最符合自己情况的答案，请尽可能少选中性答案。

1. 我有能力克服各种困难：_____
   A. 是的　　　　　　B. 不一定　　　　　　C. 不是的
2. 我到一个新的环境，会把生活安排得：_____
   A. 和从前一样　　　B. 不一定　　　　　　C. 和从前不一样
3. 一生中，我觉得自己能达到所预想的目标：_____
   A. 是的　　　　　　B. 不一定　　　　　　C. 不是的
4. 不知为什么，有些人总是回避或冷落我：_____
   A. 不是的　　　　　B. 不一定　　　　　　C. 是的
5. 在大街上，我常常避开自己不愿打招呼的人：_____
   A. 从未如此　　　　B. 偶尔如此　　　　　C. 有时如此

6. 当我集中精力工作时,如果有人在旁边高谈阔论:_____
   A. 我仍能专心工作　　　　B. 介于 A、C 之间
   C. 我不能专心且感到愤怒

7. 我不论到什么地方,都能清楚地辨别方向:_____
   A. 是的　　　　　　　　B. 不一定　　　　　　　C. 不是的

8. 我热爱所学的专业和所从事的工作:_____
   A. 是的　　　　　　　　B. 不一定　　　　　　　C. 不是的

9. 气候的变化不会影响我的情绪:_____
   A. 是的　　　　　　　　B. 介于 A、C 之间　　　C. 不是的

第 10～16 题:请如实回答下列问题。

10. 我从不因流言蜚语而生气:_____
    A. 是的　　　　　　　　B. 介于 A、C 之间　　　C. 不是的

11. 我善于控制自己的面部表情:_____
    A. 是的　　　　　　　　B. 不太确定　　　　　　C. 不是的

12. 在就寝时,我常常:_____
    A. 极易入睡　　　　　　B. 介于 A、C 之间　　　C. 不易入睡

13. 有人侵扰我时,我:_____
    A. 不露声色　　　　　　B. 介于 A、C 之间　　　C. 大声抗议,以泄己愤

14. 在和人争辩或工作出现失误后,常会震颤,感到精疲力竭,不能继续安心工作:_____
    A. 不是的　　　　　　　B. 介于 A、C 之间　　　C. 是的

15. 我常常被一些无谓的小事困扰:_____
    A. 不是的　　　　　　　B. 介于 A、C 之间　　　C. 是的

16. 我宁愿住在僻静的郊区,也不愿住在嘈杂的市区:_____
    A. 不是的　　　　　　　B. 不太确定　　　　　　C. 是的

第 17～25 题:在下面的问题中,请选择一个最符合自己情况的答案,请尽可能少选中性答案。

17. 我被朋友、同事起过绰号、挖苦过:_____
    A. 从来没有　　　　　　B. 偶尔有过　　　　　　C. 这是常有的事

18. 有一种食物使我吃后呕吐:_____
    A. 没有　　　　　　　　B. 记不清　　　　　　　C. 有

19. 除了看见的世界,我的心中没有另外的世界:_____
    A. 否　　　　　　　　　B. 记不清　　　　　　　C. 是

20. 我会想到若干年后会发生使自己极为不安的事:_____
    A. 从来没有想过　　　　B. 偶尔想到　　　　　　C. 经常想到

21. 我常常觉得自己的家庭对自己不好,但心里知道他们的确对我很好:_____
    A. 否　　　　　　　　　B. 说不清楚　　　　　　C. 是

22. 每天我一回家就立刻把门关上:_____
    A. 否　　　　　　　　　B. 偶尔是　　　　　　　C. 是

23. 我坐在小房间里并把门关上,但我仍觉得心里不安:_____
    A. 否　　　　　　　　　B. 偶尔是　　　　　　　C. 是

24. 当一件事需要我做决定时,我常觉得很难:_____
    A. 否　　　　　　　　　B. 偶尔是　　　　　　　C. 是

25. 我常常用抛硬币、翻纸、抽签之类的游戏来预测凶吉：_____
    A. 否　　　　　　　B. 偶尔是　　　　　　　C. 是

第26～29题：请按实际情况回答下列各题，选择"是"或"否"即可。

26. 为了工作我早出晚归，早晨起床常常感到疲惫不堪：是 _____ 否 _____
27. 在某种心境下，我会因为困惑陷入空想，将工作搁置下来：是 _____ 否 _____
28. 我的神经脆弱，稍有刺激就会使自己感到戒果：是 _____ 否 _____
29. 睡梦中，我常常被噩梦惊醒：是 _____ 否 _____

第30～33题：本组测试共4题，每题有5种答案，请选择最符合自己情况的答案。
分数：1分——从不，2分——几乎不，3分——一半时间，4分——大多数时间，5分——总是。

30. 工作中我愿意挑战艰巨的任务：_____
31. 我能发现别人好的想法：_____
32. 我能听取不同的意见，包括对自己的批评：_____
33. 我时常勉励自己，对未来充满希望：_____

情绪智力小测试的计分要求

参考答案及计分评估：

计分时请按照计分标准，先算出各部分得分，最后将几部分得分相加，得到的即为最终得分。

第1～9题，每回答一个A得6分，回答一个B得3分，回答一个C得0分。计 _____ 分。
第10～16题，每回答一个A得5分，回答一个B得2分，回答一个C得0分。计 _____ 分。
第17～25题，每回答一个A得5分，回答一个B得2分，回答一个C得0分。计 _____ 分。
第26～29题，每回答一个"是"得0分，回答一个"否"得5分。计 _____ 分。
第30～33题，计 _____ 分。
总计为 _____ 分。

结果点评：

如果得分在90分以下，说明EQ较低，常常不能控制自己，极易被自己的情绪所影响。很多时候，容易被激怒、发脾气，这是非常危险的信号——事业可能会毁于自己的急躁。对此，最好的解决办法是能够给不好的事情以好的解释，保持头脑冷静，使自己心情开朗。

如果得分为90～129分，说明EQ一般，对于一件事，不同时候的表现可能不一，这与自我意识有关。虽然比得分在90分以下的人EQ更高，但需要在平时多加注意、时时提醒自己。

如果得分在130～149分，说明EQ较高，是一个快乐的人，不易恐惧担忧，对于工作热情投入、敢于负责，为人更是正义正直，有同情关怀之心。这是优点，应该努力保持。

如果得分在150分以上，则说明EQ良好，其EQ不但不是事业的阻碍，还是其事业有成的一个重要前提条件。

焦虑自评量表

指导语：表6-2有20道测试题，每一题有4个选项（没有或很少有时间、小部分时间、相当多时间、绝大部分或全部时间）。请根据你最近一周的实际感受，在对应的地方画上"√"。

表6-2 焦虑自评量表

问题	没有或很少有时间	小部分时间	相当多时间	绝大部分或全部时间
1. 觉得比平常容易紧张和着急				
2. 无缘无故地感到害怕				
3. 容易心烦意乱或感到惊恐				
4. 觉得可能将要发疯				
5. 觉得一切都很好,也不会发生什么不幸				
6. 手脚发抖				
7. 为头疼、颈痛和背痛而苦恼				
8. 感觉容易乏力和疲惫				
9. 觉得心平气和,并且容易安静地坐着				
10. 觉得心跳得很快				
11. 为一阵阵头晕而苦恼				
12. 有晕倒,或觉得要晕倒				
13. 呼气吸气都感到很轻松				
14. 手脚麻利和感到刺激				
15. 为胃疼和消化不良而苦恼				
16. 尿频				
17. 手常常是干燥温暖的				
18. 脸红发热				
19. 容易入睡并且一夜睡得好				
20. 做噩梦				

说明:

在使用焦虑自评量表时,要注意由于焦虑是神经症的共同症状,因此焦虑自评量表在各类神经症鉴别中作用不大。关于焦虑症状的临床分级,除参考量表分值外,主要还应根据临床症状,特别是要根据症状的程度来划分,量表总分值仅能作为一项参考指标而非绝对标准。

评判标准:

评定采用1~4分制,评定时限为过去一周。主要统计指标为总分。把20题得分相加为初步得分,把初步得分乘以1.25,四舍五入取整数,即得到标准分。焦虑评定的分值越高,焦虑倾向越明显。

按照我国常模结果,焦虑自评量表标准分的分界值为50分,其中50~59分为轻度焦虑,60~69分为中度焦虑,70分以上为重度焦虑。

情绪比萨

一、目的

了解自己的情绪状态,思考这些情绪的来源以及情绪对自身的影响。

二、操作

画一个大圆代表自己近两周的情绪内容，分别用小圈面积的大小来表示以下8种情绪所占的比例：1——快乐，2——痛苦或悲伤，3——愤怒，4——恐惧，5——爱，6——焦虑，7——害羞，8——其他。完成的情绪比萨见图6-4。

三、分小组讨论

1. 为什么会产生这些情绪？
2. 这些情绪对自己有什么影响？

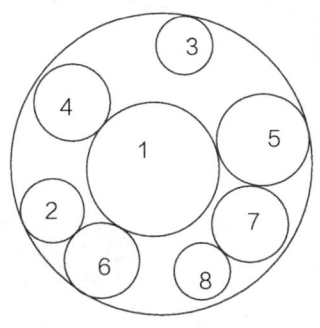

图6-4　情绪比萨

心理学家及核心理论（六）

马丁·塞利格曼的感恩练习

马丁·塞利格曼（Martin E. P. Seligman）是积极心理学的创始人之一，他提出的感恩练习是一种旨在提升个体幸福感和情绪状态的方法。感恩练习的核心观点是，通过有意识地关注和感激生活中的积极方面，人们可以培养出更加乐观和满足的心态。这种方法鼓励个体认识到即使在困难时期，也总有值得感激的事物。操作上，塞利格曼建议每天花几分钟的时间去思考并记录下至少三件当天发生的、让自己感到感激或欣赏的事情。这些事情可以是简单的日常乐趣，如美味的饭菜、朋友的微笑，或者是更深层次的体验，如家人的支持或个人的成就。关键是要真诚地体验这些时刻带来的积极情感，并将这种感激之情内化为自己生活态度的一部分。持续的感恩练习有助于重塑大脑的认知模式，使个体更加倾向于注意到生活中的美好事物，从而促进心理健康和情绪平衡。

伊扎德的情绪四维理论

伊扎德（C. E. Izard）是美国著名心理学家，他从生物进化的角度认为人的情绪可分为基本情绪和复合情绪。

基本情绪是与生俱来、不学而能的，每一种基本情绪都具有独立的神经生理机制、内部体验和外部表现，并具有相应的适应功能。他采用因素分析的方法提出人类的基本情绪有11种，即兴趣、惊奇、痛苦、厌恶、愉快、愤怒、恐惧、悲伤、害羞、轻蔑和自罪感。

复合情绪有三类：第一类为基本情绪的混合，如兴趣-愉快、恐惧-害羞、恐惧-内疚-痛苦-愤怒等；第二类为基本情绪与内驱力的混合，如疼痛-恐惧-愤怒等；第三类是基本情绪与认知的结合，如多疑-恐惧-内疚等。

伊扎德的情绪维度理论是四维理论，即情绪的强度、情绪的紧张度、情绪的激动度、情绪的复杂度。

伊扎德的情绪动机-分化理论认为：情绪是一种基本的动机系统，与动机、行为等建立联系；情绪是分化的，这是进化过程中的产物，在有机体的适应和生存上起着核心的作用；情绪是人格系统的组成部分（人格有六个子系统），也是人格系统的核心动力。

模块七 网络心理

● **导读导学**

　　随着互联网的日渐普及和迅速发展，网络心理作为一个新兴的名词被人们熟知。"网络心理障碍""网络游戏成瘾""网恋"等现象也不断出现。一部分人会花费大量的时间和精力在互联网上持续聊天、玩游戏，迷恋网络、离不开网络，甚至离开网络就会产生各种病症，以致损害健康，造成人格障碍和神经系统失调。职业院校学生应主动学习网络心理相关知识，并将其合理运用到实际生活中，有效且有节制地利用网络，不要在网络中迷失自我。本模块将从认识网络心理、网络心理的特征、如何培养健康的网络心理和行为等方面做介绍。

● 思维导图

网络心理思维导图见图 7-1。

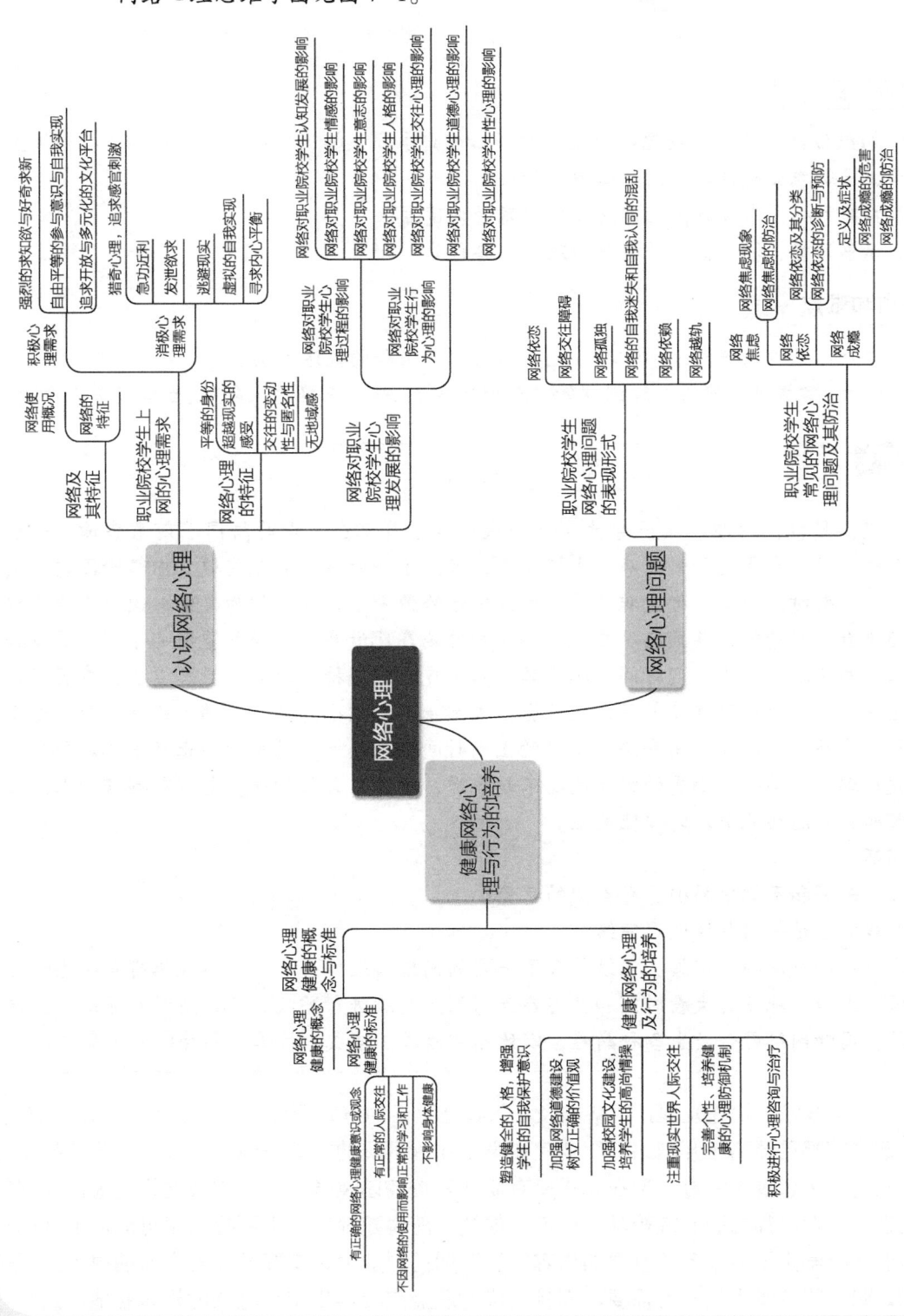

图 7-1 网络心理思维导图

单元一　认识网络心理

学习目标

1. 知识目标：了解职业院校学生上网的心理需求，了解网络对职业院校学生心理发展的影响，了解职业院校学生网络心理的特征。
2. 技能目标：掌握常见的网络心理问题的调适方法。
3. 情感目标：培养健康的网络心理和网络行为。

重点和难点

1. 重点：正确认识网络，掌握常见的网络心理问题的调适方法。
2. 难点：掌握应对网络心理问题的心理调适方法，树立正确的生命观、生活观与生存观。

案例 7-1

上网后……

小虎，男性，22岁，大一学生，上网成瘾6个月，在父母的陪同下前来咨询。小虎从小身体健康，未得过什么大病。成绩优秀，考上了一所重点职业院校。中学阶段曾经间断上网，一般时间较短。考上职业院校后，父母给他买了计算机作为奖励，此后小虎上网时间与次数逐渐增加，甚至忘了吃饭，而且主要是在玩游戏，已经严重影响学习。父母加以阻止，并要求他减少上网时间。刚开始一周小虎还能坚持，以后又故态重演，甚至不能正常上课。小虎上网时间过长时，父亲会强硬制止，对此小虎异常不满，以摔东西、绝食来抗议，最终以父母妥协而告终。小虎的上网时间越来越长，父母的阻止丝毫不起作用，甚至发展到父子动手。小虎的脾气也越来越暴躁，不愿与父母沟通，与以前判若两人。父母异常痛苦，急切地来求助心理医生。

问题：
1. 你是否和案例中的小虎有类似的感受？
2. 我们应该如何科学运用网络？

分析：小虎沉溺于网络，已经导致了一定的网络心理障碍。网络心理障碍是指患者上网成瘾，无节制地花费大量时间和精力在互联网上持续进行聊天、玩网络游戏等活动，迷恋网络，离开网络就会产生各种病症，以致损害健康，造成人格障碍和神经系统失调。

随着网络技术的快速发展，网络已经介入社会生活的方方面面，人们学习、沟通、交友、娱乐、购物等都已经离不开网络。职业院校学生作为网民的主要群体，许多人对网络技术的掌握都已经远远超过了父母。现在几乎所有职业院校校园及学生宿舍都被网络覆盖，大屏智能手机也已普及，都为职业院校学生快速、便捷、随时随地轻松上网提供了可能。上网已经成为职业院校学生生活中至关重要的内容。互联网的开放性、交互性以及丰富的内容，不仅可以满足职业院校学生的学习需要，而且也成为职业院校学生闲暇之余的娱乐胜地。网络对当代学生成长具有非常重大的意义。网络也会对职业院校学生的心理发展产生较大影响,学生既享受着网络带来的便捷,也面临着网络带来的心理问题。因此,提供一些调适方法来帮助职业院校学生维护心理健康具有重要的现实意义。

一、网络及其特征

(一)网络使用概况

中国互联网络信息中心(CNNIC)2024年发布的第54次《中国互联网络发展状况统计报告》(以下简称《报告》)指出,截至2024年6月,我国网民规模近11亿人,较2023年年底增长742万人,互联网普及率达78%,较2023年年底提升0.5个百分点。

网民不仅可以通过互联网了解世界、学习、购物,而且可以在网上交友、谈恋爱、聊天、开会,甚至玩游戏等。互联网正在改变网民的学习方式、工作方式和生活方式。

调查研究表明:截至2024年6月,初中及以下、高中/中专/技校学历的网民群体占比分别为32.3%、25.9%,大专、大学本科及以上学历的网民群体占比分别为14.6%、27.2%。

职业院校学生网民群体作为众多虚拟社群中的一种群体,在虚拟社群结构中具有独特的地位和"中介"意义。如果将职业院校学生网民定义为平均每周使用互联网1小时(包含1小时)以上的在校职业院校学生,则目前在校职业院校学生中有90.2%是网民。职业院校学生网民每周上网的时间以3~4个小时居多,每天平均上网时间在30分钟左右;只有6.5%的职业院校学生网民每周上网11个小时以上,即每天上网时间在90分钟以上。在网站类型上,"娱乐网站"(占64.2%)、"新闻网站"(占49.9%)和"教育网站"(占34.4%)成为职业院校学生网民上网的前三项选择;"看新闻"(占65.4%)、"发电子邮件"(占58.1%)和"聊天"(占51.3%)是职业院校学生上网的主要目的。据另一项调查,职业院校学生上网主要用于聊天者占34%,主要用于玩游戏者占28%,主要用于查资料者占30%,其他占8%。如此看来,62%的职业院校学生在互联网上从事与学习、工作无关的活动。

(二)网络的特征

(1)开放性 任何一台计算机只要支持TCP/IP就可以连接到网络。

(2)自由性 在网络上,信息流动自由,用户言论自由,用户使用自由。

(3)身份的不确定性 在网络上,你是怎样的人仅仅取决于你通过键盘操作而表现出来的你。如果你说的话听起来像一个聪明而有趣的人说的,那么你就是这样一个人。你的年龄、长相、身份,特别是性格等都不太确定。

(4)免费性 绝大多数的网络服务都是免费提供的,网络上的许多信息和资源也是免费的。

(5)合作性 网络是一个没有中心的、自主式的开放组织,强调的是资源共享和双赢发展。

(6)平等性 网络是平等自由的信息沟通平台,信息的流动和交互是双向式的,信息沟通双方可以平等地交互,而不管对方是老还是少、是弱还是强。

(7)虚拟性 网络的一个重要特点是它通过对信息的数字化处理,以信息的流动来代替传统实物流动,利用虚拟技术实现了许多现实中才具有的功能。

(8)个性化 网络作为一个新的虚拟沟通社区,可以鲜明地突出个人的特色,即注重个性化。

（9）全球性　网络从开始商业化运作，就表现出无国界性，信息流动是自由的、无限制的。因此，网络从诞生起就是全球性产物。

（10）持续性　网络的发展是持续的。今天网络的发展给用户带来价值，推动着用户寻求进一步发展，以获得更多价值。网络的力量被称为"十倍速力量"。

二、职业院校学生上网的心理需求

职业院校学生上网的心理需求主要表现为积极心理需求与消极心理需求。

（一）积极心理需求

1. 强烈的求知欲与好奇求新

互联网以其信息快、内容新、手段先进等优势极大地激发了职业院校学生的好奇心，引起了他们的特别关注和兴趣，激发了他们学习和掌握网络知识和应用技能的欲望。

2. 自由平等的参与意识与自我实现

网络上平等自由的氛围极大吸引了当代社会中对自由、平等呼声最高的职业院校学生群体。在网络这个虚拟空间里，种种现实社会的限制都消失了，任何参与进来的人都是互联网的"主人"，都可以在网上按自己的意愿做自己想做的事。

3. 追求开放与多元化的文化平台

网络是一个开放的信息源，各种文化、思想、观念都可以在这里争鸣，这就为职业院校学生追求开放性和多元性的文化、观念提供了平台。

（二）消极心理需求

1. 猎奇心理，追求感官刺激

一部分职业院校学生上网的目的是猎奇，即追寻一种在现实生活中难以了解，通过正当渠道难以获得的奇、艳事物或信息，并借以获得感官刺激。他们可能会出于好奇或冲动的心理刻意去寻找一些色情、暴力信息。

2. 急功近利

网络信息的丰富与快捷使一些职业院校学生把上网当作通往成功的捷径和有利条件，在他们眼里，网络就是商机，网络就是生财之道。同时，一些社会误导（包括网络上基于商业目的的信息误导）也使个别职业院校学生对"成功"的理解产生了偏差。于是，电子商务、留学资讯、成才捷径、求职之路就备受一部分职业院校学生的关注，他们渴望凭借这些信息省一些力气、走一步先棋，成为网络时代的成功人士。

3. 发泄欲求

相较于在学校、家庭里，职业院校学生在互联网上可以更随便地发表自己的见解，抒发自己的爱与憎，表达自己的思想信仰。平时对学校不敢提、无处提的意见可以贴到BBS上去，发到微信朋友圈中去，平时对某同学不敢当面表达的感情也可以在网上淋漓尽致地抒发。

4. 逃避现实

大部分职业院校学生在生活中都会遇到这样那样的挫折和危机，诸如学习上的、感情上的、人际关系上的。同时，复杂的社会生活也会使思想相对不成熟的青年学生感到难以应对。但遗憾的是，部分学生在现实中受挫时，往往愿意到虚幻的网络空间去倾诉，互联网成了他们逃避现实、寻求自我解脱的一个良好的渠道和环境。

5. 虚拟的自我实现

强烈的自我意识是职业院校学生群体的一个显著特征，虚拟的网络可以成为职业院校学生实现自我的一个"理想王国"。在网络上，职业院校学生可以享受到网络特有的平等、自由、成功、刺激的感觉，学习与就业的压力、社会与家长的希望造成的心理上的压抑与孤独一扫而光；他们可以突破社会及他人对自己行为的匡正与评价，轻松地成为"侠客""富翁"，可以在模拟战争中指挥千军万马搏杀疆场。部分职业院校学生玩游戏获胜后有一种成就感，网络游戏能够部分满足他们的自我实现需要。

6. 寻求内心平衡

一些职业院校学生在现实生活中找不到自己的人生位置与坐标。另外，职业院校学生之间的经济条件、家庭地位的差异，也使一部分职业院校学生常常有很深的失落感和迷茫感。面对理想与现实的冲突，许多职业院校学生开始在虚拟的网络世界中寻求自己的精神寄托，在网络中寻求内心平衡。

三、网络心理的特征

心理学研究表明，我们所处的环境会影响我们的思维、情感、意志、行为方式和人际关系。网络的出现正在全面改变人们的世界观、价值观以及生产和生活方式。分析网络作为心理空间的基本特征，有助于我们更深入地分析网络对人心理的影响。

网络交往以计算机为媒介，主要通过纯文本、音频、视频等方式进行。人们在网络中的感觉经验是有限的，无法全面了解对方的全部环境因素，即使通过视频能看到对方的图像，但获取的信息均为个别的、局部的，而不是整体的知觉，因而是有限的。这造成了对对方印象的不全面和不深入，使这种信息沟通具有了很强的神秘色彩。网络给人们带来了丰富的心理感受，网络心理一般来说有如下特征：

（一）平等的身份

人们在网络中交往的身份是平等的，无论这种平等是真实的还是虚拟的，这都在很大程度上使人产生了自我满足感，特别是在现实中身份和地位处于较低状态的人们，会对网络产生好感，能够在网络中寻找心理平衡和自我满足。

（二）超越现实的感受

人们在网络中进行模拟现实的游戏操作或聊天时，会体验到强烈的超现实感，会使人暂时与现实生活分离，产生强烈的心理满足。在现实世界中无法实现和满足的潜意识中的部分心理需求，可以在网络的虚拟环境中得到充分的实现。

(三)交往的变动性与匿名性

"今天我在,因为我在;明天我不在,因为我不在了。"网络交往具有很强的随意性和变动性。同时,网络中的交往由于缺乏面对面交流的提示和监督,交往双方的身份不易识别,他们既可以暴露自己的真实身份,也可以匿名或用虚假的身份。这种身份的不易识别性可能会伴随着欺骗性,给人们带来不安全感和戒备心理。

(四)无地域感

在网络世界,地域对人们的交往是没有明显影响的。地球两端的人只需动动小小的鼠标就可以建立起密切联系,这点在现实世界是无法想象的。这种空间的无限性超越了传统人际交往的地域性特征,使得人们交往更加广泛,整个地球成了一个"地球村"。

四、网络对职业院校学生心理发展的影响

(一)网络对职业院校学生心理过程的影响

历史证明,技术是一柄锐利的双刃剑。正如英国历史学家汤因比(Arnold Joseph Toynbee)所说:"技术每提高一步,力量就增大一分。这种力量可以用于善恶两个方面。"在看到互联网给人类带来巨大好处的同时,我们也应当看到,其负面效应正在影响着人类的生活。

1. 网络对职业院校学生认知发展的影响

(1)网络对认知的积极影响 网络拓宽了职业院校学生的认知视野,提高了职业院校学生的认知效率,激发了职业院校学生的认知潜能。

(2)网络对认知的消极影响 铺天盖地的信息对职业院校学生现有的接受能力和判断能力提出考验和挑战。没有明确价值指向的信息长期充斥职业院校学生的大脑,干扰职业院校学生的学习、思考和价值取向,影响职业院校学生思维的深度和广度,阻碍职业院校学生认知中对信息的准确选择和内化过程以及良好判断力的形成。

2. 网络对职业院校学生情感的影响

(1)网络对情感的积极影响 网络极大地拓展了职业院校学生情感交流的空间,也是职业院校学生情感宣泄的重要渠道。

(2)网络对情感的消极影响 当职业院校学生的一些不良情绪、情感在网络中得到宣泄并获得其他网民的认可时,其不良情感可能会得到强化。网络虽然缩小了人们之间的时空距离,却拉大了人们之间的情感距离。

3. 网络对职业院校学生意志的影响

(1)网络对意志的积极影响 意志的独立性在网络活动的持续中会增强,利用网络进行学习资料查阅、线上资源学习等,往往可以培养人的意志的独立品质。

(2)网络对意志的消极影响 无节制上网消磨人的意志。无节制上网通常都是由于职业院校学生的弱自制力而造成的,这种上网方式反过来又强化了原有的弱自制力。终日沉醉于虚拟世界的学生,有明显的意志减退和意志缺乏,对学习产生厌恶感,并逐步失去信心。

4. 网络对职业院校学生人格的影响

（1）网络对人格的积极影响　自我意识是人格的核心内容。职业院校学生正处于自我意识不断增强而又不稳定的时期，网络有助于提升其自尊、自信、自我展现，也可以增强其平等意识和民主观念。

（2）网络对人格的消极影响　网络可能导致职业院校学生自我意识的膨胀和集体意识的淡薄。网络游戏中的角色扮演可能导致职业院校学生人格的分裂和异化。

（二）网络对职业院校学生行为心理的影响

1. 网络对职业院校学生交往心理的影响

（1）网络对交往心理的积极影响　网络扩大了职业院校学生人际交往的范围，有助于满足职业院校学生强烈的交往需求。网络丰富了职业院校学生交往的方式，提供越来越多的方便快捷的交往方式。

（2）网络对交往心理的消极影响　职业院校阶段是人际交往能力和人际关系形成的重要时期，过多依赖于网络交往会使职业院校学生与现实生活中的人际交往相脱离。网络交往难以形成真实可信和安全的人际关系，职业院校学生在网络交往中一旦受骗上当就容易对现实产生怀疑、悲观和敌意的态度。

2. 网络对职业院校学生道德心理的影响

（1）网络对道德心理的积极影响　职业院校学生在网络这个自由空间中可以最大限度地获取各种道德体验，可以积累丰富经验，有助于增强其道德选择、自我评价的行为能力，使其道德个性化和主体性得到提升和确证，从而拓展、延伸和强化人性中的品德结构和伦理气质，促进了其完善和发展。

（2）网络对道德心理的消极影响　网络容易引发职业院校学生道德选择和道德评判的冲突。网络信息污染弱化了职业院校学生的思想道德意识，威胁着职业院校学生的道德伦理。网络的隐蔽性使道德行为的自由度和灵活性显著增强，一些人误认为在网络世界里不需要对自己的行为负责，将自我凌驾于社会法律之上，无视道德的存在，不忌伤害别人，甚至违法犯罪。

3. 网络对职业院校学生性心理的影响

（1）网络对性心理的积极影响　网络能及时提供丰富的性知识，最大限度地满足职业院校学生对性的探究心理。

（2）网络对性心理的消极影响　现今网络已成为最大的色情供应渠道之一，大量的黄色网站和色情信息对职业院校学生性心理造成极为恶劣的影响。缺乏辨别力的职业院校学生会产生性认知偏差，受到网络中大量挑战传统性观念、性道德的信息的诱导，职业院校学生在性态度和性观念上可能更加自由和开放，甚至放纵自己的性行为来宣泄和满足自己的性需求。

> **知识链接**
>
> 一项调查显示，绝大部分学生拥有自己的计算机并选择在学校上网，仅有6.6%的学生选择在网吧上网。在网络使用时段分布上，46.9%的学生主要在晚上和凌晨上网，

29.5%的学生每周网络使用量超过15小时,24.9%的学生每月上网花费在50元以上。在上网的目的中,娱乐消遣的用途,如聊天、玩游戏、看影视剧等占很大比例,仅有28.6%的同学上网是为了学习,13.9%的学生上网进行情感交流。这从侧面反映了一部分大学生生活空虚的一面,他们对网络存在一定的依赖性,很少进行户外活动或通过其他方式充实自己的课余生活。

案例7-2

用生命换取一段"网恋"

年仅20岁的小雪以优异成绩考入了某职业院校英语系。上职业院校后,小雪迷上了上网,并认识了一个叫"冬冬"的网友,两人很快开始"网恋",不久小雪与网友多次见面并发生性关系。"冬冬"的真实身份是高中毕业后在一家网吧工作的网管员,他却对小雪说自己是考上职业院校后因家庭贫困被迫辍学打工。小雪选择分手后,"冬冬"伙同他人绑架了小雪,并敲诈小雪的父亲,最终"冬冬"将小雪杀害并埋在了农田里……

问题:

1. 看了这个案例,你的感受是什么?
2. 如果你是小雪,面对"网恋",你认为要注意什么?

分析:这是一起典型的职业院校学生网络刑事案件,引发人们对职业院校学生上网问题的思考。

心理训练营

网络成瘾自测

金伯利·杨(K. Young)提出了网络成瘾的测查工具,在国外新兴的网络成瘾研究中较为常用。

1. 你是否沉溺于互联网?
2. 你是否需要通过逐次增加上网时间来获得满足感?
3. 你是否经常不能抵制上网的诱惑和很难下网?
4. 停止使用互联网时你是否会产生消极的情绪体验和不良的生理反应?
5. 每次上网实际所花的时间是否都比预定时间要长?
6. 上网是否已经对你的人际关系、工作、教育和职业造成负面影响?
7. 你是否对家人、朋友和心理咨询人员隐瞒了上网的真实时间和费用?
8. 你是否将上网作为逃避问题和排遣消极情绪的一种方式?

评分与结论:

如果你对上述问题中的五个题目回答为"是",即说明你可能网络成瘾,需要进一步诊断。

单元二　网络心理问题

学习目标

1. 知识目标：了解职业院校学生常见的网络心理问题。
2. 技能目标：掌握常见网络心理问题的调适方法。
3. 情感目标：培养健康的网络心理。

重点和难点

1. 重点：认识常见的网络心理问题，积极掌握调适方法。
2. 难点：掌握网络成瘾问题的调适方法，树立健康的网络心理。

> **案例 7-3**
>
> **网络的漩涡**
>
> 大一新生赵某从小聪颖好强，在写作和音乐方面表现较突出。父母对她期望很高，但教育方式较专制，强迫她报考了自己不热爱的专业。由于她个性自由、任性、叛逆，又体弱、敏感，与他人相处总感到难以沟通、孤独、抑郁，于是喜欢上了上网聊天。上职业院校后空闲时间比较多，她更加沉迷于网络，久而久之，发现自己的记性变差了，每天起床后情绪低落、头昏眼花、双手颤抖、疲乏无力。可是，只要一上网，她立刻就又精神起来了。赵某现在身体消瘦、面色蜡黄，平时基本上不学习，经常心情不好、吃饭不香，觉得活着没有意思，常常想到死。
>
> 问题：
> 1. 网络对职业院校学生的消极影响有哪些？
> 2. 哪些上网行为与心理可以称为网络成瘾？
> 3. 网络成瘾有哪些不健康的表现？

网络心理现象一般产生于网络中，这种心理一旦产生，就有可能持续下去，若把这种心境带到现实生活中，就会对现实生活中的心理和行为产生影响，出现网络心理问题。

一、职业院校学生网络心理问题的表现形式

1. 网络依恋

学生长时间沉溺于网络游戏、上网聊天、网络技术（如下载使用各种软件、制作网页等），醉心于网上信息网上猎奇，造成对网络的过度依赖和依恋，导致个人生理受损，正常学习、工作、生活受到严重影响。

2. 网络交往障碍

网络交往障碍是指因使用网络交际而引发的现实生活中的社交障碍。网络交往与现实中

的人际交往是有很大差别的。由于对网络的眷恋和过分依赖,很多职业院校学生忘记了自己在现实生活中的角色,整日沉溺网络,心甘情愿地退出了现实生活。他们在网上畅所欲言,在现实生活中却变得沉默寡言、不善言谈,产生孤独感,从而诱发了现实生活中的交往障碍。一些职业院校学生喜欢沉溺虚拟的网络情缘,忽视了身边的亲情、爱情、友情,在情感上封闭自己,将自己封闭在狭小的生活圈子中,以至于产生情感障碍。网络的虚幻性会使职业院校学生意志消沉、精力涣散,导致学习效率下降、记忆力下降、思维能力下降。

3. 网络孤独

网络孤独主要是指希望通过网上人际交往来提高或者改变自己,但未能解除孤独甚至加重了孤独,或反而因为触网而引发孤独感的一类不良心理状态。一些职业院校学生由于性格内向、自卑、心思敏锐,而不愿意或不善于与他人交往,甚至厌恶社会上的人情来往。他们青睐网上交往这种匿名、隐匿性别和身份的形式,常向网友发泄自己的不良情绪,讲自己的"心情故事"。这样他们的心情会得到放松,可下网后他们回到现实中依然感到孤独。

4. 网络的自我迷失和自我认同的混乱

网络的自我迷失和自我认同的混乱又称为网络人格心理失真,表现为脱离现实、退缩、孤僻、幻想等行为特点。一些职业院校学生在网络中迷失了自我,在网络情景和现实生活情景中交替出现两种或多种不同的性格特征,表现为网上网下缺乏同一性,行为判若两人,人格缺乏相应的完整性、和谐性,从而形成虚拟角色与现实角色相混淆的二重人格冲突。某些职业院校学生对一些社会形象愤懑不满,他们想通过上网发泄不满、逃避社会,希望在网上有一个"清洁"的交往环境,构建一个良好的自我。然而网上充斥的色情图文、脏话、无聊的帖子、庸俗的话题,使他们在对社会产生失望之后又对网络产生了失望。

5. 网络依赖

网络依赖主要表现为上网时精神极度亢奋并乐此不疲,获得心理满足且不能自制,通宵达旦上网,对现实生活无兴趣。"网络成瘾症"可造成人体自主神经紊乱和体内激素水平失衡,使免疫功能降低,出现食欲不振、记忆力减退、焦虑、忧郁、情感淡漠、行为怪诞等症状。对网络过度的精神依赖,将发展成为身体上的依赖,最终对职业院校学生的身体和心理带来严重的伤害。

6. 网络越轨

网络越轨又称为网络自我约束能力降低。随着上网时间的增加,个别职业院校学生将猎奇和追求刺激作为网上生活的主要内容。他们会破译他人网络密码,窃取、篡改他人网上信息,散发、编制病毒,当黑客;或利用计算机技术窃取其他网络用户及一些公司、企业、网站账户,从中谋取非法利益;还有的学生为了发泄自己的不满情绪,揭发他人隐私、毁人形象,在网上散布虚假信息,甚至恶意中伤他人,对领导、教师和同学等进行人身侮辱,发布不良信息攻击学校和社会;也有的同学通过网络聊色情话题,通过剪贴黄色影片的镜头等方式传播黄色信息。这些会给他人、组织、社会造成极大损失,同时也给自身带来严重的身心伤害。

二、职业院校学生常见的网络心理问题及其防治

网络心理问题是指对互联网的认识和使用不当而引发的不良心理反应。职业院校学生常

见的网络心理问题有三种：网络焦虑、网络依恋、网络成瘾。

（一）网络焦虑

1. 网络焦虑现象

网络焦虑现象是网络时代特有的现象。网络已经成为人们的一种"生活方式"，当遇到急需上网查资料或发文，计算机却出现故障无法上网时，人就会产生一些焦虑情绪，显得紧张和不安。

2. 网络焦虑的防治

网络焦虑可分为适应焦虑、信息焦虑、安全焦虑。

（1）适应焦虑的防治　首先要学会客观分析自己网络不适应问题产生的原因；其次要看到自己的实力所在，在艰苦环境下可以取得学业上的成功，说明自己缺乏的不是能力，而是锻炼的勇气和机会。

（2）信息焦虑的防治　首先要有正确的信息意识，其次要提高自身的信息处理能力。

（3）安全焦虑的防治　首先要树立安全防范意识，其次在上网之前需要学习相关的网络安全常识，提高自己的网络安全防范水平和技术能力。

（二）网络依恋

1. 网络依恋及其分类

网络依恋是指个体由于长时间沉溺于网络而与网络之间结成的特殊情感关系。当代青年学生的网络依恋，容易导致其自我迷失与自我认同混乱。网络依恋有以下六种类型：

1）网络信息收集成瘾——强迫性地从网上收集无关紧要或者不迫切需要的信息，堆积和传播这些信息。

2）网络交际迷恋——利用各种聊天软件或网站聊天室长时间聊天。

3）网络游戏迷恋——沉迷于各种网络游戏中。

4）网络恋情迷恋——沉醉在网络所创造的虚幻的罗曼蒂克的网恋中。

5）网络制作迷恋——下载使用各种软件，追求网页制作的完美性或以编制多种程序为嗜好。

6）网络色情迷恋——迷恋网上所有的色情音乐、图片以及影像。

2. 网络依恋的诊断与预防

可以通过一些现象进行自我诊断：

1）你是否把太多时间花费在网络游戏、其他网络相关内容上？

2）你是否对上网有强烈的渴求？

3）你是否无法控制自己的上网时间等？

对照上述现象进行"自我剖析"，如存在问题，则可有针对性地寻求专业心理辅导等，可以采用艺术疗法、运动疗法、自然疗法等加以调整。

学生要树立正确的网络观，认识到过分使用网络对自己的危害，下面是一些预防措施：

1）要分析自己上网的动机和情绪所在。

2）要合理安排上网时间和上网内容，尽量减少无目的浏览和无意义上网。

3）在现实中主动发展并形成健康的人际关系。

> **知识链接**
>
> ### 手机依赖症
>
> 随着手机的快速普及，越来越多的手机持有者发现自己已经无法离开手机，哪怕只是半天儿不见，也会魂不守舍、坐卧不宁。高科技在给人们带来便捷沟通的同时，也将一种"新鲜病"——手机依赖症"捆绑销售"给了现代人。
>
> 手机没带在身边就心烦意乱，无法认真工作；一段时间手机铃声不响，就会下意识地看一下铃声设置是否正确；经常把别人的手机铃响当成自己的手机在响，脾气也变得暴躁起来……随着手机的普及，特别是年轻人手机拥有率的提高，越来越多的年轻人开始被"手机依赖症"困扰。
>
> 心理学者认为，"手机依赖症"大多在一些性格比较孤僻、缺乏自信的人群中出现。这些人有的希望通过手机与外界保持联系，使自己不被社会遗忘；有的希望通过手机在同事和上司面前维持高效率工作的形象。"手机依赖症"还表现在多通过手机进行沟通，比如明明几步路就可以走到的地方却只想打手机解决问题，等人的时候不断地打手机问对方到了哪里。
>
> 各种心理疾病的出现与人的社会生活方式有着很大关系。解决"手机依赖症"的关键在于让患者找到生活重心，一般从充实患者的生活开始，使其尽量避免把心思集中在手机上，并适当参加有益身心的活动，如郊游、健身、看书等。"手机依赖症"严重者应及时接受心理治疗，避免更多地影响工作和生活。

（三）网络成瘾

网络成瘾也称为网瘾。在多年前很多人可能连听都没听过"网瘾"这个词，但现在"网瘾"已经成为一个社会话题。在今天的社会里，网络给大家的工作、学习和娱乐带来便利的同时也带了很多的问题。一些职业院校学生深陷网络不能自拔，网瘾已阻碍了这些学生的发展。

网络的各种特点与青年人的性格特点契合，所以一些职业院校学生热衷于到网络世界中寻求现实中无法满足的东西。在一开始他们没有认识到可能的危害，只是凭借自己的喜好在网络世界里任意游荡。一段时间后他们发现，自己离开网络就无法保持良好的精神状态，只有在网络虚拟的世界里才能找回迷失的自我。长时间上网使他们与现实世界产生了较大的距离感，导致他们不愿与人交流。多数网络成瘾的职业院校学生与家人及社会的交流减少、社交圈子缩小、抑郁和孤独感增加，这种孤独感刺激了他们逃避现实，躲入虚拟的网络世界寻求解脱。

1. 定义及症状

网络成瘾的含义可以表示为：

$$网络成瘾 = 网络依赖 = 网络成瘾综合征（IAD）$$

网络成瘾的症状如下：

1）对网络的使用有强烈的渴求或冲动感。

2）减少或停止上网时，会出现周身不适、烦躁、易怒、注意力不集中、眨眼障碍等戒断反应。

3）为实现满足感，不断增加上网时间和提高投入程度。
4）难以控制，多次努力未成功控制上网时间。
5）固执上网而不顾其明显危害后果，即使知道也难以停止。
6）将使用网络作为一种逃避问题的途径。
7）网络成瘾的病程标准为平均每日连续上网达到 6 小时，且符合症状标准达 3 个月。

2. 网络成瘾的危害

（1）角色混乱，社会功能严重受损　职业院校学生因过度沉溺网络上的多种虚拟角色，且随意变换过频，又缺乏对自我客观而全面的认识，很容易迷失真实的自我。他们不自觉地把网上的虚拟角色或网络游戏规则应用到现实生活中，经常与现实发生矛盾，与人发生冲突，出现严重的角色混乱，造成现实生活、学习、人际关系等严重适应不良。

（2）道德感弱化，精神异常　在网络虚拟世界里，学生可以躲避现实社会中师长对他们行为的监督，他们成了"绝对自由"的人，道德感易弱化。如有的职业院校学生为了能上网，不惜花掉自己的学费、生活费，或者向朋友借款、骗父母的钱，甚至丧失人格和自尊，严重者出现偷窃、抢劫等违法犯罪行为。

（3）荒废学业　对于网络成瘾者而言，网络是其心灵的"海洛因"，一些自制力差的职业院校学生因网络而荒废学业。一份针对北京市四所高校的调查表明，一所招生规模在 5000 人左右的职业院校每年约有 50 人左右退学，其中 80% 的退学学生都有网络成瘾，主要表现为长时间沉湎网络导致旷课或者不及格科目过多。

（4）危害身心健康　网络成瘾会严重影响职业院校学生的身心健康。一些职业院校学生白天上网冲浪，晚上上网看电影追电视剧，半夜依旧在聊天，甚至 24 小时微博不断……在他们眼中，网络就像空气一样重要，一刻也不能少。有的职业院校学生上网后饭不吃、觉不睡。目前，职业院校学生中由过度使用互联网而导致的睡眠时间严重不足、睡眠质量大大下降的现象很常见，已成为影响职业院校学生健康的"杀手"。

"包夜"（通宵上网）成了不少职业院校学生周末必做的一件事，周一的课堂效率必受其影响。医学调查也表明，缺乏睡眠会导致食欲下降、身体免疫力下降、情感冷漠、心理活动异常，以及感知、记忆、思维、言语等各种反应能力显著下降等问题。某职业院校 21 岁的大一学生唐某上午课程结束后，顾不上吃午饭，便和同学直奔校门外的一家网吧打游戏。连续上网 5 小时后，唐某突感头疼，口吐白沫，继而昏迷，最终离开了人世。职业院校学生应珍惜时间、珍惜健康，切不可随意"透支生命"。

（5）引发犯罪　目前网上犯罪主要有四类："逆流""黄潮""黑客"和"蛀虫"。

1）"逆流"就是境内外反动势力利用互联网进行反动渗透，直接涉及国家安全和人民的利益。

2）"黄潮"是指通过网络闲聊色情话题，以交换裸体照片、剪辑有色情镜头的影片等方式大肆传播淫秽信息。

3）"黑客"是指对计算机信息系统进行非授权访问的人员。

4）"蛀虫"是指利用计算机技术和知识牟取非法利益的违法犯罪人员。

（6）导致人格障碍　网络成瘾的学生长期"生活"在网上，严重脱离社会现实，易形成孤僻、冷漠、自私、敏感、偏执、多疑等诸多不良的人格特征，引发各种人格障碍，如：网上的人际信任危机易导致敏感多疑、过分警惕和充满敌意的偏执型人格障碍；虚拟的网络可能使好奇、叛逆的学生产生双重或多重人格障碍，他们塑造出自己所希望拥有的或者截然相反的人格特征，并以此虚拟角色进行网络交往。

3. 网络成瘾的防治

矫正网络心理问题需要社会、学校和个人三方面配合。

（1）上网要有目的性，正确认识网络，树立科学网络观　首先，职业院校学生要认识到，网络是一种工具，自己才是使用这一工具的主人。学生自身要树立科学的观念。其次，应该认清网络世界并非真实的社会。在学校里的学习、生活、恋爱及人际交往才是活生生的充满情感的现实世界，网络世界只是现实世界的调剂和补充。职业院校学生只有树立正确的网络观，才有可能合理地使用网络资源，准确把握自我，认清自己的真实需要，处理好现实社会与虚拟社会的关系，避免网络成瘾。

（2）培养兴趣爱好，丰富课余生活　职业院校学生要培养兴趣爱好，要善于利用课余时间多参加一些有意义的讲座、讨论会、学术报告、文娱活动、社团活动等。丰富的课余生活有利于增强学生的自信心和社会适应能力，同时也避免了学生因为生活空虚单调而陷入网络世界无法自拔的不良倾向，对职业院校学生的身心健康发展非常有利。

（3）加强自律与自我管理　只有自律，才能既充分实现自尊、自主与自由，又培养强大的自制力，养成良好的"慎独"习惯。在网络社会里，一方面，由于其信息量十分庞大，各种文化理念与价值观激烈碰撞，各种论断莫衷一是；另一方面，由于网络具有极强的隐蔽性和虚拟性，在"匿名效应"的驱动下，人性之"恶"便无所顾忌地暴露出来，此时完全靠职业院校学生的自我约束和管理能力，如不加约束，危害将无法想象。

（4）积极求助心理咨询和治疗　老师、家人和朋友会让你感受到家庭和社会的温暖和支持，会采取各种办法把你从网络虚拟世界中拉回到现实中来；心理咨询人员会根据你的成瘾程度，从专业角度对成瘾行为采取必要的心理干预和治疗。目前用于网络成瘾的心理咨询与治疗方法主要有强化法、行为合同法、厌恶疗法、森田疗法和团体心理辅导等。

心理训练营

对待网络成瘾者可选的心理治疗方法

（1）强化法　即设置奖励、惩罚制度。检查一天的进度后，给成瘾者一个小奖励或惩罚，但要注意奖励或惩罚的内容应该与上网无关，且奖励或惩罚的内容可以由成瘾者自己决定，并可以请求老师、同学、家长协助执行。例如，当目标达成，奖励自己吃零食或买个喜欢的东西，否则跑1000米或做家务等。

（2）行为合同法　成瘾者与父母共同制定戒断网络的行为合同，从而规范成瘾者的网上行为，培养其自我约束能力。

（3）厌恶疗法　想象一下自己在网上很长时间后颓废的样子，想象一下网络成瘾的极端后果，比如成绩下降、被别人看不起、被别人羞辱、让父母和亲戚难过等，甚至在上网后心情不好的时候保持想象同样的画面。由此让他们厌恶过度的网络行为，激励自己发现自我，增强自我效能感。但要注意不要使其厌恶整个自我。

（4）放松训练　为了应对成瘾过程中出现的紧张、焦虑、不安、愤怒等不良情绪，可以采用肌肉放松、想象放松、深呼吸放松来稳定情绪、振奋精神。

"手机依赖症"测试

1. 你是否总是把手机放在身上？如果没带，是否会感到心烦意乱而无法做其他事情？
2. 当一段时间手机铃声不响，你会不会感到不适应，并下意识地看一下手机是否有未接电话？
3. 你会不会总有"我的手机铃声响了"的幻觉，甚至经常把别人的手机铃响当作自己的手机在响？
4. 接听电话时你是不是常觉得耳旁有手机的辐射波环绕？
5. 你是否经常下意识地找手机，并不时拿出手机看看？
6. 你是否经常害怕手机自动关机？
7. 你晚上睡觉也开着手机吗？
8. 当手机经常连不上网、收不到信号时，你会不会产生焦虑和无力感，脾气也变得暴躁起来？
9. 最近经常有手脚发麻、心悸、头晕、冒汗、肠胃功能失调等症状出现吗？

对于以上问题，如果你的回答有一半以上是肯定的，那么你很可能已经患有"手机依赖症"。

单元三 健康网络心理与行为的培养

学习目标

1. 知识目标：了解网络心理健康的标准，了解健康网络心理与行为的培养方法。
2. 技能目标：掌握培养健康网络心理与行为的方法。
3. 情感目标：培养健康的网络观，提高网络心理素养。

重点和难点

1. 重点：掌握培养健康网络心理与行为的方法。
2. 难点：掌握培养健康网络心理与行为的方法，树立健康的网络观。

案例7-4

我离不开它

大二学生小林习惯把手机攥在手里，她对手机有着难以言说的情结。自习时，手机要放在显眼的位置。翻书前，她要瞄两眼手机。隔一段时间，手机没振动，小林就要摸两下，确认没有短信。小林常常听到手机铃响，或感觉手机在振动，翻开手机看，却什么都没有。这种幻听情况一天会发生几次。这些症状很多人都会有，尤其是谈恋爱的人，手机一没

> 声响，就怀疑是不是坏了。
> 　　是的，这不是个案。它真实地存在于你我身边甚至你我身上。我们在微信里刷存在感，在网络小说中找爱情，在游戏里成就"王者荣耀"……当 WiFi 成为"底层需求"，现实生活也在不断被"二进制化"。在"我分享，故我在"的虚拟世界里，人们彼此联系得更加紧密、便捷；但真实世界中，人与人却越来越疏离、孤独和焦虑。你我的生活被"架空"了，离真实世界越来越远了。
> 　　问题：
> 　　1. 你是否和小林有一样的感受？
> 　　2. 每个时代都有不同的问题，对此你有什么感触与思考？
> 　　分析：手机时代的到来，使得职业院校学生中出现了新的问题，部分职业院校学生不能正确对待手机网络时代带来的方便，而沉迷于其中，影响了正常的生活。正如案例中的学生小林，过于依赖手机，患上了"手机依赖症"。

　　随着职业院校学生对网络使用程度的提高，学生上网人数越来越多，上网时间越来越长，网络对职业院校学生个性的影响也越来越大。"你上网了吗？"正成为职业院校学生见面时最流行的问候语之一，网络正改变着职业院校学生的生活方式、学习方式、交往方式，网络心理素质已成为当代职业院校学生心理素质的重要方面。让我们一起学会在网络环境下趋利避害，培养健康的网络心理和网络行为，拥有一个精彩的网络世界。

一、网络心理健康的概念与标准

（一）网络心理健康的概念

　　网络心理健康虽然有"网络"一词加以限定，但仍然是心理健康的一个方面。简单地说，网络心理健康就是：人们在使用网络时能够保持积极的心态，离线时能够保持心理的平衡；能够较好地把握虚拟与现实之间的关系，在虚拟性与现实性之间以现实性为主导；在线时和离线时能够保持人格的统一。

（二）网络心理健康的标准

　　关于网络时代心理健康的标准，现在仍然没有明确的说法，但普遍认为网络心理健康要包括以下几方面：

　　1. 有正确的网络心理健康意识或观念

　　一个心理健康的人要具有正确的心理健康意识或观念，认识到心理健康的重要意义和现实价值，能够运用正确意识指导自己的心理。

　　2. 有正常的人际交往

　　具有健康网络心理的人，人际关系协调，能够与周围环境保持良好的互动。他们应该在离线时能够维持并发展现实正常的人际交往，并能够与周围的人和环境保持良性互动。

　　3. 不因网络的使用而影响正常的学习和工作

　　因为上网而影响正常的学习、工作、家庭生活、人际交往，这就属于网络心理不健康的范围，需要进行及时的控制、调整或治疗。

能够保持在线时和离线时的人格统一，具体表现为：在线时能够积极主动地接收和处理信息，离线后能够迅速地从虚拟情境中走出来，而不是仍然沉迷于虚拟情境之中。

4. 不影响身体健康

在线的时间以身体健康为底线，以不影响身体健康为前提。离线时身体没有明显的不适应，离线后不会因使用网络而使身体的感觉器官、消化器官、神经系统及其他身体器官机能下降或失调，能保持机体的平衡。

二、健康网络心理及行为的培养

1. 塑造健全的人格，增强学生的自我保护意识

培养健全的人格是培养职业院校学生健康网络心理的重要内容。

首先，要培养职业院校学生活泼开朗的性格特征，使他们形成利导性思维；其次，培养职业院校学生愉快的情绪倾向，引导他们体验生活的幸福感；最后，教给职业院校学生排解强烈内心矛盾冲突的有效方法，使之人格健全。心理健康是一个自组织过程，是个体的自我构建、自我完善过程，外力只是辅助力量，根本的动力来自个体内部，源于个体的自我教育、自我约束和良好的人格倾向。因此，对上网学生的心理辅导应充分调动他们的积极性，使他们及时掌握有关的网络心理卫生知识，塑造健全的人格，增强他们的自我保护意识。他们一旦发觉心理上的问题，就能及时采取措施，立即停止上网或及时寻求心理帮助。

2. 加强网络道德建设，树立正确的价值观

网络的发展速度是超乎想象的，传统的道德规范难以适应变化多端的网络新环境。职业院校学生是否遵循道德规范，在网上不易被觉察和监督，社会舆论、传统习惯在网络上的监督作用微乎其微。这些情况表明，要尽快建立与网络时代相适合的网络道德规范，加强对职业院校学生正确世界观、人生观和价值观的教育和培养。开展网络道德建设，有助于强化学生遵守网上规范和网络道德，减少学生网络放纵行为，也有助于学生对现实世界的认同。

3. 加强校园文化建设，培养学生的高尚情操

校园文化建设对丰富职业院校学生的精神文化生活、提高其综合素质是极为重要的。职业院校学生追求的是高品位的精神生活，他们的社会地位、知识水平及年龄心理特征，都使他们向往高尚的文化生活，寻求高层次的精神享受。高校的校园文化建设，应把娱乐其身心、陶冶其情操、滋养其品性、塑造其灵魂作为指导思想，使校园文化充满青春活力和时代气息。校园文化建设要积极利用网络这种传播形式，拓宽文化活动的空间，以思想政治、道德法纪、心理等为支点，通过学习、就业、交友、心理咨询、法律援助等学生们喜闻乐见的形式，不断开辟网络阵地，建设学校网络主流文化，用健康的思想文化占领高校网络阵地，抵御不良信息的侵蚀。同时，学校应加强学生网上问题行为的研究，提高学生对不良网络信息的心理防卫能力，趋利避害、扬长避短。

4. 注重现实世界人际交往

学生应从思想上认识到网络人际交往的虚拟性、隐蔽性及不安全性，认识到能够给人真正带来长久关系的可能更多来自于现实生活中的人际交往，应注重现实世界人际沟通，将网

络人际沟通与现实人际交往紧密结合起来，使二者相得益彰。学生可以根据自己学习与生活的需要，合理安排上网时间，并不断进行积极心理暗示，鼓励自己学会控制自己的上网行为，合理利用网络来学习与娱乐。

5. 完善个性，培养健康的心理防御机制

有研究表明，网络成瘾与个性因素有关，一定的人格倾向使个体易于成瘾。因此，学生要不断完善自己的个性，培养广泛的兴趣爱好和较强的社会适应能力，学会合理宣泄，正确应对挫折，培养健康的心理防御机制，尝试用有益于身心健康的兴趣爱好和休闲娱乐方式转移注意力。比如，爱好文艺的同学可以尝试加入职业院校学生艺术团、参加校内外各种演出，爱好体育的同学们可以打打球、下下棋等，以减少对网络的依赖。

6. 积极进行心理咨询与治疗

网络成瘾者在上网时体验到的满足感和愉悦感使之倾向于过度上网而导致身心健康受损，而且大多网络成瘾者敏感、退缩，除非内心感到无法忍受的痛苦或者严重影响个人生活，否则极少主动进行心理咨询与治疗。因此，对于诊断为网络成瘾的职业院校学生，在个人和亲属不能控制和有效调节的情况下，就要注意及时、有效地开展心理咨询和治疗，必要时辅以药物治疗，以防止严重化。网络成瘾者取得他人，特别是心理咨询机构的帮助，将是其克服网络成瘾的有效途径。

> **知识链接**
>
> **认知行为疗法在职业院校学生网瘾帮控中的应用**
>
> 　　近年来，网络以其便捷性、丰富性、交互性等优势备受职业院校学生的青睐，在为职业院校学生提供新的学习交流渠道的同时也带来了"网瘾"问题。职业院校学生是国家建设的后备军，长期沉迷于网络不仅会对学生本人的健康成长形成阻碍，也会对国家的未来发展产生不良影响。认知行为疗法（cognitive behavior therapy，CBT）是以美国著名心理学家贝克（Aaron Beck）于1976年建立的认知疗法为基础，由认知理论和行为疗法相互融合、相互补充形成的系统心理治疗方法。具有代表性的有埃利斯（Albert Ellis）的合理情绪行为疗法，贝克和雷米（V. C. Raimy）的认知疗法，梅肯鲍姆（Donald Meichenbaum）的认知行为矫正技术等。认知行为疗法是通过改变信念和行为的方法改变不良认知，从而消除不良情绪和行为的心理治疗方法，对于由认知失调引起的心理问题非常有效。
>
> 　　一、创造良好的帮控环境，和学生建立平等的关系
>
> 　　教师和学生应该确定一种互相信任、互相尊重的朋友关系，这样才能让学生在精神上得到理解和支持，愿意敞开心扉，便于教师及时发现并且矫正学生的不合理信念，使辅导结果得到保证。网络成瘾学生通常不太愿意让其他人知道自己因为网瘾接受辅导咨询，同时对教师的辅导可能存在抵制情绪，所以辅导环境应选择安静、隐蔽的地方。这样才能争取学生意识上的接纳和配合，取得良好的帮控效果。
>
> 　　二、充分运用认知行为疗法基本技术，矫正学生错误思想
>
> 　　在认知技术方面，首先应用情绪ABC理论向学生阐述网络成瘾的行为和自身观念之间的关系，从而帮助学生认识到自身思维能动性的存在和影响。然后，改变学生的极端想

法，帮助学生进行检验假设。在这期间可以通过自我对话方法启发学生，使其对自己的消极思想提出积极的想法，也可以通过家庭作业法让学生以笔记的形式记录自己的思维，并及时分析这些思维产生的原因。

在行为技术方面，要督促学生安排日常行为计划，细化到每一天每一小时，严格要求学生按照计划执行并予以抽查和监督。在这个过程中应注意，活动的难度和精确性要根据学生的能力和心理状态逐渐提高，并及时与学生交流。

三、制定长期汇报机制，定期观察学生认知行为改善情况

网络成瘾的帮控是一项长期的工作。学生的认知改变不是一蹴而就的事情，因此需要认知改变和行为改变互相促进、同时进行。教师需与学生达成共识。学生定期记录和汇报自己的想法和实际行为，自主分析自身网瘾的改善情况。在这个过程中，教师对积极的改变予以鼓励和指导，对没有按期执行的计划或者学生出现偏差的认知给予及时纠正。通过长期的指导帮助学生认清问题、重塑认知结构、消除心理困扰和障碍、增强自信心，使其以健康积极的心态融入当下的学习、工作中。

心理训练营

辩论："网络使人际关系亲近还是疏远"

一、活动目的

感受网络给职业院校学生人际关系带来的诸多变化。

二、活动时间

20分钟。

三、活动步骤

将学生分为两组，正方支持"网络使人际关系亲近"，反方支持"网络使人际关系疏远"。两组进行立论说明，活动重点不在于评判哪组胜利，而在于让职业院校学生在讨论中认识网络的积极影响和消极影响，从而促进心理的健康。

心理学家及核心理论（七）

网络心理学

网络心理学（cyber psychology）是一个新兴的网络名词，通常是指以心理学经典理论为基础，以实证研究为手段，研究互联网相关情景下，人的心理、行为及其规律性的一门应用心理学学科。从广义上而言，网络心理学是指一切与网络有关的心理学研究。狭义的网络心理学则指的是，以网络为代表的自组织性、非线性的观点对于心理学的深刻影响。

目前，网络心理学的理论假设和实证方法多源于变态心理学、临床心理学、社会心理学、社会学等既有的理论体系，其中又以行为主义学派的强化理论、社会学习论、替代学习论、变态反应论影响较大。研究者多为临床心理学学者、社会心理学学者以及行为主义学派的心

理治疗师、社会工作者。

网络心理学的研究领域主要有：互联网使用对人的认知、情感、意志、行为、人格、一般能力、记忆能力、学习能力、社会适应性等心理特征的一般影响；互联网人格的形成机制与影响因素；互联网使用者的网上/网下双重人格问题；互联网对青少年人格形成的影响；互联网使用成瘾（或称网络成瘾、网瘾）的早期干预、治疗，以及网络成瘾者的愈后社会再适应问题；色情、暴力、反社会、反政府等不良网络信息对网络使用者的影响等。其中，最热门的题材包括网瘾形成及其戒断方法，互联网对人格形成、改变和重建的影响。

我们相信，随着广大心理学研究者和工作者的不断努力，随着社会生活网络化的不断推进，网络心理学作为一门社会科学将会很快完备起来。

风云人物

爱尔兰网络心理学家玛丽·艾肯（Mary Aiken）是《网络心理学：隐藏在现象背后的行为设计真相》一书（见图7-2）的作者，也是美剧《网络现场调查》（CSI: Cyber）的主人公原型。网络心理学研究的是新兴技术对人类行为产生的影响。这些技术不仅包括在线技术，也包括离线技术。她希望人们可以以健康的方式和技术进行互动。

图7-2　玛丽·艾肯著作的中译本

第三部分

社会交往与亲密关系

　　一个人永远不要靠自己一个人花100%的力量，而要靠100个人花每个人1%的力量。

——比尔·盖茨

　　爱是人的一种主动的能力，一种突破把人和其他同伴分离之围墙的能力，一种使人和他人相联合的能力。

——弗洛姆

　　走好选择的路，别选择好走的路，你才能拥有真正的自己。

——杨绛

模块八 人际交往心理

● **导读导学**

亚里士多德曾说：能独自生活的人不是野兽就是上帝。人际交往具有沟通信息、交流思想感情、协调行为的作用。人际交往是大学生活的重要部分，在新的环境和人际群体中职业院校学生常常会因交往态度不端正、交往方式不恰当以及交往技巧欠缺而影响人际关系，导致心理问题。对职业院校学生而言，该如何提高人际交往能力，进而建立良好的人际关系呢？通过学习本模块内容，读者可以熟悉与人际交往相关的概念，加深对职业院校学生人际交往的特点以及影响人际交往的因素的认识，了解人际交往中的常见问题，掌握人际交往的原则和常见技巧，学会人际交往的策略，解决人际交往中的困惑和问题，找到适合的人际交往方式。

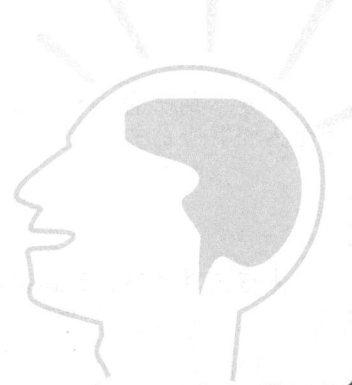

● **思维导图**

人际交往心理思维导图见图8-1。

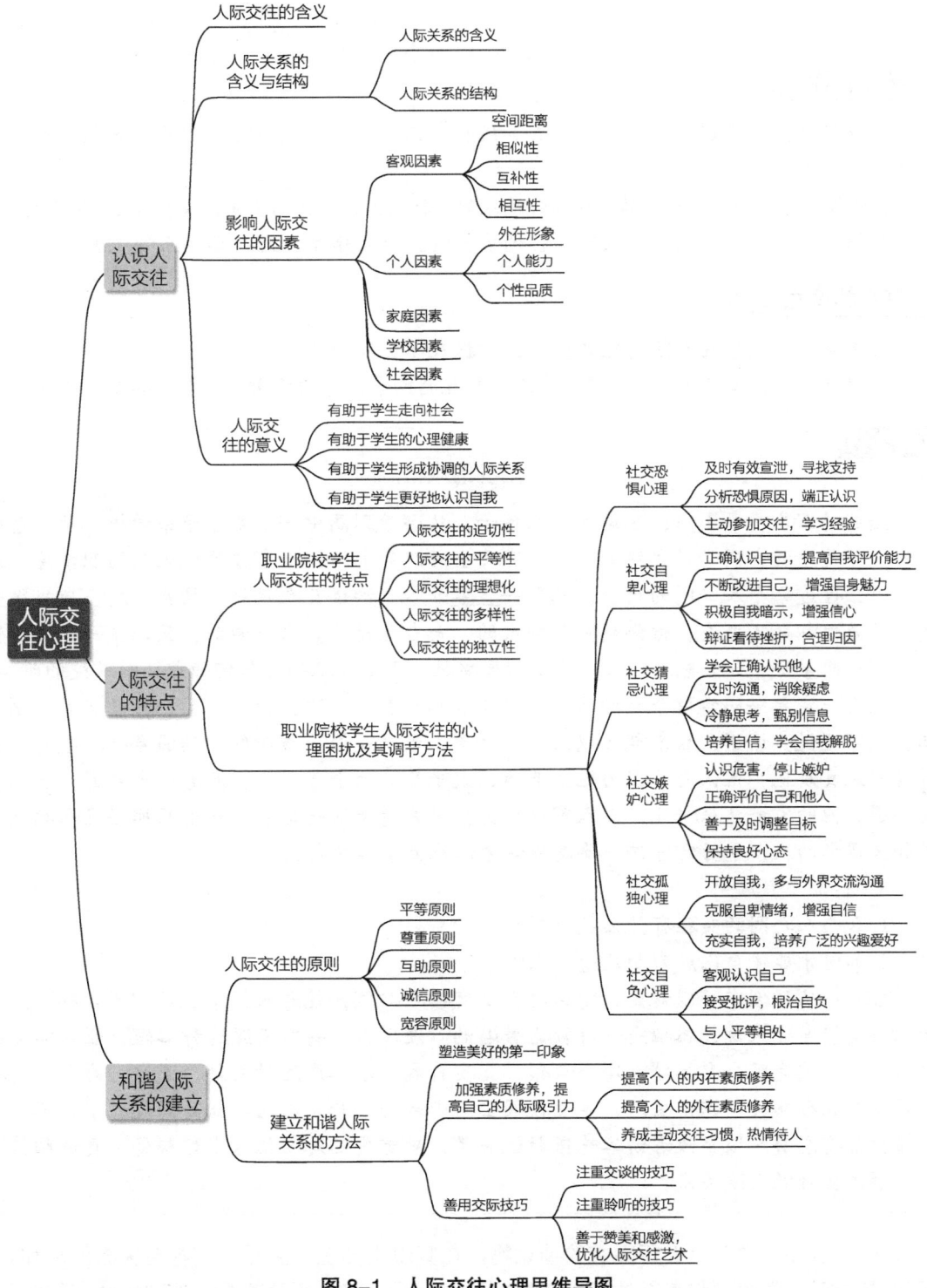

图8-1 人际交往心理思维导图

单元一　认识人际交往

学习目标

1. 知识目标：了解人际关系的含义和结构，认识影响人际交往的因素，掌握人际交往的意义。
2. 技能目标：能根据实际情况判断影响人际交往的因素，并初步掌握改善人际交往的方法。
3. 情感目标：意识到良好人际交往的重要性，树立建立良好人际关系的观念。

重点和难点

1. 重点：认识影响人际交往的因素，掌握人际交往的意义。
2. 难点：能根据实际情况判断影响人际交往的因素，并初步掌握改善人际交往的方法。

案例 8-1

陆羽的烦恼

陆羽的家在一个小镇，他是家中的独子，从小学到高中一直都上子弟学校，学习也比较好。可是陆羽在高考时发挥失误，没有考上理想的大学，很不情愿地来到高职学院。进了大学，住进六个人一间的宿舍，陆羽一直不开心。按说几个年轻人住在一起，应当很热闹，可是他却融不进去，仿佛热闹是别人的，与自己无关。来上学前，父母就一再提醒他要处理好同学关系，他也深知人际关系的重要性，可是却不知应从何做起。刚入校的时候，陆羽想着一定要给同学留个好印象，所以凡事都抢着做，比如打扫卫生、打开水等。刚开始，大家还说声谢谢，后来就习以为常，仿佛本来就是他应该做的。陆羽觉得很寂寞，觉得没有人喜欢他，他认为是因为他太普通、太平凡：他个子不高，只有一米六五，长相也太普通；他的家境也很平凡，工人家庭出身，没钱请大家吃饭。他很羡慕那些在人际交往中如鱼得水的人，也时常苦恼，要怎样做才能让大家喜欢自己。

问题：
1. 人与人之间的交往有什么技巧吗？
2. 如何才能使自己成为受欢迎的人呢？

分析：从案例中可以看出，陆羽存在社交孤独心理，就是人们常说的"不合群"。对于职业院校学生来说，孤独是一种较为普遍的心理现象。要想克服这种心理，让人际交往更和谐，应该克服自卑情绪，增强自信，充实自我，培养广泛的兴趣、爱好，为自己安排丰富多彩且有意义的课余生活，享受校园生活带来的乐趣。与同学相处的过程中，不可一味靠放低姿态替人做事或者请客吃饭拉近关系，更重要的是与他人友好相处、真诚相待，从而形成良好的人际关系。

人的本质并不是单个人所固有的抽象物，在其现实性上，它是一切社会关系的总和。进入职业院校后，学生面临着新的环境、新的群体，重新整合各种关系、处理好与交往对象的关系便成为他们新的生活内容。良好的人际关系不仅是衡量职业院校学生心理健康水平、社会适应能力的重要指标,也是今后事业发展与人生幸福的基石。

一、人际交往的含义

人际交往是指人与人之间沟通信息的过程,即人们运用语言、非语言符号交换意见、传达思想、表达感情和需要的交流过程。它是人类活动的一种最基本的形式,也是人类所特有的一种心理现象。人作为社会性生物,必然要与他人发生这样或那样的关系,彼此相互接触、相互传递信息、相互联系、相互作用,从而实现社会成员之间的协调一致。因此,人际交往是社会成员所必需的。

二、人际关系的含义与结构

(一)人际关系的含义

人际关系是指人与人在交往中建立的直接的心理上的联系。人际关系是社会关系的一个侧面,它是以情感为纽带,以人们的需要为基础,以交往为手段,以自我暴露为标志的一种心理关系。人际关系的好坏反映着人们心理距离的远近。

(二)人际关系的结构

人际关系的结构是指构成人际关系的心理成分及其相互关系。人际关系是多种心理因素的复合体,其基本成分包括认知、情感和行为,分别表现为人际认知、人际吸引和对人行为。

(1)人际认知 人际认知是个人对人际关系的认识和理解,人们往往通过对他人、他人与自己的关系以及他人对自己的反应来知觉人际关系。人际关系从人与人的相互认识和了解开始。因此,人际认知是人际关系建立、发展和改变的前提和基础。

(2)人际吸引 人际吸引是指个体与他人之间情感上相互亲密的状态,如喜爱与厌恶、尊重和鄙视等。人际吸引是人际关系中最重要的部分,人们正是根据自身情感体验不断调整人际关系的。情感体验的性质是直接影响人际关系状况的决定性因素。因此,人际吸引是人际关系的核心要素。

(3)对人行为 对人行为是指与人际关系相联系的主体的活动,包括行为举止、语言、表情、手势等。这些行为既是建立人际关系的条件,也是反映人际关系状况的重要依据。对人行为的两个极端方式就是援助和攻击。

人际认知、人际吸引、对人行为这三个要素是相互作用、不可分割的一个整体。人际吸引是在人际认知的基础上产生的,人际认知能唤起人际吸引的发生,也能控制和改变人际吸引的发展,人际吸引又会影响和改变人际认知,而人际认知和人际吸引因素都要通过对人行为表现出来。

三、影响人际交往的因素

人际交往受到多种主客观因素的影响,具体有以下几个方面:

(一) 客观因素

1. 空间距离

人们相处的空间距离是影响人际关系的一个重要因素。在能够满足彼此需要的前提下，处于空间距离较近的个体之间，相互接触和了解的机会较多，因而容易建立较为密切的人际关系。例如，职业院校学生在班级和宿舍等单位空间内比较容易建立稳定的人际关系。但是，空间距离的影响会随着交往时间的延长而减小，比如在交往双方的关系紧张时，空间距离越近，越容易引起彼此间的消极反应。

2. 相似性

研究表明，人们通常喜欢和那些在某方面与自己相似的人交往。个体之间的相似程度越高，越容易产生熟悉感，并因此相互吸引。相近的年龄、家庭背景、经济条件和社会地位，相似的性格、爱好和价值观等，都会使交往的主体之间有更多相似的态度和看法，使他们对彼此产生认同感，使交往变得更加融洽。

3. 互补性

交往双方在需求、社会角色及人格特征等方面形成互补关系时，很容易产生相互之间的吸引力。个体往往会因为对方身上显现出的某种品质而得到心理上的补偿，获得满足感，进而建立较为密切的人际关系。例如，脾气急躁的人往往容易与性格温顺的人和睦相处，依赖性强的人更喜欢与独立性强的人交往。

4. 相互性

良好的人际关系是建立在彼此相互尊重和相互支持的基础之上的。任何一个人都不会无缘无故地接纳他人，所以人际交往是一个交往双方互动的过程。正如孟子所说：学人者人恒学之，助人者人恒助之，敬人者人恒敬之，爱人者人恒爱之。人们通常会喜欢那些喜欢他们的人，只有自己主动表现出友好、真诚、热情和关爱，才能获得更多的友谊和重视，建立融洽的人际关系。

(二) 个人因素

个人因素在人际交往中起着较关键的作用。影响人际交往的个人因素主要包括外在形象、个人能力和个性品质等。

1. 外在形象

一个人的外在形象包括容貌、体态、服饰、举止、风度和行为等外在因素。在交往初期，外在形象通常影响着人们的情感态度及相互间的吸引程度。例如，外貌俊美、气质高贵、风度翩翩的人，更容易吸引他人的目光，给人留下较好的第一印象，而第一印象往往会影响人们在日后人际交往中的行为。

2. 个人能力

个人在能力、素质和特长等方面表现得突出，往往容易受到他人的关注和欣赏，使人产生钦佩感，并愿意与之建立良好的人际关系。另外，一些能力较强的人，偶然出现一些小过失，会使他们更具有吸引力。

3. 个性品质

个性品质是人际交往中最稳定的因素，它比外表更具吸引力。尤其是在深层次的交往过程中，个性品质的影响更为突出。具有良好个性品质的人会使交往对象受到他们的感染，保持愉悦的心情和乐观的生活态度，获得某种精神上的满足。例如：个性随和、开朗乐观、热情善良、机智果敢、富于幽默感的人比较容易受到人们的欢迎；真诚直率、谦虚谨慎、作风正派、意志坚强的人更容易得到他人的信任，给人以安全感和信赖感。

（三）家庭因素

家庭是孩子永远的学校，父母是孩子的第一任教师。家庭作为个体成长的摇篮，对其人际关系起着潜移默化的作用。其中，家庭教养方式、父母的人际交往状况及婚姻状况、家庭经济条件、城乡来源、是否独生子女等会以直接或间接的形式影响到孩子的人际状况。在不良家庭中成长的学生比平等民主家庭成长的学生更易产生人际交往困惑。比如：溺爱型家庭容易导致孩子形成以自我为中心的交往倾向，自私自利、缺乏责任感；放任型家庭容易造成孩子我行我素、好胜斗强的交往倾向；严厉型家庭往往会导致孩子产生自卑、内向、情绪化的人际交往障碍倾向。如果父母本身是沉默和害羞的，缺乏社会交往技能，这必然在无形中剥夺和限制儿童的社会交往机会，同时孩子也会受到其影响和感染，有沉默和害羞的倾向，甚至恐惧社交。家庭贫困的学生，在与人交往过程中易有自卑、自闭心理；独生子女比非独生子女在孤独心理、自我中心心理方面表现得更显著；来自农村的学生感觉自己人际关系很差的比例明显高于来自城市的学生。

（四）学校因素

学校是职业院校学生学习生活的重要场所，也是其进行人际交往和建立人际关系的主要影响因素。职业院校学生的人际关系虽然表现在大学时期，但其形成是一个从中小学到大学的渐进过程。中小学阶段通常以提高学习成绩为首要任务，考试之外的课题无法进入教育领域，学生无暇顾及与人交往、合作等个人社会化的问题，也没有更多的精力和兴趣去了解自己、关心他人、学习人际交往的技能。这些为学生日后人际关系的建立和发展埋下了隐患。进入大学后，职业院校学生的生活方式、学习模式和交往模式与中学不同。在宿舍生活中，由于生活习惯、爱好、个性和生活作息时间各不相同，因此经常会产生一些矛盾冲突和摩擦。在学习上，大学复杂众多的课程和自由的学习方式，要求学生在竞争与合作、团结与互助中主动学习。在人际交往上，大学里的人际交往更为复杂多样。这些现实问题打破了学生先前对大学的美好幻想，会逐渐滋生孤独、紧张和怀旧等负面情绪。而职业院校对学生人际交往的心理困惑和行为障碍重视不足、指导不够，虽然向学生传授人际交往知识，但是对于交往策略、技能和能力的培养没有充分开展，对有交往障碍的学生的指导仍需要加强。另外，许多高校在心理健康教育和心理辅导方面工作开展的广度和深度都与学生心理发展的需要存在一定的差距。

（五）社会因素

在全球化的社会背景下，"学会共处"、加强沟通与交流已成为影响职业院校学生的一个重要观念。而在目前的市场经济条件下，经济交往在人际交往中所占的比重越来越大，在这种经济因素的广泛渗透下，人际关系中除了往日的直率、忠诚和互助外，增加了功利、虚伪和利己的成分。西方社会思潮在我国的传播和渗透对大学产生了重大影响。有调查表明，"做自己喜欢做的事，不在乎别人的评论"成为当代青年的价值选择之一，追求个性已成为现代职业院校学生的突出特征。另外，随着互联网的发展，网络人际交往对职业院校学生群体产生了较大吸引力。在互联网上可以通过电子邮件、QQ、微信、微博等方式进行聊天、交友等网络人际交往活动。网络人际交往是把双刃剑：一方面，它使得职业院校学生的人际交往更加便利、自由、扩展；另一方面，它也减少了人与人之间面对面的情感交流和行为互动的机会。一旦沉溺网络，会造成现实交往动机、交往能力的下降，也可能因为网络中的欺骗行为产生信任危机，最终导致退缩孤僻、自我封闭。

> **知识链接**
>
> ### 人际关系的心理效应
>
> 1. 首因效应
>
> 首因效应又称为第一印象作用，是指初次交往对人产生的印象往往最为鲜明和深刻，并对以后的交往产生较大的影响。人们初次相遇，总是先观察对方的衣着、相貌、举止及其他动作反应，然后根据观察到的印象对对方做出一个初步的评价。虽然第一印象是在很短的时间内根据有限的、表面的观察资料得出来的，但是它的新异性和鲜明的情绪色彩能在人的脑海中留下深刻的烙印而不易消除。
>
> 2. 近因效应
>
> 近因效应是指最近接收到的信息对人的认知具有强烈的影响，人对最近留下的印象会比较深刻。人们在与陌生人交往时，首因效应起到的作用较大，而与熟人交往时，近因效应的作用则较为明显。近因效应在人际交往中普遍存在，我们应该注意克服近因效应带来的认知偏差，要学会用动态的、发展的、历史的、全面的眼光看待他人，与他人建立良好的人际关系。
>
> 3. 晕轮效应
>
> 晕轮效应又称为光环效应，是指人们仅仅依据某人身上一种或几种特征来概括他在其他方面一些未曾被了解的人格特征的心理倾向。人们常说的"情人眼里出西施""爱屋及乌"就是晕轮效应的最好说明。晕轮效应所产生的认知偏见是一种明显的从已知推及未知，由片面看全面的认知现象。因此，在人际交往中要告诫自己不要以偏概全，不要凭主观印象行事。另外，在交往中也可利用晕轮效应，给对方留下良好的印象，这有利于良好人际关系的建立。
>
> 4. 投射效应
>
> 投射效应是指在人际交往中，认知者以已度人，把自己的情感、意志和特征投射到他人身上，认为他人也应如此。例如，有的人喜欢在背后议论别人，却总以为别人时常也在背后议论他。人们常说的"以小人之心度君子之腹"就是典型的投射效应。因此，在人际认知中应力求从客观实际出发，深入考察，摈弃主观臆断、妄想猜测，尽量减少人际交往中的误会和矛盾。
>
> 5. 刻板效应
>
> 刻板效应是指在人际交往中，人们往往习惯于机械地将交往对象归于某一类群体中，并把对该类群体所形成的概括而固定的看法强加于他。例如，商人狡猾奸诈、知识分子温文尔雅、老年人固执保守等看法，虽然没有事实依据，但是很多人仍会坚持这些看法，这就是刻板效应。在交往中，要正确认识一个人，既要考虑其所在群体的特征，也要考虑个体的具体情况。

四、人际交往的意义

就学生而言，正常的人际交往和良好的人际关系是其心理正常发展、个性保持健康和生活具有幸福感的必要前提，具有以下重要意义。

（一）有助于学生走向社会

每个个体坠地之初都只是个懵懂的小生物，在不断地与周围环境和成人的接触过程中，其各种心理功能得以形成和发展。最初是母婴交往，之后是与家庭成员交往，再后是在幼儿园、小学、中学阶段的十几年中，在与老师、同伴以及其他各种社会成员的交往中积累社会经验，学到社会生活中所必需的知识、技能、态度、伦理道德规范等，成为一个成熟的社会化的人。因此，人际交往是个人从自然人向社会人成长的必经之路。

> **案例8-2**
>
> **狼孩的故事**
>
> 1920年，在印度加尔各答东北的一个名叫米德纳波尔的小城，人们常见到有一种"神秘的生物"出没于附近森林，往往是到晚上，就有两个四肢走路的"像人的怪物"尾随在三只大狼后面。后来人们打死了大狼，发现这两个"怪物"原来是两个女孩，其中大的七八岁，小的约两岁。这两个小女孩被送到米德纳波尔的孤儿院去抚养，还给她们取了名字，大的叫卡马拉，小的叫阿玛拉。这就是曾经轰动一时的"狼孩"事件。她们到了孤儿院，依然不会直立行走，只能用四肢爬行；白天睡觉，晚上活动，怕光怕火；不吃素食、熟食，只吃生肉等，保持着和狼一样的习性。卡马拉在孤儿院用了两年才学会站立，用了九年才学会45个词和几句简单的话。在最后的三年中，卡马拉终于学会在晚上睡觉，她也怕黑暗了。很不幸，就在她开始朝人的生活习性迈进时，她死了。死的时候已16岁左右，但她的智力只相当于三四岁的孩子。
>
> 狼孩的故事告诉我们：人是社会实践的产物。人不是孤立的，而是高度社会化的，脱离了人类的社会环境，脱离了人类的集体生活，就无法"成人"。

（二）有助于学生的心理健康

心理学研究发现，如果一个人长期缺乏与别人的积极交往，缺乏良好稳定的人际关系，那么这个人往往会有明显的性格缺陷。在对职业院校学生的调查中发现，职业院校学生与舍友、同班同学或同伴之间的交往状况，往往对其心理有很大的影响。那些生活在没有形成友好、合作、融洽的人际关系氛围里的职业院校学生，常常感到压抑、过分敏感、自我防御，并且难以合作，情感满意度低。而生活在人际关系融洽的团体中的学生，往往心情愉快，注重学习和成就，互相学习，互相帮助，生活满意度高。另外，心理学家还从不同的角度做过大量研究，结果都证明，健康的个性与良好的人际交往是相伴随的。心理健康水平高的人，往往是那些个性成熟的人，他们能较好地理解别人。可见，人际交往与心理健康二者是相互作用、互为一体的。

（三）有助于学生形成协调的人际关系

人际交往总是在一定的群体中进行的。任何一个社会群体，为了实现群体成员的共同目标，都必须在共同的价值标准和行为规范约束下协调成员之间的行为。这就使得个体成员之间在接触中彼此沟通信息，相互了解，产生相互影响和作用，处理好彼此之间的利益关系和矛盾冲突。如果人与人之间没有交往或交往太少，就缺乏彼此之间的理解，难免因不同的观点、看法、态度、个性或生活琐事等产生分歧摩擦，从而造成烦恼痛苦，影响正常的学习和生活。只有在交往中，人们才能不断地学习，不断地成熟，不断地调整自己，不断地协调与他人的关系，使自己与周围环境融洽，以便自己在良好的人际关系状态下提高生活学习效率。

（四）有助于学生更好地认识自我

古人云：以铜为镜，可以正衣冠；以古为镜，可以知兴替；以人为镜，可以明得失。也就是说，在与他人的交往中，他人对自己的评价和态度以及与他人的比较能让我们更好地认识自我。人对自己的认识总是以他人为镜的，通过与别人的比较，通过他人对自己的反映和评价，发现自己的优点和缺点，找到自己恰当的社会位置。离开一定的人际交往，就无法搞清楚自己真实的情况。因此，有必要多方位、多层次地与更多的人交往，以便恰当地认识自己，根据自身的情况，设计、发展、完善自己。

> **案例 8-3　　　　　　严格要求的李同学**
>
> 小李，男，20岁，某高职院校二年级学生。大一时小李成绩非常优秀，到了大二成绩逐渐下滑，在学期末有两门功课不合格。他自认为都是由于自己不会与别人相处造成的。
>
> 刚考入大学时，小李竞选班级学生干部，后来成功当选为体育委员。为了做好本职工作，小李对周围同学要求比较严格，在学校早操、体育课等活动中如果有哪位同学缺席，他就理解为该同学不支持他工作，故意给他出难题，因而特别生气，就去指责和教训别人，即使是同宿舍同学，他也毫不留情。他的这种"认真"，使得他和舍友关系变得紧张，最后导致宿舍成员排挤他，谁都不愿意和他来往。连班上的同学都开始讨厌他，故意不理他。为此，他非常难过，想找同学了解情况，可是已经没有同学愿意和他沟通了。在这样的环境中，小李开始失眠、头痛，不愿意做事情，上课也无法集中注意力，学习成绩也日益下滑。
>
> 小李不想再这样下去，他想改变这种情况。于是，他找到了辅导员，向辅导员倾诉了自己的现状和想法。辅导员耐心了解情况后，带他来到学校的心理咨询中心。辅导员和心理咨询老师按照社交理论和技巧引导小李慢慢地转变观念、调整心态，改变与同学相处的语言和行为方式。两个月过去了，小李终于走出困境。他的心情逐渐好转，与同学们的关系也越来越融洽，学习成绩也稳步提升。
>
> 问题：小李的社交困境是怎么造成的？
>
> 分析：作为体育委员的小李，对自己的本职工作认真负责是值得肯定的。然而，小李同学为了做好工作一味地只站在自己的角度去考虑问题，而不为他人考虑，也不去了解他人的情况及难处，以专横的态度去处理事情，这样显然是不太妥当的。这同时也暴露出小李同学缺乏人际协调与组织能力，在人际沟通方面也很不擅长。

心理训练营

绘制人际财富图

一、活动目的

了解自己的人际关系网络,掌握自己的人际资源。

二、活动时间

20 分钟。

三、适合人数

全班同学。

四、材料准备

每个人准备一张白纸、一支笔,然后跟着教师的指导语和示范,绘制自己的人际财富图。

五、活动过程

1)在白纸的中央画一个实心圆点代表自己。

2)以这个实心圆点为中心,画三个半径不等的同心圆,分别代表三种人际财富或者人际圈。同心圆内任意一点到中心的距离表示心理距离。将亲朋好友的名字写在图上,名字越靠近中心圆点,表明他与你的关系越亲密。

①写在最小同心圆内的属于你的"一级人际财富",它代表着你愿意让对方走进自己心灵的最深处,愿意与之分享你内心的秘密、痛苦和快乐。这样的人际财富不多,却是你最大的心灵慰藉,也是你生命中最重要的成长力量。

②写在第二大同心圆内的是你的"二级人际财富",它代表着你们彼此关心,时常聚在一起聊天戏耍,一起分享快乐,一起努力奋斗。虽然你们之间有些秘密是无法分享的,但这类朋友让你时常感到人生的温馨。

③写在最大一个同心圆内的属于你的"三级人际财富",它代表着这些朋友可以是平时见面打个招呼,但是需要帮助时也愿意尽力帮忙的朋友;可以是曾经比较亲密但渐渐疏远,却仍然在你心中占有一席之地的朋友;也可以是平时难得见面,却不会忘记在逢年过节问候一声的朋友。

④同心圆外的空白处代表你的"潜在人际财富"。尽量搜索你的记忆系统,把那些虽然比较疏远但仍属于你的人际财富的人的名字写下来。

单元二 人际交往的特点

学习目标

1. 知识目标:了解职业院校学生人际交往的特点,认识职业院校学生人际交往的心理困扰及其调节方法。

2. 技能目标：能根据具体情况判断影响人际交往的心理困扰，并初步掌握心理调节的方法。

3. 情感目标：愿意认识人际交往的特点及心理困扰，并进行有意识的自我调节，建立良好的人际关系。

重点和难点

1. 重点：掌握职业院校学生人际交往的心理困扰及其调节方法。

2. 难点：能根据具体情况判断并分析影响人际交往的心理困扰，并能初步运用心理调节的方法。

> **案例 8-4**
>
> 我该怎么办？
>
> 我来自农村，通过高考走进了高职学院，我很高兴，爸妈也替我高兴。但是来到学校后，我发现自己什么都不会：不会说普通话，只会说口音浓厚的家乡话，别人有时候听不懂甚至发笑；穿着、举止动作都显得土气；英语口语不太好，上课读课文发音不准，惹得同学哄堂大笑，自己觉得很失面子；农村教育条件有限，除了学习书本知识外，自己没有什么业余爱好和文艺才能，所以在举行文体活动时，自己总是独坐一隅，好尴尬；在宿舍聊天时，城市同学侃侃而谈、风趣幽默，更显得自己孤陋寡闻，插不上话，有时好不容易发表一下看法，也常常惹得舍友笑话……我觉得自己处处不如人。现在我都不和舍友聊天了，上课也怕教师提问，碰到同学就紧张、不自然。同学肯定也认为我是一个怪物。其实我特别想和同学交往，但内心又很害怕，我觉得心里特别难受，我该怎么办？
>
> 问题：分析一下，可以怎样解决他的困境呢？
>
> 分析：从案例中可以看出，这位同学是因自卑导致的社交障碍。他的主要问题是对生活环境的变化以及在新集体中位置与角色变化的不适应，这种不适应引起了自我评价的降低，导致了强烈的自卑感和心理失衡，因此不能与同学正常交往。人际关系不协调反过来又加剧了心理的不平衡。解决的途径主要有：首先，要充分认识自己，纠正自我意识偏差，提升自信；其次，寻找差距，弥补不足，增强能力；最后，打消顾虑，少一些胡思乱想，多一些实际的工作，积极与人相处，并且常常进行积极的自我暗示。

职业院校学生正处于全面发展的重要时期，人际交往具有鲜明的年龄特点和时代特征，交往途径和方式灵活多样，形成了独特的类型。但是学生踏入大学，面对各种各样的人际关系，比如现实生活中的师生之间、同学之间、同乡之间、个人与集体之间以及网络交往中的关系时，常存在着一些人际交往的问题和困惑，需要通过自身的调节和他人的帮助进行改进。

一、职业院校学生人际交往的特点

（一）人际交往的迫切性

职业院校学生思想活跃、精力充沛、兴趣广泛、对人际交往的需要极为强烈。他们力图通过人际交往去认识世界、获得友谊，满足自己物质和精神上的各种需要。因此，他们希望被人接受、被人理解的心情尤为迫切。在人一生中的其他时期，再也没有像青年时期那样强烈的被理解的渴望了。

（二）人际交往的平等性

随着自我意识的发展，职业院校学生产生了强烈的成人感，对交往的平等性要求也越来越强烈。他们希望在交往的过程中相互尊重、坦诚相见、互敬互爱，交往双方不因各自的身份、地位和其他条件而改变交往态度。职业院校学生之间存在差别，但他们在交往中却有意追求平等，强者不愿被迎合，弱者不愿被鄙视。在人际交往中，他们既对他人平等相待，同时也希望他人对自己一视同仁。那些傲慢无礼、不尊敬他人、操纵欲和支配欲强的人，是不受大家欢迎的。

（三）人际交往的理想化

职业院校学生生活的重心主要是学习，他们还没有太多工作、家庭和经济等方面的压力，人际交往也较少涉及经济和政治利益。他们的交往方式较为感性和直接，更多地注重情感上的交流，讲求心灵深处的默契和共鸣，希望获得纯洁和真诚的友谊。同时，职业院校学生的人际交往具有明显的理想主义倾向。他们通常会以理想的标准要求交往对象，如果发现交往对象的某些不足、缺点和不良品质，就会感到失望，产生挫败感，影响彼此的交往。

（四）人际交往的多样性

职业院校学生的思想活跃、感情丰富、兴趣广泛、交往动机强烈，因此很容易与人建立交往关系。随着生活环境的转变，他们的交往范围不断扩大。例如，除本宿舍、本年级和本专业等小范围内的交往，其他院校、专业、年级、社团及社会中的人际群体也都成为他们的交往对象。

随着社会现代化和信息化的快速发展，职业院校学生对人际交往有了多层次、多方面的需求，其交往方式也变得多种多样，如各类校园活动、联谊会、社会实践及网络等都已成为职业院校学生进行人际交往的方式。

（五）人际交往的独立性

随着职业院校学生自我意识的不断增强，其独立性也表现得更加突出。他们会自主选择学校的各类活动，自主选择交往群体，依据自己的性格、特点和爱好寻求适合的交往对象。他们在积极交往的过程中，保持着相对独立的心理倾向，坚持自己的价值观念、行为方式和处事原则。他们互为主体、互相影响，既期望双方在观点和态度等方面达成共识，也能够保持求同存异的态度。

二、职业院校学生人际交往的心理困扰及其调节方法

职业院校学生在人际交往上，总体来说是主动交往、乐于交往、善于交往的，但是也有一些职业院校学生在交往上存在问题，有的不敢交往，有的不愿交往，有的不善交往，有的不懂交往。具体来说，这些问题主要是由恐惧、自卑、自负、孤独、猜忌、嫉妒等心理困扰造成的。

（一）社交恐惧心理

社交恐惧心理是指在某种特定的社交情境中对人或活动本身产生强烈的恐惧感或紧张不安感。职业院校学生的社交恐惧心理主要表现为害怕见生人、异性、老师、领导，特别是在人多的场合，产生紧张、焦虑、出汗、面红耳赤、心跳加快、语无伦次等情绪反应，从而造成尴尬的场面。克服社交恐惧心理要做到以下几点：

1. 及时有效宣泄，寻找支持

在交往恐惧产生时，马上找一个自己信任的对象进行倾诉，说出自己的恐惧感觉，并与之交流。这样既可以使自己尽快宣泄恐惧情绪，也可以从他人处学到建议和经验，尤其是得到心理上的支持，避免孤立和无助感。

2. 分析恐惧原因，端正认识

恐惧心理的产生一般是由交往的失败经历造成的。要建立合理的信念，辩证地对待交往的挫折。要善于遗忘，过去的就让它过去，没有什么比把握现在更重要的了。要认识良好人际关系的重要意义，增强与人交往的自觉性。

3. 主动参加交往，学习经验

交往实践是提高交往能力最有效的途径。只要经常参加交往活动，不断学习如何处理各种复杂问题，掌握摆脱窘境的方法和技巧，就可以克服恐惧心理。与人交往时，自己能做到什么地步就做到什么地步，只要尽力就好，没有必要要求自己事事得体、处处大方，不要对自己求全责备。不要急于求成，要循序渐进，给自己蓄积力量的时间。可以先从与自己熟悉的人的交往中获取良好的交往经验，再适当推广至和普通朋友、陌生人的正常交往。

（二）社交自卑心理

自卑是指意识到自己不如别人而产生的一种消极情绪体验。社交自卑的职业院校学生在人际交往中总是觉得"我不行""我不如别人"。社交自卑心理的主要表现是：内心敏感、抑郁、悲观、孤僻，害怕别人瞧不起自己；在社交场合表现拘谨、事事避让、处处退缩，不敢抛头露面，生怕当众出丑。克服社交自卑心理的方法如下：

1. 正确认识自己，提高自我评价能力

要善于发现自己的长处、肯定自己的成绩，同时要正确看待别人。切不可把自己看得一无是处，把别人看得完美无缺。有的时候，为了提高自信心，适当地挑一挑比自己出色的人的毛病，也是必要的。

2. 不断改进自己，增强自身魅力

一个人虽然不能改变自己的生理和自然条件，但却可以在实践中提高修养、丰富知识、增强能力。人不能总是因为那些自己不能改变的因素而忧虑、悲伤，应该去努力改变那些自己可以改变的。还要善于取长补短，寻找自己的优势，创造自己的特点。事实证明，在人际交往中，后天培养的内在魅力比外在美貌的作用更具持久性。

3. 积极自我暗示，增强信心

人的自卑心理来源于心理上的一种消极的自我暗示，即"我不行"，也就是自己看不起自己。自卑者常怀疑自己的知识和能力，常常以己之短比人之长，于是相形见绌、自惭形秽。在社交中要进行积极的心理暗示：我很好，大家都很喜欢我。如果经常进行积极的心理暗示和自我鼓励，社交自信心就会大大增强。

4. 辩证看待挫折，合理归因

人际交往中难免有挫折和失败，重要的是总结经验、吸取教训，切不要总是沉溺在失败的回忆中，唉声叹气、自怨自责。要认识到失败也是我们所需要的，挫折是人生成长的催熟剂，要科学客观地总结失败原因，振作精神，勇敢地投入新的社交活动。

（三）社交猜忌心理

社交猜忌心理是一种由于主观推测而产生不信任的复杂情感体验。职业院校学生在人际交往中难免会有猜忌，但如果猜忌心理过重，对什么都怀疑，则容易造成人与人之间的隔阂、矛盾和冲突，既伤害了别人的感情，也孤立了自己，导致人际关系紧张。猜忌心理主要表现为对他人言行敏感，而且无客观依据地猜测，对人对事不放心，总以为别人对自己不利、看不起自己、议论自己，有时甚至把别人的好心曲解为恶意。要消除猜忌心理可以从以下几个方面进行：

1. 学会正确认识他人

真正认识一个人不是容易的事，对他人的认识要力求做到全面、客观、公正，切忌只凭主观臆想轻率地下结论，也不能只凭一两次交往、共事就断定对方是什么样的人。只有切实了解一个人的真实情况以后，我们才可以下判断、得结论，避免胡乱猜测。

2. 及时沟通，消除疑虑

世界上没有不被误会的人，关键是要有消除误会的能力与方法。如果误会得不到尽快解除，就会发展为猜疑。所以，出现了疑点，不要马上乱猜测、乱对号，而是要主动与你所怀疑的对象多接触、多交流，开诚布公地谈一谈，以使了解真相、解除误会。生活中经常有这样的情况：你坚信某件事是某人所为，但经过谈心、交流或侧面了解，结果发现那件事根本与他无关。

3. 冷静思考，甄别信息

一事当前，乱猜疑者总想"急功近利"，用省事的方法解决问题，事实上不但没获得事半功倍的结果，反而常常会酿成后悔莫及的苦果。因此，当我们开始怀疑别人时，最好的办法是先"放一放"，冷静思考，寻找产生怀疑的原因，并引进正、反两方面的信息来分析。在人际交往中，要善于对信息和信息源进行认真鉴别、冷静筛选、去伪存真，对未经证实的信息不可偏信。

4. 培养自信，学会自我解脱

每个人都应该看到自己的优势和长处，相信自己能处理好人际关系，会给别人留下好的印象。我们充满自信时，就不会担心自己的行为，也不会怀疑别人是否会对自己不利。就算真的遭到别人的非议和流言，也要学会自我解脱。应当安慰自己，只要自己坦诚待人、问心无愧做事，就可以不必为别人的闲言碎语纠结，不必在意别人的议论。

（四）社交嫉妒心理

社交嫉妒心理是指在人际交往中，因与他人比较，发现自己在才能、名誉、地位、境遇等方面不如他人，而产生的由羞愧、抱怨、憎恨等情绪组成的复杂情感。职业院校学生社交嫉妒心理的主要表现有：对他人的成绩和长处不服气，甚至嫉恨；看到别人优秀，心里不甘心，总希望别人比自己落后；看到别人处于劣势则感到莫大安慰。嫉妒是一种消极的心理，容易使人痛苦、忧伤、产生攻击性言论和行为，导致人际冲突和交往障碍。社交嫉妒心理的调节方法如下：

1. 认识危害，停止嫉妒

嫉妒心理会严重妨碍职业院校学生的人际交往。法国作家司汤达曾说过：嫉妒是诸恶德里面最大的恶德。嫉妒对自己不但没有任何积极意义，而且还会造成更深的伤害。巴尔扎克形象地说：嫉妒者比任何不幸的人更为痛苦，因为别人的幸福和他自己的不幸，都将使他痛苦万分。所以，当发现自己产生嫉妒心理时，要马上想到嫉妒的危害，促使自己加以克服。消除嫉妒心理，坦诚、轻松、愉快地与对方沟通，这样或许能获得意想不到的良好交往效果。

2. 正确评价自己和他人

每一个人都有自己的独特性，人与人之间既有可比的方面，也有不可比的方面。别人的成功并不等于自己的失败，别人的失败也不等于自己的成功。要客观分析自己的优势和劣势，为自己找一个恰当的位置，充实生活，化解嫉妒情绪。

3. 善于及时调整目标

嫉妒往往针对的是与自己能力水平相当的人，因此当发现自己的目标和别人的目标一致，而别人在这方面已经超过自己很多时，可以改变目标，换一个方向去努力，也许会获得和别人一样理想的结果，从而消除自己的嫉妒心理。

4. 保持良好心态

人生就是一个大舞台，每个人都自得其所、各有归宿。要知道在任何一个群体中，总会有人比较优秀、走在前头，也总会有人相对落后一点。当发现别人确实在某一方面强于自己时，要有勇气承认，并认真借鉴，努力赶超别人。若实在赶不上，也不必强求。

（五）社交孤独心理

社交孤独就是人们常说的不随和、不合群，是指一种经常独处或受到孤立，很少与人接触而产生的孤单、无助的心理体验。对于职业院校学生来说，孤独是一种较为普遍的心理现象。职业院校学生的自我意识逐渐成熟，需要暂时的独处，以便回味过去的言行，自我反省，确定未来的生活道路。同时，职业院校学生也可以从暂时的孤独中寻找到快乐，享受这份心灵的宁静，塑造良好的人格，因而适当的独处是有益的。但长期沉迷于孤独，会给人带来诸多负面的影响。社交孤独心理的调节方法如下：

1. 开放自我，多与外界交流沟通

独自生活并不意味着与世隔绝，虽然客观上会对与外界交流造成困难，但依然可以通过其他方式达到交流的目的。例如，主动亲近别人，关心别人，真诚待人，与他人结成各种友好关系，从而形成良好的人际交往环境。

2. 克服自卑情绪，增强自信

因自卑而导致孤独状态，如同作茧自缚，自卑这层茧不冲破，就难以走出孤独。职业院校学生应增强自信心,充分发挥自身才华和优势,缩小与同学之间的差距,感受成功的喜悦,从而克服孤独。

3. 充实自我,培养广泛的兴趣爱好

应该为自己安排丰富多彩且有意义的课余生活,享受职业院校生活带来的乐趣。比如可以参加各类社团活动(包括艺术、体育等方面),加入感兴趣的社团,在活动中深入学习相关知识与技能,同时更能结识志同道合的伙伴;也可以充分利用图书馆,借阅不同领域的书籍、杂志等;还可以积极参加各类校园比赛,如演讲比赛、专业技能比赛等,提升能力的同时还能收获成就感。

(六)社交自负心理

社交自负是指人只关心个人需要,强调自己的感受,在与人交往中表现为目中无人。与同伴相聚,不高兴时会不分场合地乱发脾气,高兴时则海阔天空、手舞足蹈地讲个痛快,全然不考虑别人的情绪和态度。这种自负心理的人一般表现为:自私自利,很少关心别人,与他人关系疏远;看不起别人,总认为自己比别人强很多;过度防卫,有明显的嫉妒心。虽然在适当的范围内,自负可以激发青少年的斗志,使其坚定战胜困难的信念,但是脱离实际的自负不但不能帮助别人,反而会影响生活、学习、工作和人际交往,严重的还会影响心理健康。社交自负心理的调节方法如下:

1. 客观认识自己

自负者要全面真实地认识自我,既要看到自己的优点和长处,又要看到自己的缺点和不足,不可"一叶障目,不见泰山"。对自己的评价不能独立地进行,而是要将自己放在社会中去考察。每个人都有自己的独到之处,都有他人所不及的地方,同时又有不如人的地方,与人比较不能总拿自己的长处去比别人的不足,把别人看得一无是处。

2. 接受批评,根治自负

自负者的致命弱点是不愿意改变自己的态度或接受别人的观点,接受批评就是针对这一特点提出的方法。它并不是让自负者完全服从于他人,而是要求他们能够接受别人的正确观点,通过接受别人的批评,改变过去固执己见、唯我独尊的态度。

3. 与人平等相处

自负者总是高高在上的,无论是观念上还是行动上都无理地要求别人服从自己。平等相处就要求自负者要牢记人际交往的平等原则,人与人之间即使在地位、能力、形象等方面有很大差别,在人格上也是平等的。

案例 8-5

你有类似的经历吗?

新学期开学后,班级竞选班委,我当了组织委员,班长则由一个比我多了三票的女同学当选。一开始,我们合作得还不错,我们俩都有一些文艺特长和业余爱好,可以说在大家心目中,我们俩算得上是才女。

但是我渐渐发现她好像处处暗中和我较劲,总要在某方面故意压我一头。例如:我和别人聊天时,她总要插进来,一会儿,别人就和她聊得火热,把我晾在一边了;她还特别会和老师套近乎、搞关系,虽然她的总成绩没我好,却得了一等奖学金,我只得了二等奖学金;她性格比较外向,因此好多同学都很听她的,甚至管她叫"大姐"。现在我特别讨厌她,有时候想消消她的气势,故意与她作对。现在我就不能和她在同一个场合,她在场,我觉得什么事都做不好。但是同在一个班,又都是班委,我们经常见面,合作的机会也多,好像总甩不掉她。我这里气得不得了,她好像没什么事一样,照样有说有笑。我到底该怎么办才好呢?

问题:
1. 你有类似的经历吗?
2. 这位同学应该怎么办?

分析:这位同学是因嫉妒而心理失衡,导致在人际交往方面出现问题。我们要坦然对待别人的长处,实事求是地肯定自己的优点,逐渐保持心理的平衡,控制住嫉妒心理。此外,可以对自己的心理进行调适:可以通过广泛阅读、广交朋友,用知识和人际交往来充实自己的生活;要正视自己与别人的差距;当被嫉妒困扰时,要转移自己的注意力,全力以赴地去忙学习、忙工作,使自己没有时间胡思乱想,这样就可以从困扰中摆脱出来了。

心理训练营

"心连心"

一、活动目的

了解信息传递过程中的衰减和失真,认识单向沟通的不足之处,体会双向沟通的重要性。

二、活动时间

45分钟。

三、适合人数

全班同学。

四、材料准备

摘自报刊的简短文章。

五、活动过程

每5人为一个小组,将各组成员排好序号。先请1号同学留在教室,其他人暂时离开。由教师把文章念给1号同学听,但不允许他提问或做记录。此后2号同学进来,1号同学将听到的内容复述给2号同学,依次进行。最后5号同学复述所听到的内容,再与原文做比较,看看有没有变化、有多大变化。最终评出与原文意思最接近的小组。

六、评价讨论

1)信息传递中出现了哪些错误?是什么原因造成的?

2)现实人际交往中我们是否也曾经获取这种失真的信息,并据此采取了错误的行动?

3)怎样才能避免这种情况的出现?

模块八 人际交往心理

单元三 和谐人际关系的建立

学习目标

1. 知识目标：掌握人际交往的原则，认识建立和谐人际关系的方法。
2. 技能目标：在实际人际交往中能运用人际交往的原则和方法建立和谐的人际关系。
3. 情感目标：认识和谐人际关系的重要性，树立和谐人际关系的观念。

重点和难点

1. 重点：掌握人际交往的原则和方法。
2. 难点：在实际人际交往中能运用人际交往的原则和方法建立和谐的人际关系。

案例 8-6

没想到我曾是她的"救命稻草"

我在一所高职院校读书，在班上谈不上风光但也还算自在。一次，同寝室同学晓丽和别人发生了误会，在大家都认为是她的错并冷落她时，我陪她走到操场上，耐心地听她解释。根据我平时对她为人的了解和她的解释，我相信她不是有意那样做的。后来我挽着她的手回到了寝室，每天主动约她一起去吃饭，而且找准机会跟其他同学稍做解释。后来她说，那段时间她都不想上学了，要是没有我的信任和陪伴，她会非常难过。从此她把我当作最值得信赖的朋友，我们现在还会经常联系。

问题：
1. 在你的成长路上遇到过这样的情况吗？
2. 在别人遇到人际交往困境的时候，你会怎么做？

分析：同伴间的人际互动对职业院校学生的人际关系影响很大。青春期的学生更加在乎同龄人的评价，同伴的关系、同伴的反馈和互动会非常影响他们的心情与自我评价。从案例中可以看出，晓丽陷入了人际交往的困境中，而"我"选择相信她、陪伴她，并帮助她消除误解、走出了困境。可以说"我"在当时就是晓丽的"救命稻草"。对他人而言，你曾是"压死骆驼的最后一棵稻草"还是别人身处困境时的"救命稻草"呢？如果你是前者，你必然曾不招人喜欢，但是只要你不断改善，使自己更加包容，就一定会逐渐被更多人接受。如果你是后者，相信你一定是一位值得信赖的朋友。

对于职业院校学生这样一个特殊群体而言，处理人际交往中的各种关系是成长过程中必须面对的实践课题。提高人际交往能力，构建和谐健康的人际关系，对处于心理转型期的他们具有重要意义。

一、人际交往的原则

（一）平等原则

平等原则是建立良好人际关系的前提条件。人们在交往的过程中都希望获得平等的待遇、建立平等的关系、平等相处，这是人们对于交往的需要。平等主要体现在人格、观念和态度等方面。尽管人们在知识、能力、角色和社会背景等方面存在差异，但每个人都有自己独立的人格、尊严和法律上赋予的权利和义务，人们在交往的地位上是平等的。因此，职业院校学生在人际交往中应正确评价自己和他人，以树立平等的交往观，建立和谐的人际关系。

（二）尊重原则

尊重是社会伦理层面所规范的人际交往原则，每个人都期望在人际交往中得到尊重。尊重能使人产生信任和坦诚等情感，缩短人们交往的心理距离。职业院校学生的自尊心比较强，十分看重自己的名誉和尊严，希望得到他人的认可和信赖。因此，职业院校学生在交往过程中应坚持尊重的原则，讲究文明，礼貌待人，尊重他人的生活方式、民族习惯和个人喜好，接受他人不同的态度、观点和行为，不取笑别人的缺陷或弱点，充分尊重他人的人格。

（三）互助原则

人际交往是以能否满足交往双方某种需要为基础的。互助是指在一方需要帮助时，另一方在能力范围之内及时地提供帮助，这种帮助可以是物质方面的也可以是精神方面的。在职业院校学生人际交往过程中，互助是必不可少的。

坚持互助原则，就要避免极端个人主义，要与人为善、乐于助人。同时，又要善于求助他人，他人在帮助自己克服困难和解决问题的同时，也会感到极大的愉快和满足。遵循互助原则可以进一步增进双方的情感交流，建立稳固的人际关系。

（四）诚信原则

诚信原则就是要在人际交往中信守诺言，它是对人际交往的道德要求。诚信原则要求职业院校学生在交往中说真话、讲信用、重承诺，要直率坦荡、实事求是，要遵守交往双方的约定，不随意推脱敷衍。只有遵守诚信原则，才能使交往对象感到踏实和放心，才能在交往过程中赢得信任和尊重。

（五）宽容原则

宽容就是在人际交往中对非原则性的人或事，采取一种原谅、饶恕、不予计较和追究的态度。职业院校学生在交往过程中应保持豁达的心胸，允许他人在态度、观点和行为方式上与自己产生差异；遇事谦让大度，不斤斤计较，能容忍一时的委屈和误会；善于原谅和宽恕，对于他人的错误和不足抱以接纳的态度；学会换位思考，给予他人理解和关爱。只有将心比心，才会赢得真诚和友谊。

二、建立和谐人际关系的方法

（一）塑造美好的第一印象

塑造美好的第一印象，对我们每个人来说都是尤为重要的。外表是我们给人的最直接印象，但最核心最重要的印象是我们每个人的内涵。怎样表现才能给人留下良好的第一印象呢？卡耐基在其著作《如何赢得朋友及影响他人》一书中总结出给人留下良好第一印象的六种途径：真诚地关心别人；微笑；牢记他人的姓名；做一个好听众，鼓励别人谈他们自己；谈论别人感兴趣的话题；以真诚的方式让别人感到他很重要。

（二）加强素质修养，提高自己的人际吸引力

1. 提高个人的内在素质修养

一个品质好、能力强的人或具有某些特长的人更容易受到人们的喜爱。人们欣赏他的品格、才能，因而愿意与之接近，成为朋友。所以，若想要增强人际吸引力，就应充分健全自己的品格，施展自己的才华，表现自己的特长，使自己的品格、能力不断提高，学会换位思考，将心比心，以诚换诚，以达到心灵的沟通和情感的共鸣。

2. 提高个人的外在素质修养

干净的外貌、豁达的风度让人心里感觉到轻松愉悦，并且在心理上形成一种愿意与之交往的原动力。追求美、欣赏美、塑造美是人的天性。亚里士多德说过：美丽比一封介绍信更具有推荐力。所以，职业院校学生也要加强外在形象塑造，增强人际吸引力。既要时刻注意修饰自己的仪表，做到穿着整洁大方、讲究卫生，又要培养自己优雅的风度，做到谈吐儒雅、举止得体、言行有礼有节。

3. 养成主动交往习惯，热情待人

心理学家研究发现，为人热情是最能打动他人的特质之一。职业院校学生的人际交往是交往双方积极互动的过程，一方主动而另一方被动势必造成交往难以正常进行或不能持久。主动大胆地与人交往有利于消除自卑、性格内向所带来的交往障碍，久而久之，社交恐惧症和孤独感也会随之慢慢消除。主动大胆地与人进行交往，与别人互动，互动越多熟悉的机会就越多，关系就更加密切。对于熟悉的人也要主动交往，俗话说"亲戚越走越亲，朋友越走越近"。

（三）善用交际技巧

1. 注重交谈的技巧

人际交往在大多数场合主要借助语言来实现，交谈是一门大有学问的艺术。在交谈之前先要了解交谈的对象、交谈的环境以及交谈的内容，在与人交谈中还要注意以下几点：

1）要避免不理会对方的意见和反馈，只顾喋喋不休地发表自己的意见。

2）要避免过于亲善或急于巴结对方，语气措辞肉麻会让人难以忍受。要学会善用语言，注重交流的内容，职业院校学生在平时的学习中要有意识地扩大自己的知识面。

3）要尊重别人的隐私，在交往中不要把别人说给你的秘密讲给别人听。尊重他人的隐私就是尊重他人的人格。即使是最亲密无间的朋友，也有各自的秘密空间。总打听或者以背后说别人的秘密为乐趣，是没有修养和礼貌的表现，这样是不可能有真正的朋友的。

2. 注重聆听的技巧

记得有一位美国女作家曾说过，沟通的最高境界就是静静地聆听。的确，聆听所表现出的正是一种宽容、谦逊的人格，也展示了对他人的尊重。

交往是双向的，讲与听也是一次交谈中必不可少的两个方面。"听"的方式不同，也会影响交谈的效果。最好的方式是能站在对方的立场上，投入对方的情感中，集中精力了解对

方谈话的内容，同时还应当通过适当的提问、点头、注视等方法来表明自己对谈话的兴趣，做出相应的反应，但要选择适合自己的时机表达，不要随意打断别人的谈话。如果急不可待地打断了对方的谈话，也不在乎别人对自己的表达是否感兴趣就一吐为快，就会丧失与别人深交的机会，有时得不偿失。

知识链接

谁是最珍贵的小金人

很久以前，国王为了考验他的大臣们，让人打造了三个一模一样、非常漂亮的小金人。上朝的时候，国王对群臣说，这三个小金人只有些许的不同，他让大臣们看看这三个小金人哪个最有价值。大臣们围过来，左看右看，上看下看，每个小金人都金灿灿的，难以分辨。最后，一位马上就要退休的老大臣说他有办法。只见他胸有成竹地拿来三根稻草，先插入第一个小金人的耳朵里，稻草从另一边耳朵出来了。然后轮到第二个小金人，稻草从嘴巴里直接掉出来。而第三个小金人，稻草从耳朵放进去后，就掉进了肚子里，什么响动也没有，也没有从什么地方出来。老大臣说，第三个金人最有价值！国王赞许地点了点头。

这个故事告诫大家：倾听是一种很珍贵的品质，在人际交往中倾听是最佳的技巧。第三个小金人之所以被认为是最有价值的，正在于其能倾听。其实，人也同样，最有价值的人，不一定是最能说会道的人。善于倾听，消化在心，这才是一个有价值的人应具有的最基本的素质。

3. 善于赞美和感激，优化人际交往艺术

实事求是地、恰如其分地赞美对方，可以创造一种热情友好、积极热烈的交往气氛。心理学认为，渴望被人赏识和认可是人最基本的天性，是人普遍的、突出的心理特征。由衷的赞美就是对别人的优点和长处的充分肯定，能够满足人对于尊重和赏识、获得在别人心目中重要地位的心理需要，同时也能够给人精神上的激励和鼓舞。

如果你接受了别人的恩惠，不管是礼物、忠告或帮忙，就都应该抽出时间，向对方表达谢意。以感恩的心来对待所有曾扶持过你的朋友们，主动表达你的由衷感激之意，慢慢地，你会发现不但自己的人际关系愈加牢固，别人也将以你为仿效的对象。

案例 8-7

小刘的转变

小刘，男生，大二学生，学业成绩优秀，现担任某社团负责人。小刘由于做事认真负责、组织协调能力强、人际关系好，而多次被指导老师推荐为优秀学生干部、社团活动积极分子。谁曾想过这样一名优秀的学生在大一时是沉默寡言、极其自卑的一个人。小刘进入大学后，认为自己和周围同学相比没有优点和长处，长相也不好，肯定没有人喜欢。而且和别人交流时他不知道该找些什么话题，也不知道如何和陌生的同学聊天，所以他不敢也不愿去接触别的同学。他的人际交往圈子就是宿舍的几位同学。小刘因极度自卑而主动到心理中心咨询，在经过近一个学期的咨询后，小刘发生了很大的变化。他开始扩大自己的朋友圈，认识学校里其他专业的同学。由于他本人非常热情，愿意帮助别人，而且做事情肯吃苦、不怕麻烦，所以很快赢得了一些同学的认同。同学的认同、朋友的赞赏、老师的肯定让小刘对自我的人际交往能力产生了自信。他明白，只要带着一颗真诚温暖的心去走近别人、温暖别人，别人也一定会走近自己、温暖自己。在良好的人际关系氛围下，小刘的学业成绩越来越好，自己所带的社团影响力也越来越大。

问题：小刘是怎么实现转变的？

分析：很多大一新生都认为人际关系很重要，极力地想维持一个好的人际关系氛围。但他们对自己的人际关系前景也很担心，怕自己和舍友、同学、朋友相处不好，怕宿舍同学不喜欢自己而被排挤，怕和别人闹矛盾。这些问题也都是小刘同学所遇到的。我们都很想有一个良好的人际关系圈，然而在现实生活中，能像小刘这样在面对自己的人际问题时，愿意去主动接触别人，愿意去尝试、付诸行动改变自己的同学却很少。希望你也能像小刘同学一样，勇敢地面对自己的人际问题，走出现有的人际圈，创造更多被别人认识的机会。

心理训练营

逃离"泰坦尼克号"

一、活动目的

培养职业院校学生在人际交往中的协作精神。

二、活动时间

45分钟。

三、适合人数

全班同学。

四、材料准备

布置游戏场景：将25米长的绳子在空地上摆成一个岛屿形状；在另一边，摆四个长凳作为"泰坦尼克号"船；地面代表大海；六张A4纸代表六块浮砖；播放《泰坦尼克号》电影音乐。

五、活动过程

老师讲故事：……"泰坦尼克号"即将沉没，船上的乘客须在《泰坦尼克号》电影音乐结束之前利用仅有的求生工具——六块浮砖（六张A4纸）逃到小岛上。

出发时，每一个人必须从船舷栏杆（长凳）上跨过，才能踏上浮砖。在逃离过程中，船员身体的任何部分都不能与海面（地面）接触。自离开"泰坦尼克号"起，在整个逃离过程中，每块浮砖都要被踩住，否则老师会将没被踩到的浮砖踢掉。全部人到达小岛，并将所有浮砖拿到小岛上后，游戏才算完成。

六、评价讨论

1）你在游戏中担任了什么角色？发挥了什么作用？

2）你在游戏中的角色与平时在生活中所扮演的角色一致吗？

心理学家及核心理论（八）

阿希和从众实验

社会心理学家阿希（S. Asch）在研究群体压力时，报告了一个经典的从众实验。阿希将7个男大学生被试者组成一个小组，请他们围在一张会议桌周围，参加所谓的直觉判断实验。实验的真正目的是考察群体压力对从众的影响。7名被试者中，只有编号为6的被试者才是真被试者，其他均为实验助手，也就是同谋者。

实验者一次呈现50套卡片，每套卡片有两张。一张卡片画有一条标准直线，另一张画有3条直线，其中一条同标准直线一样长。被试者的任务是判断3条直线中哪条与标准直线一样长。

实验开始后，前两轮比较顺利，所有人的判断都一致，让被试者觉得判断很容易。但第3轮比较开始后，虽然正确答案还是很明显，但被试者的判断开始出现问题了。首先1号被试者做出了错误回答，接着2号被试者也做出了同样的回答，这时真被试者有点紧张了，他端坐在椅子上，紧盯着卡片。3号被试者也表示同意前面两位的看法，真被试者开始出汗了。"为什么是这样？这些人眼睛有问题？"他开始问自己。然后4号、5号被试者同样也"睁着眼睛说瞎话"，这时真被试者的立场开始动摇。实验表明，数10名被试者独自判断时，正确率超过99%，但跟随他人一起判断时，做出错误判断的比例平均达到37%。76%的被试者至少有一次迫于群体的压力，做出了从众的判断。

模块九　职业心理

● **导读导学**

　　你知道职业心理的内涵吗？你清楚职业心理中有哪些影响因素吗？你了解自己的职业倾向吗？具有不同个性心理特征的个人，适合不同的社会职业，在选择职业的时候，又会有不同的心理表现。人的不同职业阶段也有不同的职业心理，这些职业心理常常会影响人的职业状态。职业活动中的心理现象千奇百怪，纷繁复杂。职业心理对职业院校学生的职业选择起着很重要的作用。认识自己的职业心理，把个人职业愿望和自身素质相联系，根据社会需要和社会岗位需求的可能性，评价出个人职业意向的可行性，以积极的态度去选择职业，面对职业。接下来就让我们一起探索职业心理吧！

● **思维导图**

职业心理思维导图见图 9-1。

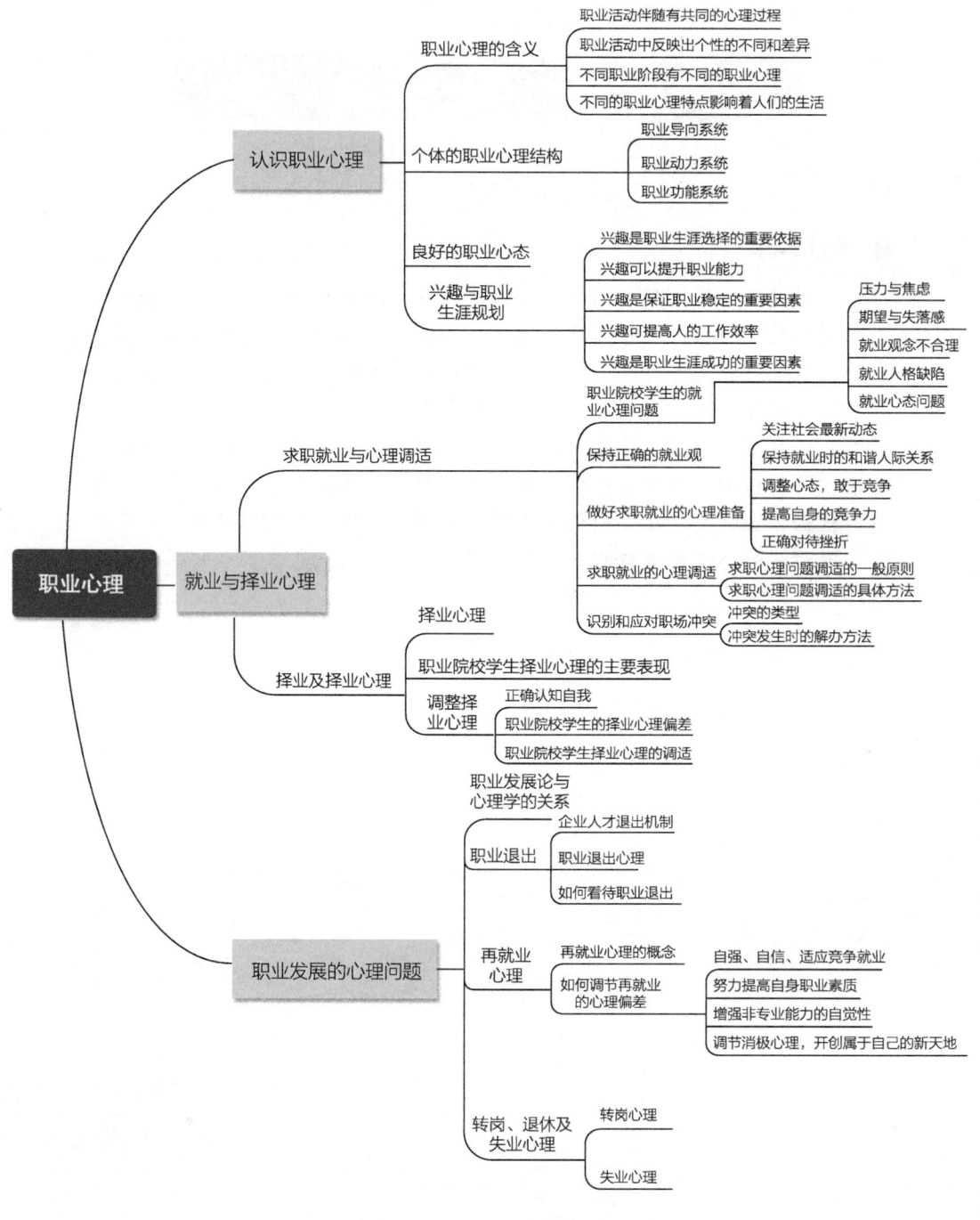

图 9-1 职业心理思维导图

单元一　认识职业心理

学习目标

1. 知识目标：了解职业心理的含义和良好职业心态的种类。
2. 技能目标：了解兴趣与职业生涯规划的关系，认识和分析自己的职业需求。
3. 情感目标：意识到具备良好职业心态的重要性，树立健康的职业观；了解兴趣与职业生涯规划的关系。

重点和难点

1. 重点：掌握学生职业心理的含义，分析自己的职业需求。
2. 难点：认识良好职业心态的种类以及分析自己的职业需求。

案例9-1

人生的三岔口

向军是刚进校的大一新生，他对到来的大学生活充满好奇。老师告诉他，大一最重要的是学好基础课程；室友却告诉他，大学最重要的就是交朋友、多参加活动，积累人际交往经验；在与学姐、学长聚餐的时候，却被告知要尽早找好实习公司，为就业做准备；而家里的父母又希望他可以在本科毕业后继续读研究生。

面对这么多不同的建议，向军也没了主意，不知道该怎么选择，似乎谁说的都有道理。可是，专注学习必然要减少社交活动，准备读研就要放弃实习机会。其实，向军自己都没有想好今后的生活应该怎么规划。

此外，在进入大学以前，所有的重大决定几乎都是父母替向军做的，如上哪个大学，读什么专业。现在上大学了，向军开始想要独立，不再由父母主导自己的人生，但当自己面对选择的时候又不知道该向谁寻求帮助。一方面他希望从父母那里得到中肯的建议，另一方面他又希望主动权在自己手里。

向军觉得他自己一点都不了解自己，不清楚自己想要什么，也不清楚自己能干什么。刚进大学的新鲜劲儿早就淡去，现在只剩下茫然。

问题：
1. 这位同学目前面临着什么问题？
2. 如果你是这位同学，你会怎么做？

分析：这位同学的问题在大学新生中是普遍存在的。步入大学以后，同学们会面临许多选择，每种选择都是一种挑战和机遇。在选择之前，如果对自己想要一种怎样的学习生活没有规划，就会陷入两难的境地。进入大学以前，向军的所有重大决定都是由父母代替他做的，现在他要自己来做选择，必然会手足无措。没有想好自己要什么，也就不会知道自己想做什么或者怎么做，因此拥有一个明确的规划对于人生的走向至关重要。

高尔基曾说：真正希望过很宽阔、很美好的生活，就去创造它吧。职业院校学生正处在人生发展的关键时期，将来也会走上工作岗位，作为一名初出茅庐的新人，怎么在职场上站稳脚跟，如何协调好自己的人际关系，怎样保持一种良好的稳定的职业心态，都是未来必须要去面对的问题。

一、职业心理的含义

职业心理是人们在职业活动中表现出的认识、情感、意志等心理倾向或个性心理特征。具体来讲，职业心理包含以下几层含义：

（一）职业活动伴随有共同的心理过程

人们在职业活动中要经历选择职业、谋求职业、获得职业以及失业再就业的过程。在这些过程中必然伴随着认知、情感、意志等共同的心理过程。如对选择的职业进行认识和深入的了解后，通过思维想象发生的情感过程。当选择的职业符合个人的需要和客观现实时，就会产生兴奋、愉快，甚至兴高采烈、欣喜若狂的情绪；反之，则会情绪低落、闷闷不乐，甚至悲观失望、垂头丧气。

（二）职业活动中反映出个性的不同和差异

具有不同个性心理特征的个人，适合不同的社会职业，在选择职业时又有不同的心理表现，并表现出不同的特点。有的人反应敏捷、全面，有的人则迟钝、片面；有的人达观、豁朗，有的人则忧虑、退缩；有的人果断坚决，积极克服困难去实现目标，有的人则朝三暮四、犹豫彷徨、知难而退。

（三）不同职业阶段有不同的职业心理

职业活动中的心理现象千奇百怪、纷纭复杂。依据职业活动经历的过程，职业心理可分为择业心理、求职心理、就业心理、失业心理、再就业心理等。不同阶段的职业心理对职业会产生不同的影响。

（四）不同的职业心理特点影响着人们的生活

择业、求职、就业、失业、再就业等不同阶段的心理特点，时刻影响着人们的生活态度、生活方式、价值取向。职业心理对大学生的职业选择起着很重要的作用。"知己知彼，百战不殆"，这句话正道出了职业选择过程中的一个很重要的原则：认识自己，了解自己，熟知自己的个性心理特征和心理过程，把个人的职业意愿和自身素质相联系，根据社会的需要和社会职业岗位需求的可能性，评价出个人职业意向的可行性，以积极的态度去选择职业。

二、个体的职业心理结构

职业心理是人们在对自我、职业和社会的认识基础之上形成的，对待职业和职业行为的一种心理系统。它不但包括个体自身有关职业的一些特质和特点，而且包括在对二者认识的基础上所产生的对待职业的某种价值取向、兴趣和态度。具体来讲，个体的职业心理结构包括以下三个相辅相成的系统。

(一)职业导向系统

职业导向系统包括职业价值观、世界观、职业伦理。职业导向系统中的各种成分引导个体去选择特定的职业,追求特定的职业目标,接受和内化职业价值,确立正确的职业角色,评价自己和别人的职业行为,努力争取职业成功。例如,在新中国成立初期青年们往往选择当时声望比较高的军人作为职业,从而出现了参军热的现象;现今,青年们对自我发展和自我价值特别重视,因此往往选择那些有发展机会的职业和单位。这就是职业价值观对人们职业行为的作用,它决定了人们的职业目标和选择职业的标准。

(二)职业动力系统

职业动力系统包括需要、动机、兴趣、信念、理想。职业动力系统中的各种成分推动和维持个体去努力实现职业目标,推动个体积极树立职业目标、克服各种各样的困难、坚持不懈地争取职业和人生的完善。比如,当一个人的主导需要是发展型需要时,他就会选择发展机会较好的工作,并且在工作中不断虚心地学习新知识、新技能,不断地积累自己的经验,从而能够发挥自己的特长,以便在工作中获得最大的发展。但是,当一个人的主导需要是享受型需要的时候,他就会选择比较舒适的工作,并且工作热情也不会很高,他的目标就是只要生活得舒适就够了,不会去努力争取获得很大的发展。

(三)职业功能系统

职业功能系统包括气质、性格、能力。职业功能系统中的各种成分保证个体能胜任特定的职业,同时在努力胜任职业、挑战工作任务的过程中,个体的心理功能也得到磨砺、发展和加强。一个人的气质、性格和能力特点往往决定了一个人适合从事的职业。比如,如果一个人具有音乐方面的特殊才能,那他就适合从事与音乐有关的职业。当然,职业也会在一定程度上塑造一个人的气质、性格和能力,比如一个比较内向的人在从事一段时间的公关工作后,可能会变得活泼开朗、性格外向。因此,职业能力系统影响一个人从事的职业,反过来,一个人所从事的职业也会影响和塑造一个人的个性。

三、良好的职业心态

职业心态是指在职业活动中,应该根据职业的需求表露出来的心理感情,即职业活动中各种对自己职业及其职业能否成功的心理反应。

良好的职业心态主要有以下 15 种:

(1)感恩心态 心中常怀感恩,感恩企业,感恩工作,感恩领导,感恩伙伴,感恩家庭,感恩挫折。有了感恩,内心就有了宁静平和,就没有了那么多的抱怨。感恩的人才是快乐和富足的,所以每天都应该感恩。

(2)阳光心态 像向日葵一样永远朝向太阳。不要总是盯着事物的阴暗面,保持正能量很重要,用阳光的心态对待一切,你会发现生活和世界的美好。

(3)效率心态 时间就是生命,时间就是金钱。在工作中更是如此,效率带来的不仅仅是财富,更是一种对生命的珍惜。优秀员工必须重视效率,有时间管理的意识,而不是经常发呆、刷微博、上班时间玩耍、浪费时间。

(4)主动沟通的心态 沟通是我们工作当中的润滑剂,多些沟通才能少些矛盾,才能达成共识。主动沟通更是积极解决问题的关键所在。沟通要主动积极,绝不能逃避和敷衍。

(5)尊敬上级的心态　学会尊敬上级是每个职业人的本分,也是处理好企业人际关系的一个重要内容,是良好执行力的保障。

(6)规则心态　没有规矩不成方圆。规则才能带来秩序,只有在工作中保持良好的守规则、守制度的心态,才能实现工作的标准和规范。不要想着违法乱纪,也不要抱持侥幸心理。

(7)助人心态　送人玫瑰,手留余香。助人都是相互的,在工作中也是如此。同事之间应互相帮忙、分享快乐。关键时刻向他人伸出援手,你有困难时也会获得帮助。

(8)进取心态　在职场中,每天进步一小步,月底、年底才能进步一大步。当所有人都在进取的时候,自己不进取就会走向平庸。我们要有上进心,并保持这种状态。

(9)友好的心态　与人为善也就是与己为善,友好都是相互的,只有友好地对待身边人,才能让别人友好地对待你。我们不要因鸡毛蒜皮的小事和人闹矛盾,对身边所有人都保持友好的态度很重要。

(10)专业的心态　职业就是专职从事固定事业的活动,所以无论从事任何职业都应该精通它,你成为专家,你就有了高价值。专业的心态是很重要的职业素质。

(11)快乐的心态　快乐的一天也是一天,悲伤的一天也是一天,那为何不选择快乐呢!我们要有幽默感,要能够在生活和工作中发现快乐。快乐其实是一种选择。

(12)平常心　只有保持一颗平常心,才能在面对挑战、挫折、困难和压力的时候,做最好的自己。扎实踏实、保持平常心,是一种很棒的境界。

(13)执行力的心态　一切政策没有执行都是一张废纸,一个员工没有执行力就难以在企业里立足。不要抱怨、拖延、敷衍,记住:执行力是你的价值,做事情就要拿到结果。

(14)企业人的心态　要有主人翁意识,与企业荣辱与共。只有把企业当作自己的家,才能把它建设得更好,才能获得双赢。

(15)老板的心态　我们要有经营意识,要有销售意识,要有节能降耗、开源节流的意识。只有提高了自己的眼界和格局,能站在老板的角度考虑自己的工作,我们才能真正理解自己的价值。

> **知识链接**
>
> **关于职场心理的误区**
>
> 心理误区一:条件最好的人一定能找到最好的工作。
>
> 能力突出的优秀人才,无疑具有极强的竞争力,但是用人单位并不是"星探",成功的自我推销有时能使并不出众的应聘者脱颖而出。
>
> 心理误区二:只有拥有一份非常完美的履历表才能找到好工作。
>
> 诚然,一份完美的履历表的确可以为自己增色不少,但是履历表只能让招聘者有一个第一印象,因为大部分招聘者只用很短的时间来看你的履历表,而这时他们的目的只是想把那厚厚一叠表中不合适的人过滤掉。而录用与否更多地取决于你在面试及试用期中的表现。
>
> 心理误区三:主持面试的人都是西装笔挺的虐待狂。

不要让想象把自己吓倒了。不必害怕面试，恐惧只会削减你的实力。设身处地想想，如果你是考官，你会是什么样？记住，大家都是善良的普通人。

心理误区四：大公司才有更多的发展机会。

大公司能给你提供完善的制度、完善的福利保障以及比较正规稳定的工作环境，但是如果论发展机会的话，中小公司可能更具有优势，因为中小公司具备很大的成长空间，无论是事业还是人。

心理误区五：有学历没有工作经验找不到好工作。

不少大学毕业生都非常担心只有一张文凭，没有工作经验，会被用人单位拒之门外。但仔细想一想，如果你面对的竞争对手是一群在业内闯荡多年的"老手"，那么你可能会失去一些优势。但是，与你一同走出校门的"愣头青"也有几百万呢，在这支队伍里，你与每个人都站在同一起跑线上，如果别人能找到好工作，那么你也可以。

四、兴趣与职业生涯规划

在学校里被人骂为"傻瓜""低能儿"，并从学校退学的爱迪生，在发明的王国里却显示了杰出的才华。在课堂上"智力一般"的达尔文，在大自然的怀抱里显得异常聪明和敏锐，成为进化论的创立人。是什么使他们由"愚蠢"变得聪明了呢？

可以这么说，谁找到了自己最感兴趣的职业，谁就等于踏上了通向成功的道路。获得诺贝尔物理奖的丁肇中说过："兴趣比天才重要。"美国曾对多位著名科学家进行调查，发现很少有人是出于谋生的目的而工作的，他们大多是出于个人对某一领域问题的强烈兴趣而孜孜追求、不计名利报酬、忘我地工作。他们职业生涯的成功是与他们的兴趣相联系的，这是因为对一个人来说，对工作感兴趣，就有钻劲，有钻劲就会出成就。这也就是兴趣的作用所在。因此，我们在进行职业生涯规划时必须考虑个人的兴趣，个人兴趣是职业生涯中很重要的一部分。

（一）兴趣是职业生涯选择的重要依据

兴趣是人的动机产生的重要主观原因，是一种强大的精神力量，也是人对所从事的职业活动具有创造性态度和产生创造性行为的重要条件。兴趣可以使人集中精力去获得自己喜欢的职业知识，启迪智慧并创造性地开展工作。当一个人对某种职业发生兴趣时，他就能发挥整个身心的积极性；就能积极地感知和关注该职业的知识、动态，并且积极思考，大胆探索；就能情绪高涨；就能增强记忆效果，增强克服困难的意志。反之，一个人对某种职业没有兴趣，他是不会取得良好效果的，当然也就很难在该职业上发挥个人的优势、做出巨大贡献。良好的职业兴趣，可以在一个人长期的职业生涯中，充分调动和发挥其职业潜能，促使其通过创造性的劳动与坚持不懈的努力取得职业生涯的成功。

（二）兴趣可以提升职业能力

兴趣是一种强大的精神力量，它可以使人集中精力去获得知识，并创造性地开展工作。著名科学家、艺术家、文艺家等之所以能为人类做出贡献，就是由于他们的创造兴趣和他们对事业的责任感相结合，而凝成了一股强大力量，推动他们不懈努力而取得了职业生涯的成功。

（三）兴趣是保证职业稳定的重要因素

对某一职业有浓厚的兴趣，对某个领域充满激情，你就有可能在该领域中发挥自己所有的潜力，工作就成为一种享受了。兴趣是工作动力的主要源泉之一。在其他条件相似的情况下，从事自己感兴趣的职业不但能让你感到满意，而且能够让你的工作单位对你感到满意，并由此保证职业的长期性和稳定性。

（四）兴趣可提高人的工作效率

一个人对某一工作有兴趣时，枯燥的工作会变得丰富多彩、趣味无穷。兴趣使工作不再是一种负担，而是一种享受。兴趣可以调动身心的全部精力，使人以敏锐的观察力、高度集中的注意力、深刻的思维和丰富的想象投入工作，从而有助于工作效率的提高。据研究，如果一个人对某一工作有兴趣，他就能发挥全部才能的 80%～90%，并且长时间保持高效率工作而不感到疲倦。而对工作没有兴趣的人，只能发挥其全部才能的 20%～35%，同时也容易精疲力竭。多方面的兴趣可以使人善于应付多变的环境。如需变换工作，只要自己感兴趣，也能很快熟悉并适应新的工作。

（五）兴趣是职业生涯成功的重要因素

对某一职业的浓厚兴趣，是智力开发的启蒙。兴趣是行动的动力。英国著名人类学家古道尔（Jane Goodall）从小喜欢生物。由于对黑猩猩有强烈的兴趣，她不畏艰险，只身进入热带森林与黑猩猩一起"生活"了很多年，获得了极宝贵的第一手资料，为揭开黑猩猩的秘密做出了贡献。

符合自己兴趣的工作更能证明自己存在的价值，使我们充满激情地不断创造和发展。兴趣是人们活动不可缺少的元素。如果一个人选择的职业与自己的兴趣吻合，那么枯燥的工作也会变得丰富多彩、趣味无穷，就会产生一种动力。如果一个人的兴趣与职业不吻合，那么这个人的工作就会被动，难以取得好业绩，更不会有成功的人生。的确，兴趣是最好的老师。但是兴趣不代表能力，你对某一特定职业有兴趣并不意味着你一定能做好这个职业，因此要处理好个人兴趣与职业能力的关系。只有在对某一职业感兴趣并具有该职业所要求的技能时，你才能做好工作、取得成功。一般来说，从事自己不感兴趣的职业是很难让你感到满意的，并可能导致工作的不稳定。善于根据兴趣确定自己的职业，并以此推销自己的优势是成大事者的起点。在日常生活中，你在从事自己感兴趣的活动，比如看漫画、上网聊天、听歌、逛街时，是否感到时间不够用，心情很愉快很满足？其实这就是兴趣使然。具有一定兴趣类型的人比较适合从事与该类型相关的职业，也更能将这类工作做得完美，更充分地展现才华。在确定你的终生奋斗目标时，首先要确定兴趣所在。

许多研究已经指出，只根据能力并不能解释、预测职业生涯的成功和失败，兴趣、价值观、动机等情感性倾向因素对职业生涯适应性都有影响，因而必须加以考虑。在这些因素中，兴趣所起的作用是最大的。

你在选择职业生涯时，不仅需要知道自己有能力从事什么样的工作，也需要知道自己对哪类工作感兴趣并能满足你的需要。只有将能力和兴趣结合起来考虑，才更有可能取得职业生涯的成功。

案例 9-2　你出现过小王的情况吗？

小王是某职业学校酒店管理专业的学生，毕业前学校安排他到外地一家酒店实习。酒店对员工有严格的管理要求，刚开始他还能做到，一个月后，小王不是上岗没有穿制服，就是忘了戴工作牌。有一次，轮到小王做迎宾员，恰好这天酒店有大型会议召开，当他急急忙忙赶到岗位时，没有来得及戴工作牌。大堂经理看到后，提醒他立刻戴上。小王不以为然，他嘴上应着，心里却在想："不就是看个门、给客人拉门，犯得着这么认真吗？"当大堂经理看到他还是老样子时，立刻做出了开除的决定，将他退回了学校。毕业之后，由于这件事情，学校推荐的单位都不愿要他。后来，小王找到了一份自己喜欢的工作，即在一个高尔夫球场当球童。小王因为在上学时就经常跟朋友去高尔夫球场玩耍，所以对高尔夫产生了浓厚的兴趣。这一次，小王非常努力地工作，不仅上班时兢兢业业，下班后也自行研究打高尔夫的一些技巧，和客人建立了良好的关系，还为球场管理提出了一些建设性的意见。半年还没有到，球场就提前结束了他的试用期，并破格将他升为球童领班。

问题：

1. 为什么小王在酒店工作时被开除，而在高尔夫球场工作可以破格升为领班？
2. 如果你是小王，你会怎样样调节自己的职业心理？

分析：我们能否顺利就业并且在职场中取得成就，在很大程度上取决于我们的职业兴趣。一个人对一份职业如果没有足够的兴趣，就很难投入，也很难取得成功。我们在选择职业生涯时，不仅需要知道自己有能力从事什么样的工作，也需要知道自己对哪类工作感兴趣。只有将能力和兴趣结合起来考虑，才更有可能取得职业生涯的成功。兴趣是就业成功的前提。职业院校学生在校期间要做以下几个方面的工作：①明确自己的兴趣；②分析自己的就业方向和兴趣是否一致或者有关联；③如果遇到就业和兴趣不一致，知道如何调节。

心理训练营

水气球

一、活动目的

1）促进团队合作。

2）提高团队解决问题的能力。

3）让队员们能够自然地进行身体接触和配合，消除害羞和忸怩感。

二、活动时间

5～10 分钟。

三、适合人数

不限。

四、材料准备

1）每对搭档一个气球。

2）水（装在气球里）。

3）一处宽敞的活动场地。

五、活动准备

给所有气球装大约1升水,然后把里面的空气挤掉,扎好口。

六、活动步骤

1)每个人选一名搭档。

2)每对搭档相距2米远,面对面站立,排成两排。

3)给每对搭档中的一名队员发一个装水的气球。

4)要求把气球仍给自己的搭档,并保证气球不破裂。

5)大多数都成功完成投掷后,让其中一排向后退一大步,再把气球投给自己的搭档,不能使气球破裂。重复以上步骤,直到只剩下一个完整的气球为止。获胜的那对搭档可以随意处置他们的气球。

七、安全建议

寒冷和刮风的天气里不宜开展此项活动。

单元二　就业与择业心理

学习目标

1. 知识目标:了解就业和择业、就业心理和择业心理的概念。
2. 技能目标:如何调适自己在就业和择业时的心理偏差。
3. 情感目标:处理好就业和择业的关系。

重点和难点

1. 重点:掌握就业心理和择业心理的概念,调适自己在就业和择业时的心理偏差
2. 难点:如何调适自己在就业和择业时的心理偏差。

案例 9-3

俞敏洪

俞敏洪的励志经历:从高考三次不中,到北京大学的高才生;从校园里内向自卑的"丑小鸭",到英语系里耀眼的单词王;从一位普通教师,到名动大江南北的培训界领军人物;从大街小巷刷广告的个体户,到亿万身家的上市公司老总。

1991年,俞敏洪从北大辞职,进入民办教育领域,先后在北京市一些民办学校从事教学与管理工作。1993年,俞敏洪创办了北京市新东方学校,担任校长,从最初的只有几十个学生开始了新东方的创业过程。2003年,俞敏洪成立了新东方教育科技集团,任新东方教育科技集团董事长兼总裁、民盟中央委员、民盟中央教育委员会副主任、全国青联常委、中国青

年企业家协会副会长。2006年,新东方在纽约证券交易所成功上市,开创了我国民办教育发展的新模式。

问题:
1. 俞敏洪的成功给了你什么启示?
2. 就业和择业是怎样的关系?
3. 该以怎样的心态面对第一份工作?

分析:职业院校学生该以怎样的心态来面对第一份工作呢?面对第一份工作时,不要去想成败,应该想我怎么样全力以赴地把这份工作做好。你全力以赴后成功了,那表明你做这件事情是合适的。如果全力以赴后依然失败了,也很正常,因为你没有工作经验,又或者这份工作不适合你做。只顾耕耘不问收获,是做第一份工作时最重要的心态。此外,职业院校学生要有自己喜欢的专业,否则找工作时会像没头的苍蝇,没有目标和方向。俞敏洪在25岁时就决定了他这辈子是做老师的,所以成就了新东方。

职业院校学生的就业观、择业观正处于形成和完善阶段,本单元的内容能够帮助职业院校学生认识到理性就业观、择业观的内涵和培养途径,通过分析就业心理和择业心理的特点及偏差,掌握调适心理偏差的方法,把握择业观的形成规律,从而形成理性的就业择业目标,在建立合理的知识结构、提高自身综合素质的基础上,积极参与社会竞争。在任何职业领域里都要爱岗敬业、勤奋刻苦,踏实做好自己的本职工作。

一、求职就业与心理调适

就业是职业院校学生人生道路上所面临的重要转折。在毕业前做好充分的心理准备,注重就业心理的优化和调适,对求职就业是很有必要的。就业过程是对职业院校学生心理素质的严峻挑战,良好的就业心理也是职业院校学生在竞争时代必备的就业素质。

就业心理是指在就业过程中,人们的注意力、兴趣、动机、情感和意志等以各种具体形式所表现出来的倾向性和能动性。

(一)职业院校学生的就业心理问题

1. 压力与焦虑

当前激烈的就业竞争环境给职业院校学生带来了较大的心理压力,而且这种压力在各年级学生中都存在。

调查显示,个人前途与就业已成为职业院校学生心理压力中最大的因素,而且压力有随着年级增高而上升的趋势。

2. 期望与失落感

现实中,就业岗位大多不像职业院校学生所想象的那么美好,因此当发现现实与理想的差异较大时,就容易出现"高不成,低不就"现象,并产生偏执、幻想、自卑、虚伪等心理问题,可能导致择业行为的偏差。

3. 就业观念不合理

一些职业院校学生只顾眼前利益而忽视个人的职业发展,职业标准过于功利化、等级化,求安稳、求职一次到位的观念根深蒂固，过分强调专业对口。一些职业院校学生存在个人理想与家庭理想的冲突，容易造成职业院校学生就业观的不合理。

4. 就业人格缺陷

在就业过程中，往往会遇到突发状况，而部分学生就业挫折承受力差，容易自卑。部分学生对自己过分自信，又容易形成自大的人际交往障碍。

案例9-4

小王的面试

小王是个腼腆的女孩，每次去应聘，都是输在面试上。她见了面试官，如履薄冰，手脚不知往哪放，头不敢抬，眼睛也不看人，低着头在那等着过关，本来平时都能回答上来的问题，面试时却脑子一片空白，还会出现所答非所问的情况。小王回来后又懊恼不已，自惭形秽。越是这样，就越是严重影响下次面试的心态，进而产生自卑心理，形成恶性循环，慢慢失去了信心。

问题：

1. 小王面试时为什么会出现如履薄冰，手脚不知往哪放，头不敢抬，眼睛也不看人的情况？

2. 如果你是小王，怎样才能做得更好？

分析：职业院校学生没有考上理想的大学，有无能与失败感，认为上职业院校是不得已的选择，往往自责、贬低或惩罚自己，潜意识中自卑和压抑，心理负担和精神压力很大。青年人争强好胜，不轻易接受挫折和失败的现实，在社会压力、家庭压力和自己不甘心的矛盾心理下，往往在就业时通过反向心理维护自尊，也就是想通过找到一个让同学们羡慕的理想的职业，体现自己的实力，实现自己的价值，维护自尊和心理平衡。敏感、脆弱、多疑、困惑的心理极大地伤害着职业院校学生健康的就业心理。

5. 就业心态问题

职业院校的学生在就业过程中，由于社会经验不足和心理准备不充分，往往会出现过度焦虑、急躁、消极等待与"怀才不遇"等心理，或攀比与嫉妒、抑郁与逆反、侥幸与懒散等心理并存，有一系列矛盾又充满不确定的心理问题。这就需要职业院校学生在就业前充分了解自己的就业方向、兴趣所在、就业前景。只有做好准备工作并周密思考，才能在职场大展拳脚，将自己的能力发挥出来。

（二）保持正确的就业观

每个职业院校学生都希望能实现自身价值，但由于缺乏对自身的正确认知，因而往往要求过高。凡事都需要脚踏实地、一步一个脚印，不要期望过高。职业院校学生要合理确定自己的定位，对就业的期望值要适度，培养良好的心理素质，从基层做好，向自己所规划的目标而努力。

职业院校学生要提高自己的就业竞争优势，最首要的是有一个适当的期望值，保证自己的自信心和良好的就业心态，找准合适的位置去努力，这样就不会"迷茫"。

（三）做好求职就业的心理准备

1. 关注社会最新动态

职业院校学生应及时了解社会最新动态和专业前沿资讯，完善个人专业能力和技能，丰富个人素质结构。首先，要知晓"成才先成人，要学会做人"，良好的个人品质才是成功的最基本的条件。其次，要知道职业院校学生的优势就是动手能力和技能，所以要注重专业技能的各种实践环节，包括校内实训、仿真实训、跟岗实训等。再次，夯实社会实践的环节，积极参加暑期社会调查、社会服务等，提前了解专业和行业对职业能力的需求，也是非常必要的。最后，不打没有准备的仗，提前了解相关行业和用人单位。

2. 保持就业时的和谐人际关系

如何构建良好的人际关系在就业时是很关键的，广结善缘永远是对的，应多元化人际关系。要知道"人外有人，天外有天"的道理，你能帮到别人，是你的荣幸。

应珍惜并建立高质量的亲密关系。亲密关系是你的情感资产，将为你提供工作与进步的动力。永远向所有人学习，永远和更优秀的人在一起，即使你已经做得很好了。

3. 调整心态，敢于竞争

要进行正确的自我评价。职业院校学生有自己的优势，不要妄自菲薄，应敢于通过竞争去达到理想的目标。另外，必须在心理上做好准备，树立良性竞争意识。

4. 提高自身的竞争力

第一，在专业学习时，要扎实掌握自身的专业知识，知识是一切竞争的资本及源泉；第二，找准自己的职业理想和定位，一旦找准就列好计划，向着这个方向坚定不移地努力下去；第三，收集信息，包括收集行业最新动态和专业信息，只有了解了最新前沿资讯，才能获得成功；第四，学习为人处世和与人沟通的技巧，必要时能够借助团队或者他人力量，了解各种沟通方式，往往能取得事半功倍的效果；第五，建立自己的人脉圈子也是增强自身竞争力的有效手段；第六，心态端正、平和，成功并不只取决于努力，还有很多附加因素，不要因一次的成功而沾沾自喜，也不要因为某一次的失败而否定自己，平和的心态即成功的前提。

5. 正确对待挫折

在就业过程中，每个人都不可能一帆风顺，更不可能一次就到达事业的顶峰，所以就业当中的失败挫折都是为下一次的成功奠定基础的，失败是成功之母。另外，每个人的经验或者成绩的积累都有一定的过程，不可能一蹴而就。

（四）求职就业的心理调适

1. 求职心理问题调适的一般原则

1）客观冷静地认识社会和评价自己。
2）培养积极乐观的人生态度，转变就业观念。
3）培养广泛的兴趣爱好，自我转化不良情绪。
4）学会自我欣赏与自我接纳，提高挫折承受力。
5）建立良好的人际关系，维护良好的心理健康状况。

2. 求职心理问题调适的具体方法

（1）自我激励法　把握好自己的情绪，人开心的时候，体内就会发生奇妙的变化，从而获得新的动力和力量。在求职过程中，如果遇到了挫折，那么可以对自己的职业场景进行想象，调节自我情绪，减轻自身压力。

（2）注意转移法　人在情绪激动时，可以有意识地转移注意力，把注意力从引起不良情绪反应的刺激情境转移到其他事物或活动上去（如改变注意力焦点法、改变环境法）。

（3）合理发泄法　遇到不良情绪时，通过简单的"宣泄"将情绪痛痛快快地表达出去，或者将不良的情绪通过其他方式和途径宣泄出去（比如在适当的场合哭一场）。

（4）合理情绪法　美国心理学家埃利斯（R. Ellis）认为，引起不良情绪或行为的原因并非事件本身，而是个体对事件的评价和解释。遇到挫折时应分析一下客观原因，减轻自我责备。

（5）调节放松法　调节放松法是指遇到挫折时通过深呼吸或听音乐等缓解紧张情绪的方法，即让自我放松以进行心理调节。

（五）识别和应对职场冲突

职场冲突是一种常见的职场现象，不仅会给个人带来负面的影响，也会给企业带来不良影响。一些职场冲突除了导致较低的工作产出、更大的工作压力和人员的不满意外，还会带来过激的行为，例如口头或身体的碰撞。产生职场冲突或者说职场紧张关系的原因有很多。

1. 冲突的类型

（1）资源冲突　职场资源包括：物质资源，如办公用品、会议室或空间等；精神资源，如同事援助、工作助理等。为了很好地完成自己的工作，每个员工都需要某种类型的资源。当同一个资源被两个以上的员工同时需要时，冲突就会发生。这种冲突是不可避免的。

（2）风格冲突　在职场中员工的风格是不同的，每个人的想法也是不一样的。例如有些人倾向于制定严格的时间表，确保一切都提前完成；而有些人始终避免创建严格的时间表，但他们总能在最后一分钟前将工作完成。又如有的人喜欢严格的结构化的工作时间，而其他人可能会喜欢按自己的节奏和时间工作。那风格冲突何时发生呢？通常来说两种不同风格的人一起接受同一任务时，风格冲突就有可能发生，按部就班的人通常会质疑高度自由的一方。

（3）看法冲突　每个人对世界、人和事件的看法往往是不同的。在职场中，不同的人可能用完全不同的看法对待同一个问题。一个常见的例子发生在老板给员工分配工作的阶段，有些老板将任务分配给某一员工以后，会考虑到进度和员工特征，将任务重新分配给别的员工。从老板的角度来看，他考虑的是项目进度和业务的需求，而不是员工如何；员工却不是这样想的，他们觉得自己不被信任，或者他们会觉得被忽视或惩罚等。如果沟通不良，就有可能导致员工彼此之间的不信任或敌视。

（4）目标冲突　职场目标通常和最终期限、资源配额以及公司对员工期望的整体目标相关。目标可以由公司、主管人员或团队成员负责制定，但实际上任何有权限的人都可以为团队成员设定目标。目标冲突通常表现在两个主管对团队成员的目标要求不太一致，例如一方要求团队以最快的速度工作，而另一方却要求团队以质量为首，质量和速度在本质上是有一定冲突的。

(5) 压力冲突　一部分职场的压力来自于对进度的把握，所有员工都必须在规定的时间内将自己的任务完成。例如一名员工可能为了减轻自己的压力，而要求在中午前必须收到同事的报告，但同事有同样的需求，他为了减轻自己的压力，也必须在中午之前收到另一名同事的报告。这种传递可能会造成压力冲突。

(6) 角色冲突　角色是指在职场背景下员工的工作责任和任务的集合。例如老板分配给公关部一个创建商业口号的任务，但这类任务通常由市场部的人承担。当这种情况发生时，市场部的人可能觉得公关部的人已经侵入他们的领地，或者说他们的角色、地位受到威胁，角色冲突难免产生。

(7) 不同的个人价值观　个人价值观是个人道德、伦理和价值的结合。职场的个人价值观冲突通常发生在要求员工做一些和他们的个人价值观相冲突的任务时。例如公司要求员工通过贿赂的方式销售自己的产品，这种行为和员工的个人道德标准就必然有所冲突。

(8) 不可预期的政策　职场的政策连续性和一致性会给员工带来公平一致的感觉。对所有的员工采取一致的标准可以帮助员工判断工作场所是否公平。但如果政策具有不一致性，例如做同样事情的两名员工，一名员工受到训斥而另一名员工却没有，这就会造成冲突。

2. 冲突发生时的解决办法

(1) 当面劝解　在当事人有解决问题的愿望时，可以把双方当事人叫到一起，彼此把问题说清楚，致歉，然后握手言和。

(2) 引导劝解　对于火气大、缺乏解决问题愿望的当事人，应耐心引导他站在对方立场上考虑问题，同时引导其看到自己的不足之处，然后再来解决纠纷。

(3) 迂回劝解　有时当事人背后还有支持者，可先做支持者的工作，通过支持者迂回地做当事人的工作。

企业员工之间有纠纷、冲突和矛盾都是正常的，而且良性冲突有利于企业团队建设与发展，关键是要正确处理和调解纠纷。

知识链接　　　　　　　　就业心理障碍产生的原因

1. 社会因素

1) 我国职业教育起步晚，起点高，理论与实践经验不足，没有形成系统的、科学的职业院校学生人才观和成才观。一些企业为了追求社会声誉，大肆鼓吹自己尊重知识、尊重人才、尊重劳动，对需求量较少、短缺的高级技术人才给予极其丰厚的待遇，给社会、学生造成误导。实际上，由于我国劳动力资源丰富，劳动力市场通常供大于求，求职者竞争激烈。

2) "人才"即"具有中专以上学历或有专业技术职务的人"。据此，部分职业院校学生在准确认识自我和评价自我方面存在错觉，误认为中等职业技术学校培养的是中等技术人才，而高等职业技术院校培养的是高等技术人才。他们较高的学习目标和理想不能实现，又不愿意从最基础、最现实的学习和实践活动做起，心理矛盾而复杂，形成高不成低不就的茫然和浮躁心态。

2. 学校因素

就业指导不力，尤其是职业规划指导缺位和忽视就业心理辅导。

3. 学生因素

1）职业院校学生正处于青春期，是人生发展的关键时期，心理发展迅速趋向成熟但又未真正成熟，理想化特征最为突出。他们有较高的文化层次，富有理想，对未来的生活道路有种种设想，这些设想多数可能与现实有一定的距离。由于生活阅历有限、社会实践能力不强，他们在思考就业问题时，往往带有幻想的色彩，不能十分切合实际，表现出一定的片面性和幼稚性，与他们极强的自我概念不相协调，这种不协调可能会成为就业的障碍。

2）一些职业院校学生没有考上理想的大学，有无能与失败感，认为目前的学业是不得已的选择，往往自责、贬低或惩罚自己，潜意识中自卑和压抑，心理负担和精神压力很大。青年人争强好胜，不轻易接受挫折和失败的现实，在社会压力、家庭压力和自己不甘心的矛盾心理下，为了维护自尊，希望通过找到一个让同学们羡慕的理想的职业，体现自己的实力，实现自己的价值。敏感、脆弱、多疑、困惑的心理极大地伤害着他们健康的就业心理。

3）很多职业院校毕业生都面临着明显的选择问题。多数毕业生在选择就业的单位时，都有多种选择，但是他总想挑一个最好的，因此很难做出抉择。犹豫之中，可能已经丧失了就业良机。

4）一些同学不善于接纳变化。社会对人的要求越来越高，提供自由选择的空间也越来越大，毕业生完全可以跨专业工作，比如说学计算机的不一定要选择计算机软件或硬件方面的工作，也可以做其他工作。而很多同学只局限于所学专业，认为学好了这个专业，一辈子就靠这个吃饭了，没有开放的心态。

5）自我认知不准确，缺乏对困难的自我处理能力。一部分即将毕业的学生，对自己的未来产生怀疑，不知道自己到底要干什么，无法对自己的人生进行正确定位。

6）部分职业院校学生对就业与成才的高期望值与高等职业教育培养适应生产、建设、管理、服务第一线需要的技能型、实用型专门人才的目标相矛盾，这也给职业院校学生择业和就业设置了心理上的障碍。

二、择业及择业心理

（一）择业心理

所谓择业，就是择业者根据自己的职业理想和能力，从社会上的各种职业中选择其中一种作为自己从事的职业的过程。任何已具备劳动能力的人，都要进入社会职业领域并选择特定的职业。在职业选择过程中，择业者不仅要考虑个人的需要、兴趣、能力等因素，还要考虑社会发展的需要。择业是当前很多人面临的一项难题，尤其是即将毕业的职业院校学生。他们找工作既要专业对口，又要薪水高，还要待遇好，可是用人单位也要挑学历好、成绩优秀的毕业生。所以，择业时要考虑很多方面的因素。

择业心理是指职业院校学生在择业时，对择业过程中可能出现的各种情况所做出的估计和评价，以及为解决择业过程中的问题而建立的某种思想观念和强化某些心理品质的心理活动。

（二）职业院校学生择业心理的主要表现

1）择业热情高涨。
2）对未来充满憧憬。
3）乐于接受竞争，愿意在公平竞争环境中施展自己的才华，实现优胜劣汰。
4）崇尚双向选择。双向选择的就业机制为职业院校学生求职拓展了择业空间，被广大毕业生所肯定。
5）择业易冲动，理智成分易减少，功利成分易增加。

（三）调整择业心理

择业活动是一个复杂的过程，对初次择业的职业院校学生来说，要想择业成功，就必须了解自身的心理素质状况，即自身的气质、性格、能力、兴趣等个性心理特征，对自己有一个实事求是的评价，并根据择业的现实需要，积极调整自己的心态，做好择业的心理准备。

1. 正确认知自我

戴尔·卡耐基说过：你若不能做一条大路，那就做一条小径；你若不能做太阳，那就做一颗星星；不能以大小决定你的输赢，但要做就做最好的你。认知自我，既要认识自己的生理特点，也要认识自己的理想、价值观、能力等心理特点；既不高估自己，也不贬低自己，能认识自己的优势和劣势、自己的与众不同之处和未来的发展潜力。

（1）气质　气质是指个人生来就具有的心理活动的动力特征（行情、脾气）。人的气质可分为四种类型：多血质、胆汁质、黏液质、抑郁质。

多血质的人感受性低而耐受性高，不随意反应性强，具有较大的可塑性和外倾性。他们反应迅速而灵活，工作能力较强，情绪丰富，容易兴奋，并且表现明显。他们极易适应环境，但注意力不稳定，兴趣易转移。他们不适宜从事单调机械的工作和要求细致的工作，管理、导游、外交、公安、军官等职业更适合他们。

胆汁质的人精力旺盛，态度直率，易激动暴躁，神经活动具有很高的兴奋性。他们能以极大的热情去工作，主动克服工作中的困难，但如果对工作失去信心，情绪就会马上低落下来。

黏液质的人具有较强的自我克制能力，能埋头苦干，态度持重，不易分心。由于灵活性相对比较差，因此他们可能有因循守旧的倾向。黏液质的人适宜的工作有会计、法官、调解员、管理人员、外科医生等。

抑郁质的人感受性高而耐受性低，不随意反应性低，严重内倾，情绪兴奋性高，而且体验深刻，反应速度慢，相对刻板而不灵活。他们感情细腻，做事谨慎小心，观察力敏锐，善于觉察别人不易察觉的细小事物，但工作的耐受性差，容易感到疲劳，并且容易产生彷徨失措的情绪。他们所适宜承担的工作有打字员、校对员、检查员、化验员、数据登录员、文字排版人员等，机要秘书等也比较适合他们。

（2）性格　性格分为外向和内向。内向性格的人，比较有耐心、谨慎，适合做类似研究的工作，如医生、科学家、编辑、工程师、技术人员、艺术家、设计师、程序设计员等。外向性格的人，爱好交际，善于活跃气氛，适合做与人交往的工作，如人事顾问、管理人员、律师、记者、政治家、警察、演员、歌唱家等。性格对人们活动的影响主要表现在待人接物和为人处世等方面的基本心理特征的差异以及对能力的形成和发展的制约上。性格在很大程度上来源于后天的培养。

（3）能力　能力是人顺利完成某种活动所必须具备的那些心理特征。人的能力可以分为一般能力（观察力、记忆力、思维力、想象力等）和特殊能力。不同的职业对能力的要求是不同的。

（4）兴趣　兴趣是一个人对一定事物所持的积极态度，它是人积极探究某种事物或从事某种活动的意识倾向。

2. 职业院校学生的择业心理偏差

职业院校学生择业心理偏差的产生，与其生理特征、心理特征、家庭教育、学校教育以及客观社会环境都有密切的联系。

（1）焦虑心理　职业院校学生在择业准备期普遍存在着程度不等的心理焦虑，通常表现为焦躁、忧虑、烦恼、困惑、恐慌、紧张等。出现暂时的焦虑不一定会影响择业的成功，相反，适度的焦虑可以催人奋进，促使人为自己的前途做全面的规划。

（2）挫折心理　挫折心理是指人在从事有目的的活动中遇到障碍时所表现出来的情绪反映，如苦闷和失望等。面对挫折，我们一方面要尽可能消除引起挫折的原因，另一方面要提高抗挫折能力，建立合理的心理防御机制，增加建设性行为，减少破坏性行为。

（3）嫉妒心理　嫉妒是对他人的成就、名望、特长或者优越地位的一种既羡慕又敌视的情感。嫉妒心理有两个明显的特征：一是指向性，即指向比自己能干和幸运的人；二是发泄性，绝大多数的嫉妒都伴有发泄行为，如讥讽、诽谤、造谣中伤甚至陷害。应察觉自己的嫉妒情绪，采取积极的应对措施。如果嫉妒别人的才干和能力，那么自己就要设法拥有它，不断地追求新的知识，并创造条件发展对方不具备的才能。假如别人的某些才能具有绝对优势，那就要转移竞争方向，向其他方面去努力。

（4）攀高心理　攀高心理表现为三高：起点高、薪水高、职位高。充分了解当前的就业形势，使自己的择业意识与社会的现实需要保持一致，这对于克服自己的盲目攀高心理非常有益。

（5）虚荣心理　虚荣心强的人，在择业中往往把注意力集中在知名度高、薪酬高的岗位上。职业院校学生在择业时要量力而行、实事求是。

（6）自卑心理　自卑是自尊心受到伤害或挫折，所产生的心理矛盾和心理冲突得不到及时解决而形成的一种心理。自卑感主要表现在三个方面：一是过低地评价自己的智力，二是过低地评价自己的能力，三是过低地评价自己的意志力。面对错综复杂的择业情况时，要把握好自己的情绪，正确地对待暂时的困难和失败，永保自尊和信心。

（7）自负心理　自我评价太高，对择业条件的要求苛刻，易形成自负心理。自负心理容易导致在择业中左挑右选，高不成低不就。

（8）从众心理　从众心理是在社会或群体的压力下，个人放弃自己的意见而采取顺从行为的心理倾向。在择业问题上，从众心理表现在愿意到大城市、机关去工作等方面。职业院校学生应当培养独立分析问题、解决问题的能力，从而克服从众心理的影响。

（9）依赖心理　依赖心理表现为在择业过程中没有主见，缺乏自立意识，把希望寄托在他人身上。

3. 职业院校学生择业心理的调适

（1）充分认识心理调适的作用　调适又称为心理调适，是指改变或扩大原有的知识结构，以适应新情境的历程。心理调适的作用就在于：帮助职业院校学生在遇到心理困惑和冲突时，改变原有思考问题和解决问题的方式，使之能够适应新环境、解决新问题。心理调适的根本目的在于：帮助职业院校学生学会客观地分析自我，有效地排除心理困扰，控制和调节自己的情绪，保持良好的心情。

应充分认识心理调适的作用，根据自身发展及环境的需要对自己的心理进行控制和调节，从而最大限度地发挥个人的潜能，以维护心理平衡、消除心理问题。

（2）心理调适的方法　心理调适可以使用以下方法：

一是自我调适的方法，有安慰法、松弛练习法、升华法、理性情绪法等。安慰法在这里指的是自我安慰。择业中遇到困难和挫折在所难免，人生的道路不会永远是坦途，只要自己已经尽力，就不应对自己有更高的要求。凡事不可能尽善尽美，承认并接受现实，保持内心的安宁。松弛练习法通过心理和身体的放松练习，减轻或消除不良的身心反应。升华法是将不为社会所认同的情绪反应方式或欲望需求，通过创造性和建设性的行为，导向崇高的方向，从而被社会所认可。理性情绪法是设法将人的非理性观念转变为理性观念。

二是他人帮助法。从社会来说，社会应提供良好的择业环境，提供更多的择业机会，尽可能地完善就业市场，配套切实可行的就业政策，建立公平、公正的竞争机制。学校在就业指导方面，要广泛、深入地宣传国家的就业政策，介绍就业形势，使毕业生对择业的环境有整体全面的了解。

案例 9-5

自信的女孩

一位刚毕业的职业院校学生到一家公司应聘财务会计工作，面试时即遭拒绝，原因是她太年轻，公司需要的是有丰富工作经验的资深会计人员。但她没有气馁，一再坚持。她对主考官说："请再给我一次机会，让我参加完笔试。"主考官拗不过她，答应了她的请求。她通过了笔试。接着，人事经理亲自进行复试，并对她颇有好感，因为她的笔试成绩最好。不过，女孩的自我介绍让人事经理有些失望，她说自己没有工作经历，唯一的经验是在学校掌管过学生会的财务。经理决定"收兵"，说："今天就到这里，如有消息我会打电话通知你。"该学生从座位上站起来，向经理点点头，从口袋掏出两块钱双手递给经理，说道："不管是否录取，请都给我打个电话。"

人事经理从来没有遇见过此类情况。不过他很快回过神来，问："你怎么知道我不给没有被录用的人打电话？""你刚才说有消息就打，言下之意就是没录取就不打电话了。"人事经理对这个女孩产生了浓厚的兴趣，问："如果你没被录用，我打电话，你想知道什么呢？""请告诉我，我在什么地方不能达到你们的要求，我在哪方面不够好，我好改进。""至于两块钱……"女孩微笑道，"给没有被录用的人打电话不属于公司的正常开支，所以由我来付电话费，请经理一定给我打电话！"人事经理这时微笑道："请你把两块钱收回，不用打电话了，我现在就通知你，你被录用了。"

问题：

1. 这位学生为什么能取得成功？

2. 在面试时，你觉得自信能给你带来好运吗？

分析：就业面试就是考官对你的一个面对面的考查，通过你的言行举止来判断你的能力，包括你的语言表达能力、应急应变能力、分析能力、合作能力、抗压能力等。所以，在短短的20分钟左右，你如何给考官留下最好的印象，将各种能力尽可能地表现出来，并得到考官的认可，拿到一个高分呢？影响因素有很多，但是要强调的一点是，你表现出来的自信绝对会对你的分数有很大的影响。职业院校学生在了解就业择业心理偏差后一定要摒弃自卑等心理，了解自己的优势所在，做一个自信的人。

心理训练营

小活动：自画像

在一张白纸上画出你自己，可以是真实的你，也可以用象征的手法画出某种东西代表你，还可以用任何图形、线条代表你。虽然你不是一个画家，但是相信你能用手中的笔画出你自己。

小活动："我的职业梦"

根据你目前的专业、学业等自身发展情况，结合社会现实，你认为自己最想选择的职业是什么？在白纸上写下你的1～3个职业梦想。

分析与思考：写出确定每一个职业梦想的五种理由，以10分为最高分，评估每一个理由对自己的价值和意义。根据得分情况进行分析，看自己内心倾向于哪一种职业，为什么倾向于它，要想实现这个梦想自己的优势在哪里，还需要在哪些方面做出努力。把它们一一列出来并写在纸上，对你需要努力的各个方面做出具体的毕业前的规划。

单元三　职业发展的心理问题

学习目标

1. 知识目标：了解职业发展论、人才退出机制以及再就业、转岗、退休、失业心理等概念。
2. 技能目标：面对职业退出、再就业、转岗、退休、失业时如何调整心态。
3. 情感目标：处理好职业退出、再就业时的心理偏差。

重点和难点

1. 重点：掌握职业退出心理、再就业心理的概念。

2. 难点：学会面对职业退出、再就业时的心理偏差。

案例 9-6

北大才子卖猪肉开近 100 家连锁店，营业额达两亿元

曾扬言"卖猪肉比卖电脑更有技术含量"的北大才子陈生，不到两年时间，就在广州开设了近 100 家猪肉连锁店，营业额达到两亿元，人称广州"猪肉大王"。在广州，陈生打造的猪肉品牌"壹号土猪"，排骨每千克卖到 58 元，却有人天天排队来买。原因何在？陈生笑称，这是自己的定位：卖猪肉里的"奔驰""宝马"。

陈生毕业于北京大学，十多年前放弃了公务员职务毅然下海。"关键还是穷啊，那时候我们几个朋友都是从名校毕业的，可是收入非常低。我们家睡觉从来不关门，为啥？就是因为没有任何值得别人惦记的东西，没有任何值钱的东西可拿。穷得没有办法了，只好下海去拼。"陈生做出了在当时看来有点离经叛道的决定。

2006 年，陈生在湛江和广西交界处附近打造他的土猪养殖场，2007 年开始在广州卖猪肉，在短短两年时间里，发展成为广州乃至广东最大的猪肉连锁店"壹号土猪"。

问题：
1. 陈生成功的关键是什么？
2. 陈生经过了怎么样的心理挣扎才去创业的？

分析：北大才子开猪肉连锁店，表明一些大学生对工作和成才的关系有了更理性的认识。成功成才是我们每一个人的理想，但是成功成才的途径是千差万别的，条条大路通罗马。只要我们诚实劳动，合法经营，从事什么样的工作并不重要，只要我们认为能够发挥我们的才智，喜欢这项工作，我们就没有理由因为某些人的偏见而放弃。

条条大路通罗马，但职业院校学生的职业发展道路不可能一帆风顺，那么要怎么样保持乐观向上、积极进取的心态来实现人生的价值呢？本单元中，让我们一起了解职业发展论、职业退出及职业退出心理、再就业心理，以便当我们经历这些事件时，能够去调节我们的心态，并最终获取我们人生的成功。

一、职业发展论与心理学的关系

职业发展论是指论述人的职业心理及职业活动的行为成熟化过程的理论，是职业指导的基础理论和职业社会学的重要理论。职业发展论认为，人的职业性是一个长期的发展过程，人们的职业意向在多种因素影响下不断发展、走向成熟。人的职业意向和职业选择心理，可分为若干个既有区别又有联系的阶段。

人的职业选择是其主观职业意向与职业岗位客观情况之间不断折中调适的过程。该理论的代表人物为美国学者金兹伯格（Eli Ginzberg）。一个人被要求进行职业选择时，具有最难舍的一套价值观、才能与需要。不同的从业者，有不同的职业生涯系留点。

职业发展通道是进行职业生涯管理的基础条件之一。它通过整合企业内部各个岗位，设置多条职业发展系列并搭建职业发展阶梯；通过岗位能级映射，探测岗位间的关联，为员工提供广阔的职业发展平台，如行政序列、技术序列、销售序列、管理发展序列等。

根据马斯洛的需求层次理论，"自我实现"是个体的高级需求。在一个良好的社会环境中，对于一个人格健全者来说，自我实现是他的必然选择和追求。从广义的角度讲，心理学相关人员所从事的任何工作都可以视作一种社会心理服务。比如说，个体或者团体心理咨询、心理学教育、心理学研究等，都属于利用心理学专业知识为不同的社会人群提供理论或技术的服务，从而使他人受益的一种社会行为。

从自我价值实现的角度去看，职业方向、职业选择既是个人成长和价值体现的重要载体和平台，也是职业发展的重要基础和保障。一旦我们有了职业意识、职业视角、职业方向、职业目标和职业动力，那么我们个人的成长之路和职业发展之路就会融合成一条助人助己的社会心理服务之路。

二、职业退出

（一）企业人才退出机制

企业人才退出机制是指企业根据业务发展战略的需要，在企业中持续实现人岗匹配、能力与绩效匹配、绩效与薪酬匹配，以定期的绩效考核结果为依据，对那些达不到要求的人员依据程度的不同采取降职、调岗、离职培训、解雇和退休等的一种人力资源管理方式。人才退出也包括暂时退出岗位去接受教育和培训，教育和培训结束后如果达到企业的要求就继续回到组织中工作。因此，存在一个缓冲带，例如内部待岗、试用期制和离岗培训等。实施人才退出机制，是为了保证组织人力资源团队的精干、高效和富有活力，通过自愿离职、再次创业、待命停职、提前退休及末位淘汰等途径，让不再适合组织战略或流程的员工直接或间接地退出组织，实现人力资源的优化配置和战略目标。

（二）职业退出心理

职业退出心理指的是经过思考后结束一份职业，预计开始另一份职业的心理波动及需要进行的心理偏差调节。

（三）如何看待职业退出

职业退出是职场中的一个必要环节，对企业和就业者自身来说都是充分必要的。对企业而言，有了退出机制，一些能力和绩效低下的员工就会退出其占据的职位，让那些能力较高的员工有发挥优势、施展才华的机会，这必然会提高企业效率，提高人力资源的利用率，同时也激发后进者的工作积极性。对个人而言，职业退出可以使个体早日认清自己是否适合这份工作，有效促进自己寻求更合适自身的工作，减少在不适合的岗位浪费的消极工作时间；同时，经过思考退出不适合自己的职业，也为自己再就业提供了参考和依据。

三、再就业心理

（一）再就业心理的概念

再就业是指个体再次进入劳动力市场，重新获得职业的社会角色。再就业心理指的是面对失业的心理波动及再次就业时需要进行的心理偏差调节。

（二）如何调节再就业的心理偏差

1. 自强、自信、适应竞争就业

在职场中，每一个职业院校学生都可能面对众多的下岗、失业。面对拥有新知识走出校门的各层次学生，面对着农村剩余劳动力对职业岗位的竞争，面对政府机关、事业单位的分流人员寻找岗职，竞争就业势在必行。从长远的观点看，如果一个社会要追求较高的经济效益，注重提高劳动者的工作热情，那么保持一定的失业率不失为一种有效的方法和手段。竞争就是每个从业者的门槛。职业院校毕业生要打起精神，增强自信，在困难的时候要看到光明。竞争就业虽是对每个从业者的挑战，但也提供发展自我的机遇。有竞争就有成功和失败，一次成功的竞争是新的竞争起点，一次失败的竞争也不会决定人一生的前途，要用发展的眼光看自己。只有从困难中摆脱出来，才能迎接新的机遇；只有勇敢面对新的挑战，才能争取美好的明天。只有学会自我调节、学会自我激励，才能在竞争中保持坚强的意志力和坚定的自信心，才能适应社会，才能立于不败之地。职业院校学生要自强、自信、适应竞争就业。

2. 努力提高自身职业素质

在学习和工作中培养自己的职业素质和浓郁的职业热情，有助于培养一种不安于现状、正视可能出现的职业危机的进取精神。职业院校学生要了解"精一门，会两门，学三门"的口号，保持危机感和竞争意识。树立自我创业观念，在原有职业技能上开拓自己创新的能力，在多变的经济社会里发展自己随机应变的生存能力。随着科学技术的发展，产业结构迅速变化，新的职业岗位不断代替旧的职业岗位，所有人的从业岗位变换频率增大；同时，从一种职业转换到另一种职业的机遇增多。我们进入了一个学习的社会，人的一生将是学习和工作不断交替、结合的过程。任何从业者，都应该树立起不断学习、终身学习、适应多岗位、成才的意识。在现代职业社会中，我们不能指望在一个岗位上当一颗"螺丝钉"紧紧地拧在原地，一直到光荣退休。要考虑到"人生的道路虽然漫长，但紧要处常常只有几步"。在面临选择时，应当树立正确的择业观、从业观，正视社会，正视人生，正视职业，勇敢地接受生活的挑战。只要努力提高自身职业素质，在自己人生旅途的"紧要处"就能坦然地迎接"再就业"的挑战，就能以自身优秀的职业素质取得再就业的机会。

3. 增强非专业能力的自觉性

非专业能力又称为关键能力。一个合格的从业人员，要有正确的政治思想和必要的岗位技能知识，也应该具备品质、品德、人格、情操、职业道德、劳动纪律以及健康的体魄等。例如，职工的质量意识淡漠、责任心不强，即便有好设备、好技术也出不了好产品；人品好、技术精、责任心强的职工没有好的身体也不行；有的职工技术精、热情高、干劲大、身体好，但没有环保意识和安全知识也不行；有的职工埋头苦干、任劳任怨，但在当今快节奏、多变化的社会里，没有与人交流的能力、判断能力和应变能力也不行。事实证明：有许多从业者在岗位上不胜任或是难以有作为，并不是由于他们专业技术差，而是由于他们在非专业能力上有缺陷。再就业人员要增强非专业能力，要在学习和生活的有关方面，有意识地提高自己，善于发现自己的长处，挖掘自己的潜力，尽量做到扬长避短，这样求职成功的把握性就比较大。应当看到：今后在市场经济中，各行各业、各个领域乃至每个角落都存在着日趋激烈的竞争，竞争的规律就是"优胜劣汰"。21世纪是充满机遇和挑战的世纪，在这个高技术、高生活质量、高健康水平的时期，再就业人员除了要有专业技术知识外，还应有增强非专业知识的自觉性。

4. 调节消极心理，开创属于自己的新天地

市场经济条件下，再就业将成为常事。你今天是经理，明天就可能是普通职工；今天

在职,明天就可能下岗;今天是百万富翁,明天就可能一无所有。那种职业终身制、"就业保险箱"的现象一去不复返了。 常言道:职业、声望有高低,劳动者无贵贱。无论是教师、医生、工程师,还是工人、农民、清洁工,在社会生活的空间里是缺一不可的,只是分工不同;不能因分工不同而否认声望的高低,从事不同职业的人其人格尊严也没有贵贱之分。工人、农民、清洁工如果忠于职守、兢兢业业,同样也会获得人们的尊重。下岗职工"再就业"面临着种种困难,但是天无绝人之路,无论市场竞争有多么激烈和残酷,只要再就业人员注重调节消极心理,坚强地把自己投入市场经济的"大熔炉"里去锻炼,就能开创属于自己的新天地。

四、转岗、退休及失业心理

(一)转岗心理

你需要明白单位人事布局的含义;准确了解和遵守职场规则,正确处理工作要求和个人感受的关系;学会面对职场突发事件或组织对个人的安排,让职场障碍成为认识自我的舞台;需要做充分的市场调研,了解转岗岗位信息。越了解自己的岗位,就越能拒绝被动转岗。实在不愿转岗,也可以好聚好散,及时止损。即使已确定要离岗,也要做好以下方面的工作:首先,话语尽量留有余地,在不那么急迫的情况下,找到合适的新岗位后再提离岗;其次,要尽早争取自己该得的赔偿,同时做好交接,冷静处理,不将个人情绪带到工作中,只有这样才能尽可能给自己在行业内留下好口碑。

(二)失业心理

1)失业会给人一种突如其来的压力,很多人因此十分紧张,感觉很难受,而且可能被压得喘不过气来,这时候要保持自己乐观向上的心态,相信下一份工作会更好。

2)可以适当地安静下来,慢慢地想一些快乐的事情。失业不是什么大不了的事情,要学会看得清楚一些,社会上本来就有很多的竞争压力,今天的失业,也许就是明天的机会,这样想心情就会好很多。

3)不要自己一个人闷着,毕竟每个人身边总有三五知己,在遇到困难的时候,尽快找他们聊聊天,一起玩一玩,心态自然会平和下来。

4)找点事情做可以缓解压力,失业后可以先去旅游一下,快乐总是解决问题的好办法。

5)失业是一个机会,因为你可以通过失业看到自己的不足,然后通过参加培训班等方式提升自己的就业技能。

6)失业以后可以通过很多的渠道重新找工作,可以试试通过互联网或是朋友推荐寻找合适自己的岗位,以便再一次得到展现自己才华的机会。

案例 9-7

职场发展无捷径,要做高管先打工

小康是北京一所著名高校本科毕业生,毕业时为了能把户口落在北京,她应聘到中关村一家规模非常小的民营企业工作。然而,工作不到两个月,她便辞职了。小康说:"我是学企业管理的,虽然是个本科生,但我相信自己可以胜任任何管理岗位。这个企业刚刚成立,缺少各种各样的管理人才,可老板让我干的是内勤的活儿,内勤总监的职位宁可空缺也不让我尝试。他们给我的理由是，我缺乏管理经验。老板对于让我管理公司内勤完全没有信心。而我认为这个企业老板没有魄力，干了不到两个月，没有要他一分钱，我就辞职了，他们不留我，自有留我处。"小康认为，自己当初学管理就是想有一天能坐到管理的位子上，可实际上在那个公司，自己做的就是高中生都能做的业务，这和她的理想相差甚远。到现在为止，她基本上每年都要换工作，因为她总在抱怨没有老板愿意给她管理职位，哪怕是个中层管理职位。

问题：
1. 如果你是小康，你会抱怨没有老板愿意给自己管理职位的事件吗？
2. 如果你是小康，你会怎么做？

分析：从企业现实来看，专门学管理专业的学生却很少能做管理的岗位。很多企业都愿意选拔在企业有积淀的人才负责其管理职位。因为这些人通常对企业知根知底，非常熟悉企业的运作流程，接受企业文化熏陶时间长，老板也很了解这些人的实际工作能力。所以，老板愿意给这些人一个职业发展、提升的空间与平台。一步一个脚印从最基本的职位做起，这是企业员工成长为企业领导者的必经之路。一份有关管理人才的调查报告显示，企业需要两种管理人才，一是有相关行业的工作背景的，二是有很强的决策力和执行力的。

心理训练营

团队活动：相识交流

一、活动目的

建立团体互动关系，增加团体成员之间的了解。

二、活动步骤

1）团体成员之间相互微笑，目光交流，教师叫停后，相近的两个成员进行自我介绍，分享一件最令自己自豪的事情。

2）团体成员之间相互拍手打招呼，教师叫停后，相近的两个成员用三个形容词介绍自己最明显的特点，并用证据说明。

3）团体成员之间相互撞肩打招呼，教师叫停后，相近的两个成员分享参加此次活动的期望和目的。

心理学家及核心理论（九）

霍兰德的"人格类型论"

1. 霍兰德的类型论

美国职业指导专家霍兰德（Holland）于20世纪70年代初期创立"人格类型论"。

人格心理学概念认为，职业生涯的选择是个人人格的反映与延伸，个人企图以职业的选择及过程来表达自己,说明个人的兴趣和价值。事实上,霍兰德认为兴趣就是人格,兴趣量表的结果也可以代表一个人的人格特质。

霍兰德根据本身的职业咨询经验及研究形成了一种职业辅导模式,可通过职业与人格类型的分析,协助个人选择适合自己的职业。该模式简单易懂,应用相当广泛。

霍兰德的人格类型论有以下基本原则:①职业选择是个人人格的延伸和表现;②个人的兴趣组型也是人格组型;③同一职业团体内的人有相似的人格,因此他们对很多情境与问题会有类似的反应方式,从而产生类似的人际环境;④人可区分为六种人格类型,即现实型、研究型、艺术型、社会型、企业型和传统型,人所处的环境也可以相应地分为六种类型,即现实型、研究型、艺术型、社会型、企业型和传统型。

每一特定类型人格的人,会对相应职业类型中的工作或学习感兴趣,会更倾向于能充分施展自己能力与价值观的职业环境。个人的行为取决于个人和所处的环境特征之间的相互作用。个人的人格与工作环境之间的适配和对应,是职业满意度、职业稳定性与职业成就的基础。人格类型论是一种人格与职业类型匹配的理论。霍兰德提出了人格类型与职业类型模式。不同类型人格需要不同的生活或工作环境,例如实际型的人需要实际型的环境或职业,因为这种环境或职业才能给予其所需的机会与奖励,这种情况即称为和谐。类型与环境不和谐,则该环境或职业无法提供个人能力与兴趣所需的机会与奖励。

2. 对霍兰德类型论的评价

霍兰德从实际经验出发,经过长期的实验研究把人的性格类型主要划分为六种类型,并指出各种性格类型之间的相近、中性和相斥的关系,具有科学性。他把性格类型与职业指导结合起来,致力于性格类型和职业的匹配,对职业指导具有重大意义。不过,心理学的研究表明,一个人对某一种职业很有兴趣,并不意味着他一定能把这种工作做好,对工作的兴趣是做好工作的重要条件,但不是唯一条件,影响职业的心理因素是多样的和复杂的。

类型论根据某种原则,把所有人划归为某些类型,使直观地了解人的性格变得极为便利。类型论具有重大的理论意义和实践意义,它的研究成果已被许多学科所采用。它的产生最早是由于临床医学实践的需要,现在已广泛地应用到教育、医疗、管理、军事和职业选择等领域。但是,类型论把人极端复杂的性格概括为少数几个类型,必然会忽视中间型。如果将一个人划入某种性格类型,就会只注意这种类型中有关的特征,而忽视其他特征,即只注意一个人一个方面的特征,而忽视其他方面的特征,这样就会导致简单化和片面性。另外,类型论也容易将人的性格固定化、静止化,忽视性格的变化和发展,特别是容易忽视影响性格形成和发展的环境因素。因此,我们应该把偏重于对性格的质和整体了解的类型论与从量上分析性格的特质论结合起来。

3. 霍兰德理论的核心假设

霍兰德理论的核心假设是可以将人格分为六大类,即现实型、研究型、社会型、传统型、企业型、艺术型,职业环境也可以分成相应的同样名称的六大类。

六种人格类型与职业环境类型相对应如下:

第一种是现实型。具有这种人格类型的人喜欢有规律的具体劳动和需要某种技能的工作,这种类型的人往往缺乏社交能力。这类职业包括机械工、电工、农民、森林工人、农场主等。

第二种是研究型。具有这种人格类型的人喜欢智力的、抽象的、推理的、独立定向的工作,他们会被吸引去从事那些包含着较多认知活动(思考、组织、理解等)的职业。这种类型的人往往缺乏领导能力。这类职业有生物学家、化学家以及大学教授等。

第三种是社会型。具有这种人格类型的人会被吸引去从事那些包含着大量人际交往内容的职业，而不是那些包含着大量智力活动或体力活动的职业。这类职业有外交工作者以及社会工作者等。

第四种是传统型。具有这种人格类型的人会被吸引去从事系统且有条理的职业，他们具有良好的控制能力，比较保守，一般按常规办事。这类职业有办公室工作人员、会计、银行职员等。

第五种是企业型。具有这种人格类型的人性格外向，喜欢冒险活动和担任领导角色，喜欢从事那些包含着大量以影响他人为目的的语言活动的职业，如管理人员、政治家、律师及公共关系管理者等。

第六种是艺术型。具有这种人格类型的人会被吸引去从事那些包含着大量自我表现、艺术创造、情感表达以及个性化活动的职业。这类职业有艺术家、广告制作者以及音乐家等。

霍兰德的人格类型论主要从兴趣的角度出发来探索职业指导的问题。他明确提出了职业兴趣的人格观，使人们对职业兴趣的认识有了质的变化。霍兰德的理论反映了他长期专注于职业指导的实践经历，他把对职业环境的研究与对职业兴趣个体差异的研究有机地结合了起来，而在其理论提出之前，二者的研究是相对独立进行的。霍兰德以人格类型论为基础，先后编制了职业偏好量表（vocational preference inventory）和自我导向搜寻表（self-directed search）两种职业兴趣量表，作为职业兴趣的测查工具。霍兰德力求为每种职业兴趣找出两种相匹配的职业能力。兴趣测试和能力测试的结合在职业指导和职业咨询的实际操作中起到了促进作用。霍兰德还提出，兴趣是描述人格的一种方法，是职业选择中一个更为普遍的概念。在其理论中，人格被看作是兴趣、价值、需求、技巧、信仰、态度和学习个性的综合体。就职业选择而言，兴趣是个体和职业匹配的过程中最重要的因素。直至目前，霍兰德的理论仍是最具影响力的职业发展理论和职业分类体系之一。

霍兰德将其人格类型论运用于美国劳工部制定的职业条目词典，将其中12099种职业赋予霍兰德人格类型代码，编纂了"霍兰德职业代码词典"（the dictionary of holland occupational codes），为各类人员按照自己的职业兴趣类型搜寻合适的职业提供了广泛的应用基础。

模块十 亲密关系

● **导读导学**

　　爱情是个神奇的东西，可以给人无限美好，也可以让人理智全失。有这样一句话："热恋中的人智商为零。"哲学家柏拉图曾说过：当爱情轻敲肩膀时，连平日对诗情画意都不屑一顾的男人，都会变成诗人。爱情是人类亘古不变的主题，也是人生都会相遇的主题。人类自古以来就在不断探索爱情。爱情出现在许多文学、哲学作品中。一般认为：爱情是一种建立在信任基础上的，男女双方在交往过程中产生的高尚情感，是一种异性间产生的依恋及理想、情操、个性追求等复杂因素混合升华而成的情爱。相爱的男女，都渴望自己的爱情美满。对于风华正茂的职业院校学生来说，爱情更是津津乐道的主题。在古人笔下，爱是一种相思、两处闲愁；爱是除却巫山不是云；爱也是执子之手、与子偕老。那爱到底是什么？应该如何去爱？爱情心理有哪些要素？我们应该如何培养爱的能力？在这一模块，我们将一起进行探讨。

● **思维导图**

亲密关系思维导图见图10-1。

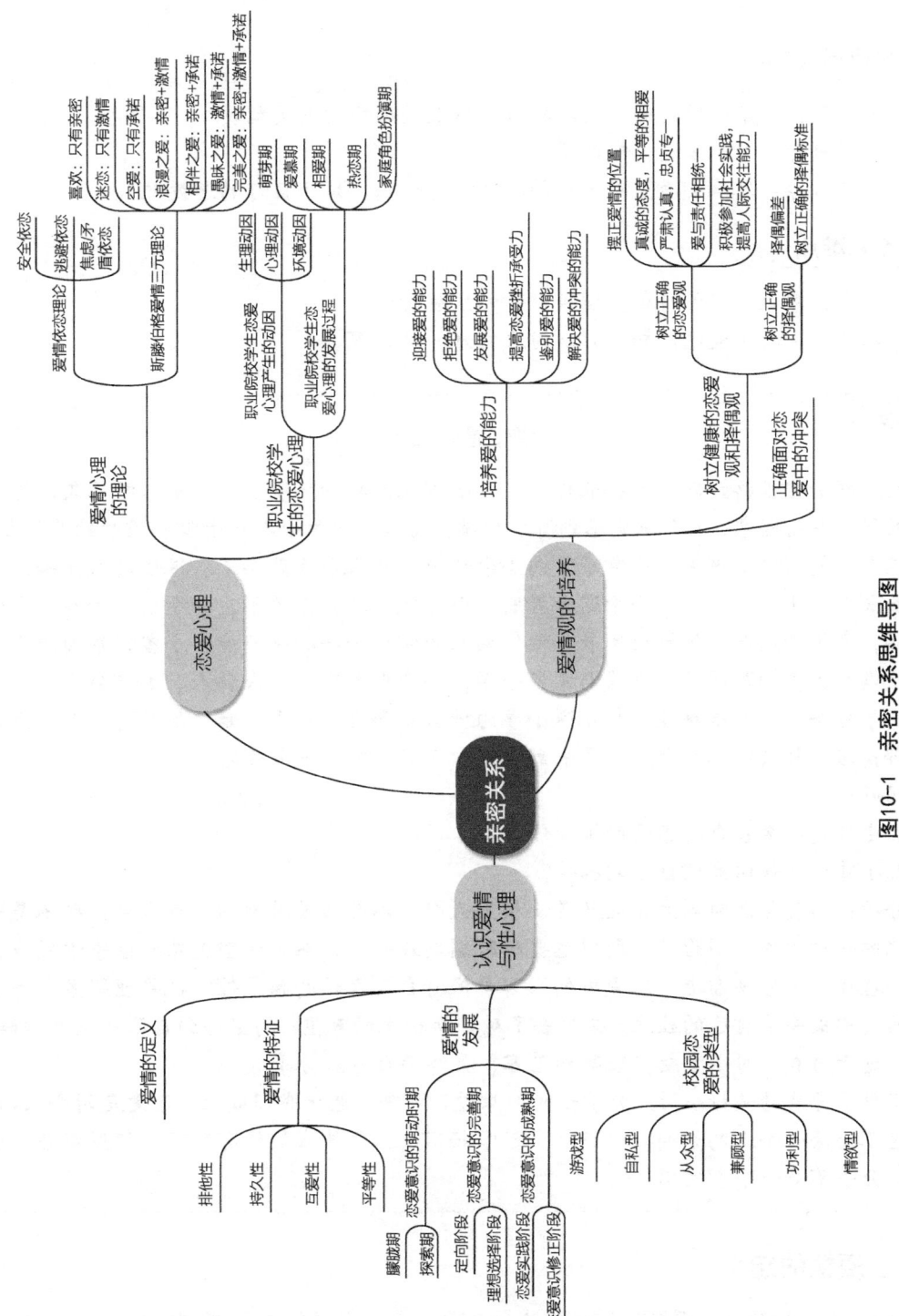

图10-1 亲密关系思维导图

单元一　认识爱情与性心理

学习目标

1. 知识目标：了解爱情的定义、特征，以及校园恋爱的类型。
2. 技能目标：了解爱情发展的阶段。
3. 情感目标：培养大学生对爱情特征的良好认知，树立良好的恋爱观。

重点和难点

1. 重点：掌握爱情的特征，理解爱情的发展阶段。
2. 难点：培养对爱的认知能力，树立良好的恋爱观。

案例 10-1

爱情是什么？

大一的小雪性格开朗，人也长得甜美。小雪来到新的环境，由于刚入学不久，还未与身边的同学熟络起来，因而难免感到有些孤单。大二的学长小李是小雪班级的辅导员助理，帮助辅导员处理班级事务，小雪经常向小李请教，两人渐渐熟悉了。很快两人便确定了男女朋友关系，小雪因为有了小李这个男朋友而感觉不那么孤单了，小李也终于与自己的舍友一样，有了女朋友。但好景不长，他们两人经常为一些小事争吵，小雪常常因为小李爱玩游戏没有更多的时间陪伴自己而责备小李，小李也觉得小雪太黏人、太"公主"气。小李提出了分手，小雪很难过，想不通小李为什么要和自己分手，越想越难过，甚至开始出现抑郁情绪，什么都不想做，于是来到学校心理咨询中心寻求帮助。

问题：
1. 小雪与小李各自的恋爱动机是什么？
2. 小雪应该如何处理自己的感情？

分析：恋爱是因为双方相互欣赏、相互吸引，不是孤单时刻的一种需要，也不是同学间攀比的一种方式。因为爱，所以想要时时刻刻在一起，然而亲密关系就像手中的沙，越是使劲握住，越容易溜走。恋爱中的人需要保持自己人格的独立性，也要理解另一半。小雪在恋爱中失去了自己的独立，也失去了对小李独立的尊重，渴望得到自己所想象的陪伴，而小李过于自我，对小雪缺少理解和包容，最终导致两人分手。

恋爱是青春的美好经历，分手让我们难过、痛苦，也让我们成长。恋爱是两个人的事，分手也不是某一个人的原因。所谓一个巴掌拍不响，即使我们仍有留恋，仍然痛苦，也请记住，分手不是一个人的错。

一、爱情的定义

爱情是人类最复杂、最微妙的一种人际关系，是人类情感最高级的一种形态。有人是这样描述爱情的:"爱情——这声音,才是银河系中那颗美丽星星的标志。"意思是,如果要在茫茫宇宙中给每一颗星球找个标志,那爱情可以算是地球上古老而又特别的存在。法国作家雨果说:人类两次出生,第一次是在开始生活的那一天,第二次是在爱情萌发的那一天。保加利亚作家瓦西列夫在他的《爱情论》中说:爱情是作为男女关系上的一种特殊的审美感而发展起来的,爱情创造了美,使人对美的领悟能力敏锐起来,促进对世界的艺术化认识。人本主义心理学家罗杰斯说:爱是深深的理解和接受。马斯洛认为:爱的需要涉及给予和接受爱,我们必须懂得爱,才能教会爱、创造爱。

以上对于爱情的理解几乎都包含了一个观点,那就是:理解、尊重。我们可以用诗歌歌颂爱情、用绘画作品表达爱情、用戏剧表演展示爱情,但就是很难用理性的语言阐述爱情,这是因为每个人对爱情的理解与体验都不相同,也没有一模一样的爱情模式。那么,说不清又道不明的爱情到底是什么呢?

关于爱情的定义,一直存在着很大的争议。广义的爱情是指人与人之间相互爱恋的感情;狭义的爱情是指男女之间相互爱恋的感情,是至高至纯至美的美感和情感体验。爱情是男女双方之间基于共同的生活理想,在各自内心形成的相互倾慕,并渴望对方成为自己终身伴侣的一种强烈的、纯真的、专一的感情。

综上所述,爱情是指男女之间基于一定的社会关系和共同的生活理想,在各自内心形成的对对方最真挚的爱慕,渴望对方成为自己终身伴侣的最强烈的情感体验,也是两颗心灵相互吸引,达到精神升华的产物,是人类特有的一种高尚精神生活享受。

二、爱情的特征

(一)排他性

爱情具有排他性。排他性是爱情最大的特点,它源于爱情的自然属性,即基于性爱基础之上的一种自发的心理倾向。排他性往往表现为对恋人与其他异性亲密关系的排斥。它强调恋爱双方要建立专一的情感,彼此忠诚,不能朝三暮四、三心二意,否则容易引起猜疑与不信任感,会对恋情造成破坏。

(二)持久性

爱情不是交往双方因一时冲动而产生的,而是两人经过相互了解和深入思考,在产生激情的基础上形成的真挚的情感。爱情所包含的认知成分与情绪成分存在于整个恋爱的过程当中。爱情会随着时间不断深化,真正的爱情不会因为时间和环境的改变而轻易改变,它会随着岁月的流淌不断升华。

(三)互爱性

爱情是男女双方在思想品德、性格爱好、仪表风度和文化素养等方面的相互倾慕,是经过较长时间的接触,在彼此相互了解、相互尊重的基础上自愿建立的情感关系。恋爱双方既是爱者,又是被爱者,彼此之间相互关怀、相互理解、相互包容,具有共同的理想、共同的价值观、共同的思想感情。

(四)平等性

真正的爱情是建立在男女之间自愿基础上的互爱,是对对方的倾慕与无私付出,同时也得到对方爱的回馈，而不是依靠外在因素干预的。在爱情中，两人应是平等、互相尊重的，没有一方能凌驾于另一方之上。

三、爱情的发展

随着年龄的增大，人的脑垂体激素的分泌量增加，特别是进入青春期后，第二性征的出现，性腺的逐渐发育成熟，性意识觉醒，青年开始关注两性关系以及对待异性的态度和行为规范。一般认为爱情的发展可以分为三个时期。

（一）恋爱意识的萌动时期

人的恋爱意识和心理的形成是一个逐步发生与发展的过程。

1. 朦胧期

进入青春期以后，少男少女们开始对性别角色越来越敏感，孩提时代两小无猜的男女伙伴开始疏远了。在日常生活中，男女学生可能很少说话，如同路人，各自的心理却产生不安和羞涩。这种男女界限的出现，标志着男女学生性意识的觉醒，刺激这些少男少女们产生对异性之间接触的好奇感，便渴望了解更多关于男女及其相互之间的秘密。

2. 探索期

进入青春后期的男女，随着性意识的发展，异性之间的疏远逐渐转变为彼此接近。那么，恋爱问题就开始纳入个体的意识领域，异性之间出现渴望接触的意向，恋爱问题开始得以探求。这时期的男女开始关注自身的容貌与风度，以引起异性的注意与兴趣，博得异性的好感与青睐。他们的这种心理在行为上表现在两个方面：①一部分人开始通过传递纸条、书写情书的方式来表达自己对异性的爱慕，另外一部分人对异性表现出很"不友好"，其实这也是一种爱慕的表现，他们只是不知道用什么方式表达爱慕；②这时期男女的爱恋容易转移，具有不稳定性。所以说，这个时期的爱是一种不成熟的爱。

（二）恋爱意识的完善期

1. 定向阶段

在青年初期，随着思维模式由感性逐渐向理性转变，这时的恋爱观念逐渐由浮动的激情向稳定的理性过渡，主要标志是：择偶标准的合理化与系统化；开始明确意识到"恋爱"和"社会责任、义务"等道德的关系；通过对恋爱的思考，明确意识到自身存在的价值。

2. 理想选择阶段

经历了感性认识和理性思索的恋爱准备后，青年人会根据自己的择偶标准，在心中构想出一个"理想化"的异性对象，同时赋予其具体的内容。有些人还会根据实际生活中的明星，构建一个心仪的对象，最后选出和心仪的明星相似度最高的人作为交往的对象。

> **知识链接**
>
> **爱情是感觉还是选择？**
>
> 爱情究竟是一种感觉，还是决策后的意志行动？有人觉得，爱是一种感觉，它是瞬间的、不连续的、稍纵即逝的。有人认为爱情是某件"发生在自己身上的事情"，而不是自

己主观意志能够控制的事。你可能在某个瞬间和一个人彼此吸引，共同走一段路，如果有一天你们的爱情消失了，就会自然而然地分开。依此看来，我们不仅控制不了自己爱上谁，也很难解决"失恋后依然爱着前任"的痛苦。

事实上，近年来神经科学研究显示，爱确实不是一种持续不断的情感，而是一个个产生了"积极共振"的瞬间，每个这样的瞬间都伴随着身体、大脑、激素水平的变化。当我们感觉到"爱上一个人"的时候，往往说明我们与另一个人之间存在很多个这样的瞬间。从这个角度看，爱既不是永恒的，爱的对象也不是独一无二的。你会在一些瞬间感到非常爱对方，但也可能会在另一些瞬间讨厌对方。你可能在一个瞬间和某个人有爱的感觉，也可能在另一个瞬间和另外一个人产生这样的感觉。

不过，爱情是由一个个瞬间构成的，并非说明它是无常的、不可控的。恰恰相反，说明它是能够被我们管理和控制的。

我们把与爱相关的感觉分为两种：迷恋和依恋。两者的区别在于，"迷恋"更多的是感性层面的，它缺乏亲密度和忠诚度，但有激情，经常出现在爱情刚刚开始的时候，也是把爱情的双方推向下一步的助推剂。当双方都开始"迷恋"，进一步确认彼此的爱，想要开始一段关系，这时双方就已经做出了"爱上彼此"的决定。随后，"迷恋"会渐渐转化为"依恋"，它比"迷恋"有更少的激情以及更高的亲密感、依赖感、忠诚度，还会随着关系的进展而渐渐加深。从迷恋到依恋，再到更深的承诺，爱情越来越多地成为一种意志行动，它的增强、减弱、消失不再是自然而然发生的，而是双方的管理和控制，也就是我们经常所说的"经营"。

美国密苏里大学学者 Langeslag 的研究发现，通过"爱情管理策略"，人们便既能在想爱一个人的时候增加每一个瞬间"爱"的感觉，也能够在想放弃一个人的时候减弱爱的感觉。她让一组恋人拿着另一半的照片进行积极的思考，比如"我们相处很好""我们会永远在一起"。另一组恋人拿着伴侣的照片进行负面的思考，比如"我们经常吵架""我们今后不会在一起"。结果发现，前一组实验的对象在刻意进行积极的思考后，对伴侣的爱的感觉得到了增强，不论是在参与者本人的报告中还是脑电波监测的结果都是如此，被称为"爱的脑电波"的LPP脑电波活动会增强。第二组实验对象对伴侣的爱的感觉会减少，LPP脑电波活跃度降低。

可见，爱情中"迷恋"与"依恋"的感觉是能被管理和控制的，当我们想要改善与伴侣的关系时，多用积极的方式思考，比如多想想伴侣的优点或两人甜蜜的回忆等。

（三）恋爱意识的成熟期

经历恋爱意识充分发展与基本确定选择异性交往对象标准的青年人，其恋爱意识尚未经过实践的检验，在某种程度上受到主观意愿与自我情感的制约。一般而言，恋爱意识与心理的完全成熟要经历两个阶段。

1. 恋爱实践阶段

在确立了心目中恋爱对象的标准后，青年人就会在现实生活中去寻找自己心仪的对象，同时产生恋爱行为。这个过程一般包括两种形式：一种是间接实践，就是自己暂时没有正式去谈恋爱，但是密切关注生活中的其他情侣，通过别人的恋爱过程使自己的恋爱经验得到积累；另一种是直接实践，就是自己在找到了理想的恋爱对象后，直接与其产生恋爱行为。

2. 恋爱意识修正阶段

在恋爱的实践过程中，青年人会发现自己理想化的恋爱意识与现实生活有一定的差距，于是就去审视自己原来的恋爱意识，同时又考察现实社会中恋爱对象的选择，通过不断地排除或消解内心的情感冲突与矛盾，来逐渐修正和完善自己的恋爱意识，最终达到与恋爱对象的合理交往。

简单来说，青年人步入恋爱的心理过程主要包含三个阶段：友谊交往阶段、比较与选择阶段、开始恋爱阶段。从心理学角度来看，循序渐进的异性交往方式会有助于建立健康、稳固、成熟的爱情。

四、校园恋爱的类型

如果我问你："你为什么恋爱？"你一定会觉得我的问题莫名其妙。"感觉到了就爱了，哪有这么多为什么。"但是，如果仔细地想想这个问题，并向周围的其他同学提问，就会发现答案多种多样。曾有学者对"青年学生的爱情观"进行过调查，结果显示，在校园"恋爱族"中，学生恋爱的动机各不相同：有的学生是抱着慎重态度，为了寻求终身伴侣而恋爱；有的学生因为"一见钟情"而坠入爱河；有的学生为了摆脱学习生活中的孤独，以恋爱的方式来寻求慰藉；有的则是为了满足自己的好奇心、虚荣心，甚至为了追求"潮流"而谈恋爱。不同的故事有不同的结局，看看周围牵手漫步的情侣们，他们能想到未来有什么样的结局吗？

校园恋爱主要有以下几种类型：

（一）游戏型

对于职业院校学生来说，未来存在很多的不确定性：在哪个城市工作？从事什么工作？计划以后怎么发展？很多问题都暂时没有答案。所以，很多同学在面对恋爱时采取的是一种"不求天长地久，只求在我最灿烂的年华中遇见你"的态度。这种态度看似浪漫，实则是一种不负责任的游戏心态。小杨和笑笑是一所职业技术学院的学生，像很多的校园情侣一样，他们常常一起到食堂吃饭，一起到自习室看书，一起到影院看电影。但当问及两人对未来职业和家庭的规划时，两人都认为一切还早，以后还很难说。"以后的事儿谁知道，走一步看一步，反正我们曾经爱过，我觉得这就够了。"爱情的必备要素是"承诺"，承诺就意味着责任，意味着对未来的计划和安排。在不能对未来做出承诺之前，应该保持对对方最基本的尊重。

（二）自私型

爱情是心与心的交流，它是无私的，又是自私的；它既有奉献性，能让恋爱中的人为对方奉献自己的所有，但同时它又具有排他性和专一性，不允许有彼此之外的第三者共享。但是，有一些人视爱情为一种可供挑选的商品，同时与几个人建立了暧昧关系，为自己准备了多个"备胎"，甚至谈起了"多角恋爱"，这是自私的一种表现。

（三）从众型

当经历了压力巨大的高考之后，大学生的学习压力骤然减少，课余时间忽然增多。面对丰富多彩的校园生活，在巨大的新鲜感和喜悦过后，由于目标的暂时缺乏，学生容易产生一种空虚孤独的感觉，不知道自己可做什么，不知道接下来的任务是什么，生活变得空虚而无聊。在这种情况下，当看到周围谈恋爱的同学出双入对、花前月下时，爱情就以其特有的诱惑力吸引着这些空虚的年轻人。

小琴和阿正就是出于空虚心理而谈恋爱的。在进入高校之后，他们没有及时改变学习方法来适应新阶段的学习，不知道该如何打发大量的业余时间，感到非常无聊，于是两人谈起了恋爱。可是小琴却觉得："虽然现在我们每天一起看电影，出去吃好吃的，似乎每天都很充实，可是为什么我还是觉得孤单和无所事事呢？问题的关键在于我们之间根本没有未来的目标，缺乏共同的话题。"

（四）兼顾型

人们常常认为"情场得意，学业失意"，恋爱对于学习成绩的影响也成了很多学校和家长反对学生恋爱的主要原因。但爱情和成绩真是非此即彼的关系吗？二者真是不能兼顾的吗？答案当然是否定的。健康积极的爱情不仅不会对学习造成负面影响，反而可以成为学习的积极助力。阿俊和婷婷都曾是某职业院校大二的学生，两人是班上著名的"学霸情侣"。和其他情侣一样，阿俊和婷婷也天天待在一起。不同的是，他们并不把时间浪费在游玩、看电影等娱乐活动上，而是每天一起听讲座、一起学习、一起讨论交流。学习成了恋爱的一部分，感情也在交流和互相提高中得到升华。最后，他们双双考上了本科，完成了人生的一次华丽转身，比翼双飞，爱情与学业双丰收。

（五）功利型

这是一种非常势利的实用主义恋爱类型。有的同学恋爱首先看的是对方的物质条件，或毕业就业城市的优势，或看中对方亲属的名利地位等。这类学生通常是基于利益关系而谈恋爱的，把爱情当作谋取功利的手段，没有真实的感情可言。小美是某职业院校大一新生，当得知同班同学小亮是富二代时，便主动接近小亮，不久两人就确定了恋爱关系。小美说："他家有钱有势，我谈恋爱不就是为了能嫁给这样的人吗？"

（六）情欲型

有些学生因为年纪较小，心理、生理各方面发展不够成熟，控制力较弱，会以满足性欲望为目的与异性同学交往、恋爱，有的甚至把恋爱当作娱乐，逢场作戏、玩弄异性。这些学生只注重异性的外表，追求感官上的愉悦，而忽视或无视爱情内涵中应有的伦理因素。这是一种不健康的恋爱类型。

> **知识链接**
>
> 失恋了，如何减退爱的感觉？
>
> 当你决定要离开一个人或者"被分手"的时候，你同样可以做出努力。
>
> 1. 区分"爱"和"恋爱"
>
> 首先，你需要面对的事实是：爱的感觉不可能被马上切断，但是你们已经无法回到恋爱的关系中。如果你暂时觉得无法割舍，无法一下子变成"陌生人"，可以对这个阶段的

感情做出一个在"爱情"之外的全新定义。世界上有很多种爱。你们可以仍然将彼此当作亲密的人，或者你们还可以互相爱着对方，但你们不再认为互相处于恋爱的关系中，也不再做情侣会做的事情。你们之间还会存在着一些积极的共振，它们中的一部分可能会渐渐消失，一部分会被遗忘，另一部分甚至可能会在很长一段时间内继续存在。但必须明确的是：你已经做出了结束爱情的决定，作为一种意志行动的爱情也已经结束了。

2. 列出"缺点问题清单"

在这个时候，无论你曾经觉得对方有多好，都要检查上一段亲密关系中存在的问题，批判性地思考对方：列出对方身上那些你所不能接受的价值观观点、生活习惯；回忆一下，在哪些时刻你曾因为对方的语言和行为感到非常恼火；只是对着过去的照片说"原来他长的不是我喜欢的样子"也是有用的。如果你感到愤怒，可以写完后把清单烧掉，给自己一种仪式感。在回忆的过程中，可以暂时不要列出和反思自己的缺点，更不要去想"如果当时……就好了"。你们已经不能回头了。

3. 隔离和转移注意力

现实接触的多少、距离的远近对爱的影响是双向的。因此，还有一个简单的方法就是避免接触自己的前任。你可以在物理距离上离对方远一些。比如：搬家或者改造你的家，扔掉和对方有关的东西，重新装修一下；尽量避开你们曾经一起去的地方、做的事情、对方送你的东西等，不要触景生情。在这段时间里，不要让自己闲着，用工作、健身、社交、新的兴趣把生活填满。设定一个新的目标，然后去实现；尝试一下之前没敢尝试的挑战；或者学学打扮，让自己变得更有魅力；多去做一些以前没机会做的事，特别是做对方曾经讨厌的、不喜欢你做的事情。

4. 学会关注其他人

学会去观察身边的其他人，欣赏他们身上曾被你忽视的优点和你喜欢的部分，如好听的声音、好身材、良好的沟通，不排斥新的约会和关系。但要记住，要真的欣赏对方，而不是为了逃避而进入"反弹式关系"。这时也是和曾经在热恋期被你忽略的好朋友重新建立关系的好机会，大胆地向他们倾诉吧，朋友的支持会减轻你的压力。

值得一提的是，就像所有的管理都会有它失控和混乱的一面一样，我们在本文中提到的对爱的管理，也不是一蹴而就的魔法。它会在大方向上帮助你，但你依然会经历忐忑不安、紧张、忧愁甚至痛苦。最让人感伤的是："我还爱你，但我不想再爱你了。"最让人甜蜜的是："我爱你，但我还想要更爱你。"我们无法完全操纵爱，这正是爱让我们着迷的原因。

心理训练营

快速约会

一、活动目的

帮助单身学生了解如何发现潜在的恋爱对象。

二、活动时间

45～60分钟。

三、活动地点

普通教室。

四、适合人数

20～30人，男女各半。

五、活动步骤

（1）第一印象　女生坐在固定位置上，男生轮流和每位女生进行一对一的2分钟了解。结束后，每个人参考约会信息卡上的个人信息与聊天时的感觉，依次写出令自己心动的六位异性。

（2）男生时间　女生依然坐在自己的位置上，男生随意移动，可以自由选定，与几个女生做进一步了解，以获取更多信息，时间为8分钟。

（3）女生时间　男生坐在固定位置上，女生可以自由选择几位男生进行了解，时间为8分钟。

（4）心动选择　每个人可以给三位异性留下自己的联系方式，如果两个人同时给对方留下了自己的联系方式，即配对成功。

结束后，同学们可以交流活动过程中的心得体会，并由教师进行总结发言。

六、补充信息

斯坦福大学的一项研究发现，某些谈话方式能够增加男性获得女性好评的概率。最佳的行动是：

1）欣赏、称赞对方。

2）参与话题。

3）减少提问的频率。

4）分享自己的故事。

5）改变音调以示感兴趣。

2005年，宾夕法尼亚大学对一系列的快速约会进行了研究，发现大多数人在见面会后3秒内已经做出决定。总体来说，如果你已经单身了很长时间，快速约会还是值得尝试的一种扩大交友圈子的方式。

单元二　恋爱心理

学习目标

1. 知识目标：了解爱情依恋理论、斯滕伯格爱情三元理论以及职业院校学生的恋爱心理。
2. 技能目标：了解童年亲子依恋关系对成年后亲密关系的影响。
3. 情感目标：培养对亲密关系的自我觉察能力。

重点和难点

1. 重点：掌握爱情依恋理论。
2. 难点：理解童年亲子关系与成年亲密关系之间的联系。

案例10-2

为什么我总是被人拒绝？

"我是小兰，是××职业技术学院三年级学生。为什么我总是被人抛弃……"小兰同学说到这里，双眼涌出了泪花，"大二寒假后我乘火车返回学校时，见到一位老乡，他去北京打工，我们谈得挺投机，双方交换了电话号码。"

小兰说她开始并不喜欢那个老乡，但回到学校后，还是拨通了他的电话，周六还和他见了面。小兰愿意听他对自己讲那些甜言蜜语，因此每天都给他打好几个电话，还经常去北京看他。突然有一天，老乡打电话给小兰，要求中断两人的恋爱关系。小兰想和老乡做回普通朋友，却被老乡拒绝了。"为什么？为什么我总是被人拒绝？第一个男朋友抛弃了我，这个打工老乡的学历还不如我，我也爱他，可他还是坚决分手，这不公平。"

分析：理智的爱能带来幸福，盲目的爱会给人痛苦。小兰与男友交往时，不停地打电话，不停地要求男友表达对她的爱，这正是她在生活中表现出爱的缺失的补偿心理。这种补偿心理会挤占对方的自由空间，让对方无法承受，这可能就是男友与小兰分手的原因。

一、爱情心理的理论

（一）爱情依恋理论

爱情依恋理论将爱情与童年依恋联系起来研究。婴儿时期与人建立的依恋关系，会使个体形成一个持久且稳定的人格特质，这项特质在个体与异性建立亲密关系时会自然流露出来。Hazan和Shaver将成人的爱情关系视为一种依恋的过程，并划分为三种类型。

1. 安全依恋

安全依恋型的人与伴侣的关系良好、稳定，能彼此信任、互相支持。绝大多数人的爱情属于安全依恋。

2. 逃避依恋

逃避依恋型的人害怕且逃避与伴侣的亲密。法国电影《天使爱美丽》中的艾米丽就属于这类。

3. 焦虑/矛盾依恋

焦虑/矛盾依恋型的人时常具有情绪不稳、极端反应的现象，善于忌妒且希望跟伴侣的关系是互惠的。《过把瘾》的男女主角就属于这类。

Hazan和Shaver在研究中发现，三种不同的爱情依恋风格在成人中所占比例分别为：安全依恋约占56%，逃避依恋约占25%，而焦虑/矛盾依恋约占19%。这与婴儿依恋类型的调查比例相当接近。

Bartholomew 和 Horowitz 以上述爱情依恋风格理论的概念为基础，发展出一种四类型的爱情依恋风格理论，他们以正向或负向的自我意象和正向或负向的他人意象两个不同的维度来分析，得到四种类型的爱情依恋风格。

（1）安全依恋　由正向的自我意象和正向的他人意象所造成。
（2）焦虑依恋　由负向的自我意象和正向的他人意象所造成。
（3）排除依恋　由正向的自我意象和负向的他人意象所造成。
（4）逃避依附　由负向的自我意象和负向的他人意象所造成。

（二）斯滕伯格爱情三元理论

斯滕伯格（Robert J. Sternberg）认为，爱情的形式虽然复杂多变，但在要素上却是一致的，主要由三种要素构成：亲密、激情与承诺。亲密就是亲近的感觉，与某人能够很好地沟通、相互交流。从行为上说，亲密就是相互分享秘密，并且只是彼此分享秘密。激情的定义因人而异，它是引起我们追求浪漫爱情的动力，也可认为是某种生理吸引，即两性间的欲望。斯滕伯格认为，这同样是恋爱关系中必不可少的一种要素。第三种要素是承诺，指的是一个处于恋爱关系中的人愿意为这段关系贴上爱情标签并愿意做出承诺来维持这段关系（至少持续一段时间）。斯滕伯格认为，如果不称这种感情为爱情，或者没有保持这段关系的欲望，那这种感情就不是爱情。所以，如果对于某人的某种情感同时具备以上三种要素，就具有了完美的爱情。但是，如果只具有这三种要素中的一种或两种，那这种感情又算是什么呢？与爱情有什么不同呢？斯滕伯格这一理论的有趣之处就在于它形成了许多不同的要素组合，斯滕伯格对每种感情仔细研究，并做了如下说明：爱情的三种要素会随着时间的推移而发生变化，某对爱情伴侣在不同时期可能会体验到不同类型的爱情。在爱情的三种要素中，激情是最容易发生变化的，也是最不容易控制的成分。所以，有人对伴侣的欲望可能会先急剧飙升，然后又迅速消退，人们很难有意识地控制这些变化和冲突。

1. 喜欢：只有亲密

你和某个人感到亲近，你们相互分享秘密、交换信息，但对方对你不存在生理上的吸引，你也没有对维持这段关系做出承诺。大多数典型的友谊都属于这种情感（注意：这里的友谊指的是普通朋友而不是亲密朋友）。

2. 迷恋：只有激情

你对某个人有很强烈的欲望，但你们并不亲密，彼此之间也不存在长期承诺，"一见钟情"就是这种感情。"我们之间并不亲密，我对我们的未来也没有承诺，甚至，我对未来连想都没想过，我想的只有当下，在当下，你对我有吸引力！"

3. 空爱：只有承诺

你和某个人并不亲密也不交流，你们之间也不存在激情，但是你们却要维系这段关系，你们始终要对彼此负责。我国古代的"父母之命，媒妁之言"就会产生这种空爱。

4. 浪漫之爱：亲密＋激情

"我们分享秘密，我们充满激情、彼此吸引，但未来太过不确定，我们不会相互承诺。"事实上，一段恋爱关系开始时往往都会是这样，如罗密欧与朱丽叶的爱情。

5. 相伴之爱：亲密＋承诺

"我们彼此分享秘密，但生理上并没有什么特别的吸引，然而我们都对这段关系有着承诺。"这就是典型的亲密朋友之间的关系。"我们彼此坦诚，我们渴望永远做朋友，但我们之间不存在激情。"

6. 愚昧之爱：激情＋承诺

"你对我有肉体上的吸引力，并且希望保持我们之间肉体上的相互吸引。但我们并不亲密，我不想了解你，也不想让你了解我。"这种情感就像旋风一样，很可能导致"闪婚"不久后又"闪离"现象的发生。事实上，这种关系只承诺肉体上的长期关系，所以往往很难持久。

7. 完满之爱：亲密＋激情＋承诺

这就是斯滕伯格对于"爱"的完整定义。

二、职业院校学生的恋爱心理

著名的心理学家埃里克森在《儿童期与社会》一书中提出个体必须成功通过八个心理社会发展阶段，在每一个阶段个体都会经历主要的冲突或危机。职业院校学生正处于第六个阶段——成年早期，在这个阶段的发展任务是获得亲密感，需要和朋友等其他社交对象建立友爱关系，避免孤独感并体验爱情的实现。随着性心理发育成熟，各类校园活动使得社交网络扩大，职业院校学生交流的机会增多，再加上年龄、学历、兴趣等方面相似，爱情的种子悄悄发芽。那么，职业院校学生恋爱的动因是什么？恋爱心理一般要经历哪些阶段呢？

（一）职业院校学生恋爱心理产生的动因

爱情不仅仅是青年人的事情，在生命的任何阶段都有可能产生爱情，只是青年人的爱情显得格外迷人和激烈。对于职业院校学生来说，恋爱是一种普遍存在的现象。

性生理的发育成熟是职业院校学生恋爱的最根本生理动因，生理发展所引起的心理巨变是大学生恋爱的心理动因，而宽松的校园环境、大学浪漫的人文氛围，以及社会开放的文化渗透和道德伦理规范的约束是职业院校学生恋爱的环境动因。

1. 生理动因

生理动因是职业院校学生恋爱心理产生、发展的自然因素。我国当代职业院校学生年龄一般在18～23岁，正值青春发育成熟期，即性萌发到成熟的时期。不仅生殖系统（即性器官）和内分泌在发育成熟，而且大脑中的性控制中枢与情绪中枢也正逐步成熟。

这个时期职业院校学生性本能欲求具有很强大的推动力，他们性意识增强，渴望与异性交往，恋爱欲望增强。同时，在这个过程中也存在生理上的变化以及发育不适。例如，第二性征发育不良引发的对身体形象、性器官功能发育的不适感和不满情绪，容易产生心理挫折感，引起自卑、焦虑、忧郁等情绪障碍。同时，由于缺乏完备的性生理知识和性心理知识，职业院校学生容易产生一些性意识困扰，例如对一些性问题、性幻想、性梦、等问题的不正确理解，从而引发不同程度的心理冲突。严重的学生会出现失眠、注意力分散、害怕与异性交往，常常陷入一种苦闷困扰的情绪之中。

2. 心理动因

认知活动是职业院校学生恋爱的基础，它对恋爱心理起着感应、唤起和导向作用。

而情绪则对职业院校学生的恋爱心理体验起着活跃和扩展的作用，调节着恋爱心理的起伏。处于成年早期的职业院校学生情绪波动大，可塑性强，面对情感问题的两难抉择，容易发生情感冲突，在恋爱过程中失去心理平衡，引发自卑、不安、抑郁、消沉等情绪问题。在意志方面，意志把恋爱的建立与社会义务、责任、权利联系起来，制约着恋爱心理的发展。

气质类型、性格倾向等也都是职业院校学生恋爱心理的重要影响因素。不同的气质类型影响着恋爱的表达方式与程度，以及恋爱心理的发展。性格倾向不同的人在恋爱情感体验中的表现也大相径庭。性格外倾者在恋爱过程中往往冲动、狂热、乐观、主动，而性格内倾者则往往是冷静、谨慎、悲观、被动。

中学阶段由于升学的压力而被暂时压抑的丰富的青春期情感，在大学时期得以爆发，自我形象逐渐清晰，渴望情感需要的满足。而且有相当一部分的职业院校学生是远离家乡到异地求学的，对家庭和原来朋友的思念，使他们更迫切地需要有人陪伴，同时由于荷尔蒙的分泌，他们把这种需要转化为对异性同学的交往需求，于是就采取恋爱的方式来满足自己的情感需求。

3. 环境动因

校园环境有它的独特性：它在学生走入社会的过程中提供了一个宽松开放的缓冲环境。在这里，浪漫的校园人文氛围、社会开放的文化媒介渗透和伦理道德规范的约束是职业院校学生恋爱的环境动因。

在校园里，职业院校学生摆脱了父母、师长的约束和"监控"，也没有了高考的巨大压力，拥有了更大的自主、自由和权力。校园里恋爱心理相互感染，身边同学们的恋爱现象也会促使更多职业院校学生想要尝试恋爱。通过各种媒介，例如影视、书籍、报纸、杂志，职业院校学生可以便捷地获得关于爱情的大量信息，这些信息诱导并刺激着职业院校学生恋爱心理活动的发生、发展，不断影响、调适、转化着职业院校学生的恋爱心理。

同时，社会的变革和发展也引起了职业院校学生人生观和价值观的变化。部分职业院校学生价值取向中的消极因素反过来影响了他们对生活的态度，把谈恋爱当成是一种炫耀的资本，于是一些人就拿自己的男（女）朋友和别人的相比，在别人的艳羡中获得满足感。还有一部分职业院校学生仅仅是觉得时髦，出去有男（女）朋友相陪，是一种有面子的体现。也有一小部分职业院校学生是把恋爱当成自己性满足的方式。

爱情具有严肃而又神秘压抑的两面性。外来的"性解放"文化也在不断渗透、影响和冲击着职业院校学生的恋爱心理，使一些学生的恋爱观发生错位，漠视婚恋、家庭的责任与义务。加之地位、财富、权利等社会功利意识在某些职业院校学生恋爱心理中的分量渐增，一些职业院校学生误入"爱情与道德、法律无关""性与婚姻分离"的思想误区。

案例 10-3

小陈的爱情观

小陈是某职业院校艺术设计专业学生，入校前文化课成绩比较突出，专业课成绩一般。他入学时比较内向，除了与宿舍同学和个别同学交流外，较少与他人交流；平时遇到不开心的事情均是用极端方式来发泄。小陈与女生小美两人是高中同班同学,并且在高中时期就开始谈恋爱,两人恋爱两年半后,小美以性格不合、自己已有新的喜欢对象为由提出分手。小陈不同意,并多次纠缠以争取挽回小美,经常打电话骚扰小美,每天在小美的寝室楼下、家教地点等待小美。在分手这段时间内,小陈茶不思饭不想,体重下降了五六斤。小陈曾在宿舍多次酗酒,醉酒后在宿舍大喊大叫,严重影响了其他同学的学习和休息,自己也处于天天烦躁、郁闷的状态中,无心学习,荒废了学业。

分析:爱情是相互的,当其中一方已经不再爱了,与其难过地纠缠,不如退一步海阔天空。时间是最好的良药,好好爱自己,好好提升自己,丰富自己,这个世界不是只有爱情,要让自己的每一天都过得充实而有意义。你若精彩,蝴蝶自来。

(二)职业院校学生恋爱心理的发展过程

职业院校学生恋爱心理的发展过程大致可分为萌芽期、爱慕期、相爱期、热恋期、家庭角色扮演期五个阶段。大学是职业院校学生恋爱心理形成、逐渐走向成熟的重要时期。在大学期间个体需要发展出对他人充满情感、道德和性的承诺的能力。如果个体在成年早期阶段能够与他人建立亲密关系,便可形成"爱"的品质;如果缺乏这种能力,就可能产生孤独感。在大学阶段,职业院校学生对异性的爱慕和向往有了明确的目标,对爱的内容和要求也比较清晰和强烈,开始有目的地试着选择对象,并尝试与之建立关系。

1. 萌芽期

萌芽期通常在大学一年级。大一新生跨入大学后,随着升学压力的消失,在思想上暂时会出现"停一停,歇一歇"的想法。同时,大多数学生远离家乡到异地求学,远离父母和亲朋好友,独自一人面对全新的生活环境和全新的人际关系,心里不免会产生孤独感和悲凉感,渴望得到他人的关心和帮助。这时,班级、各级学生会、团委、校园社团为大家提供了许多交流和接触的机会。找老乡,找朋友,你来我往,慢慢地,男生女生的接触逐渐频繁起来。这一阶段,男女生在较高的交往频率和交往质量的基础上彼此了解和熟悉,两人渐渐产生好感。好感并不意味着爱情,如果错将好感或友谊看作爱情,不仅会给自己带来困惑,也会给对方造成困扰,进而影响双方的友谊。但好感阶段往往又是爱情的基础,可由好感逐渐发展为爱情。

2. 爱慕期

随着对新环境的逐渐适应,与班级、宿舍同学磨合的逐渐完成,职业院校学生们已经基本脱去了中学生的影子。无论是知识、能力、体魄,还是风度、服饰、语言等,都彻底地"大学生化"了。经过进一步了解,对对方的爱好、性格、为人等各方面有了更加深入的认识,产生了更深刻的情感体验,萌发了希望与对方在一起的强烈的情感倾向。在认知的参与下,发展出对对方的爱慕之情,这一阶段的男女职业院校学生在深入了解后开始彼此吸引,并体验到了一种难舍难分的感觉。

3. 相爱期

男女之间单方面的爱慕还不是爱情,只有当双方相互爱慕且互相确认,建立起恋爱关系,爱情才能建立。在恋爱中的职业院校学生,通常具有以下特征:①恋人之间常有眉目之间的传情和语言的沟通；②恋人之间有美化对方、只见对方优点而不顾及其他方面的倾向；③恋人有力图完善自己与对方协调起来的倾向；④恋人会在日常的一举一动里表达自己对对方的关心，有"一日不见，如隔三秋"的感受；⑤恋人常常戒备对方会被别人抢走，有独占对方的欲望。

4. 热恋期

恋爱关系确立一定时间后，双方就进入了热恋状态。情侣在热恋中的感情容易起伏波动，时而达到幸福与欢乐的最高峰，时而进入情绪的低谷和痛苦之中，甚至导致恋爱关系的破裂。因此，热恋阶段对职业院校学生来说是一个证实、发现、判断的时期。在这个阶段，个体需要证实自己在求爱阶段对恋人的一些理想化看法，并发现另一些没有注意或被忽视的优缺点。热恋是两人朝夕相处的阶段，优缺点较求爱阶段和恋爱初期更容易表露出来。恋爱双方一般会自觉或不自觉地根据对方表现出来的这些优缺点的综合印象做出价值判断，进而对这段感情是否值得延续下去做出抉择。

5. 家庭角色扮演期

如果恋爱双方在热恋阶段互相肯定，并决定将恋爱关系延续和升华，那么恋爱就会慢慢发展到家庭角色扮演阶段。在这一阶段恋人从浪漫的迷雾回归到现实生活，开始考虑柴米油盐酱醋茶，考虑工作问题或其他谋生问题。这种家庭角色扮演为以后的婚姻生活打下基础、做出铺垫。

心理训练营

了解自己的追求

一、活动主题

认清什么才是最重要的。

二、活动目的

了解自己的追求，并进一步认清自己的价值取向，认清生活中自己认为最有价值的东西。

三、活动时间

40分钟。

四、活动步骤

1）6～8人为一组，座位围成一圈。

2）指导教师宣布游戏规则：每个人都是一个即将破产的商人，有一些很重要的财产可以作为拍卖的商品，这些财产到最后只能保留一个，请按照拍卖的顺序写出这些财产的顺序，它们分别是亲情、友情、爱情、智慧、荣誉、健康。

3）学生听完给定的情境后，认真思考，做出自己的选择。

4）以小组为单位，统计学生的选择情况，并进行讨论，说明自己的选择。

5）通过以上讨论，你发现什么才是自己生命中最重要的。

单元三　爱情观的培养

学习目标

1. 知识目标：了解爱的能力所包含的内容，以及面对恋爱冲突时的处理方式。
2. 技能目标：掌握获得爱的能力以及正确处理冲突的能力。
3. 情感目标：培养职业院校学生获得爱的能力，培养其树立良好的恋爱观。

重点和难点

1. 重点：掌握获得爱的能力以及面对冲突时解决冲突的能力。
2. 难点：培养爱的能力，树立良好的恋爱观和择偶观。

案例 10-4

相爱容易，相处难

小张和小陈都是某职业技术学院的学生，他们在学校举办的一次文学活动中结识，并慢慢深入了解，关系逐渐升温。但是，两人的个性都很强。"我们有时会吵架，通常都是我说话或做事不太注意，没有顾及她的感受而让她生气。我觉得这并不是什么大事，可是她却总是跟我较真，最后往往是我承认自己不好。我真的很讨厌这样，有时我甚至觉得自己非常受不了她。"小张说。

分析：由于家庭环境、个性等原因，两个人在一起时总会存在或多或少的矛盾，有时甚至会上升到吵架。其实，爱情的维持需要双方相互包容和相互体谅。两个人遇到问题的时候，可以换个角度思考问题，先想想自身的原因，再站在对方的角度进行思考，往往矛盾就迎刃而解了。

一、培养爱的能力

爱情本是美好而又纯洁的情感，每个人都渴望自己能得到美好、幸福的爱情。弗洛姆说：爱是一种能力，也是一种艺术，也是一个人的终生任务。恋爱的过程是培养爱的能力的过程。具备了爱的能力，才能使自己真正体验到爱所带来的快乐和幸福。爱的能力包括了恋爱过程中许多方面的能力。

（一）迎接爱的能力

迎接爱的能力包括表达爱的能力和接受爱的能力。一个人心中有了爱，在理智分析之后，要敢于表达、善于表达，这是一种爱的能力。一个人面对别人的示爱，能及时准确地对爱做出判断，并做出接受、谢绝或再观察的选择，这也是一种爱的能力。缺乏这种能力的人，或是匆忙行事，或是无从把握。大学生要具备迎接爱的能力，应懂得爱是什么，有健康的恋爱价值观，知道自己喜欢什么、需要什么、适合什么，应对自己、对他人、对万事保持敏感和热情,主动关心他人、热爱他人。当别人向你表达爱时,要能及时准确地对爱的信息做出判断,坦然地做出自己的选择。

(二)拒绝爱的能力

当遇到自己不愿意或不值得接受的爱应有勇气拒绝。拒绝爱要注意两个方面:一是在并不希望得到爱情时,要果断、勇敢地说"不",不能拖拖拉拉。一直不能给出确定的反馈,这对双方都会造成伤害。二是要掌握恰当的拒绝方式。虽然每个人都有拒绝爱的权利,但是珍重每一份真挚的感情是对他人的尊重,也是一种珍重自己的表现,同时也是对一个人道德情操的考验。如果不顾及对方的情面,恶语讥讽,会使双方的感情和自尊心受到伤害,这种做法是不妥的。

(三)发展爱的能力

弗洛姆在《爱的艺术》中说:"要有爱的能力,一个人就得保持紧张、清醒和强烈的活力。要做到这一点,他就得在其他所有领域里都能保持创造性和移动性,倘若在其他领域消极无能,他在爱的领域也必将重蹈覆辙。"培养爱的责任,发展爱的能力,不仅把阳光放在爱的领域,也放在其他非性爱的领域。苏联著名教育家马卡连柯说:爱的力量只能在人类非性欲的爱情素养中存在;它的非性欲爱情范围越广,它的性爱也就越为高尚。发展爱的能力,并不是非要具体到对某一异性的爱,可以是更广泛意义上的爱。我们的亲人、同学、朋友、祖国和人民,都值得我们去热恋。发展爱的能力,就是要培养无私的品格和奉献精神,要善于处理、有效地化解并消除恋爱和生活中的矛盾纠纷,为恋人负责,为自己负责,为社会负责,只有这样才能创造出幸福美满的婚恋。

(四)提高恋爱挫折承受力

恋爱受多种因素的制约,因而在追求爱情的过程中遇到各种波折是在所难免的。单相思、爱情错觉、失恋等恋爱心理挫折对心理承受能力而言都是一种考验。如果个体承受力较强,就能较好地应付挫折,否则就有可能造成不良后果。因此,提高恋爱挫折承受力对心理健康是非常重要的。

(五)鉴别爱的能力

能较好地区分什么是好感、喜欢和爱情。有鉴别爱的能力的人,是尊重自己也尊重别人的人,会主动扩展交往的范围,珍惜友谊,会尽量多地体验他人的感受。

(六)解决爱的冲突的能力

相爱不是寻求两人的一致,而是看如何协调、合作。爱需要包容、理解、体谅。恋人间需要有效沟通,需要清楚表达各自的思想、感受。只有善于化解各种矛盾,爱情才能得以稳固发展。

二、树立健康的恋爱观和择偶观

(一)树立正确的恋爱观

恋爱观是指人们对恋爱问题所持有的基本观点和态度,是一定社会条件下的经济关系和道德关系的产物。健康的恋爱观是理想、道德、义务、事业和性爱的有机结合,包括建立正确的认知和择偶标准,摆正恋爱、爱情与事业、发展友谊的关系,提倡志同道合式的爱情,选择健康的恋爱行为方式,等等。

判断一个人的恋爱观是否健康、正确,首先看他们对择偶标准的认识。恋爱观不正确会导致一个人产生择偶偏差,并会给双方带来一系列交往问题,甚至会为将来的婚姻生活埋下隐患。

1. 摆正爱情的位置

大学阶段是人生的黄金时期,一生的事业在这里奠基,成才的希望在这里起步。大学生应以学业为主,爱情次之;应树立崇高的理想,不应只有"儿女情长"而没了胸怀大志。大学生应正确认识、对待和处理爱情与学业的关系,主要表现在:正确认识、处理恋爱和学习的关系,正确处理恋爱与集体活动、社会工作的关系,正确处理恋爱与其他同学的团结关系等。

2. 真诚的态度,平等的相爱

爱情是建立在恋爱双方相互理解与尊重的基础上的,因此双方应以诚相待,绝不能伪善与欺骗,更不能有不良目的。恋爱的双方要尊重对方的情感和人格,不能把恋人当作自己的私有物,侵犯恋人的个人自由,诋毁恋人的人格尊严。爱情的双方不仅要自尊自爱,还要相互尊重与体谅,这样才能成为并肩作战的亲密战友。

3. 严肃认真,忠贞专一

恋爱是涉及双方终身幸福的事情,因而当事人要持严肃认真的态度,不能朝三暮四、见异思迁。恋爱关系一经确定,就要忠实于伴侣,要专一,这是恋爱道德的基本要求。爱情的专一要求男女双方都要承担一定的道德义务和道德责任,不能变化无常、轻率更换爱的对象,爱情也不能同时献给两个人。只有专一,两人的爱情才能长久。

4. 爱与责任相统一

爱不仅仅是一种权利,更是一种责任和义务。爱的权利与义务不可分割,不能只享受爱的权利,而不履行爱的责任与义务。爱是一种给予,包含对对方强烈的责任感。恋爱双方的所作所为都须向对方负责,这也是恋爱道德的基本要求。

5. 积极参加社会实践,提高人际交往能力

爱情体现着人与人之间一种特殊的人际关系,良好的人际交往能力是健康恋爱心理形成的必要条件。积极参加各种社会实践活动,有助于锻炼大学生的社会适应能力,丰富其社会阅历,提高其自我认识水平和自我控制能力,从而塑造良好的心理素质,提高人际交往能力,形成健康的恋爱心理。而人际交往能力的提高,又使得大学生在遇到困难时能够获得更多的社会支持,降低恋爱挫折所造成的消极影响。

(二)树立正确的择偶观

1. 择偶偏差

(1)男学生择偶偏差的主要表现

1）片面追求外表美。这是由两性心理差异造成的。但是一味地追求外表美，而忽视其他因素，在日后的交往中会容易产生矛盾。

2）片面追求"贤妻良母"型。一些男同学要求自己的女友时刻要理解自己、温柔体贴，但是自己却飞扬跋扈、大男子主义，这样也会破坏两个人的感情。

3）片面追求性。一些男同学认为，两个人在一起恋爱了，就应该身心交融，"爱我就给我"。这种思想会让女孩子觉得他和她在一起谈恋爱只是为了性，而不是为了爱情。

4）片面追求"忠诚"。一部分同学找到了女友后，占有欲很强，认为女友就应该忠诚于自己，不能再和其他异性发短信、打电话。

（2）女学生择偶偏差的主要表现

1）片面追求外在美。一些女学生喜欢帅哥，觉得挽着一位帅哥走在校园里，回头率一定高。这些人有时候容易被甜言蜜语给蒙骗。

2）片面追求经济实惠、有靠山。一些女学生追求的是一种安全感，或者追求的是虚荣，这也使自己容易被社会上一些"感情骗子"所欺骗。

3）片面追求完美。有些女学生在择偶时要求男生十全十美，坚持认为男生要有身高、长相、风度、品位、事业心、家庭责任感等，这种过于完美化的标准最终会使得自己很难找到合适的意中人。

2. 树立正确的择偶标准

所谓择偶标准，是指在一定爱情观的指导下用某些标准或条件，挑选自己所要爱的人。在现实社会中，不同的人有各自不同的择偶标准，或"高富帅"，或"白富美"，概括起来可分为事业型、美貌型、金钱型、权力地位型、兴趣志向型等。大学生文化层次相对较高，未来将成为各领域的中坚力量，在恋爱对象的选择上应从政治、品德、性格、爱好等多方面综合考虑，注意理想志向的一致性，以互相爱慕、志同道合为基础，选择与自己心理特点相配的恋人。这既符合恋爱道德的要求，也是使恋爱能够成功的前提条件。

现代的大学生应建立正确的择偶观，选择合适的恋爱动机、适合的恋爱对象，培养正确的行为方式，塑造自身良好的人格，只有这样才能酿造出甜蜜的爱情美酒。

三、正确面对恋爱中的冲突

在亲密关系中，冲突在所难免。冲突的形式不尽相同，有些直接表现出愤怒和敌意，有些则是隐性的、从未公开表达的。比起没有被表达的冲突，直接发生的争吵对亲密关系有更多积极的作用，它能满足人们在亲密关系中自我表达的需求。

人们面对冲突会做出种种反应。有些反应具有破坏性，会不利于亲密关系；而有些反应则具有建设性，有利于维持和提升亲密关系。有些应对方式是主动、公开地面对争端；而有些应对方式则是被动的，试图绕过问题。

按照"破坏—建设""主动—被动"两类维度，心理学家卡瑞尔·鲁斯布尔特（Caryl Rusbult）将亲密关系中应对冲突的方式分成退出、忽视、忠诚和协商四类（见图10-2）。

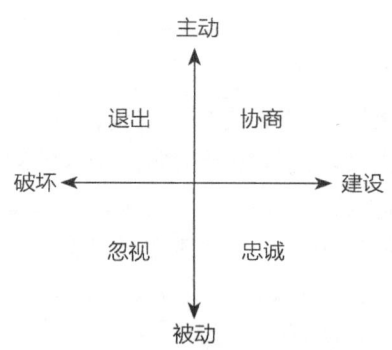

图 10-2　亲密关系中应对冲突的方式

退出是以主动但有破坏性的方式来应对冲突，强硬地要求对方服从自己、为自己妥协，比如威胁结束关系，提出对抗性问题，或是做出粗暴、恶意的反应（例如大喊大叫或对对方大打出手）。它被称为退出，是因为在这种关系中，以这种方式应对冲突的人在冲突发生时，就直接退出关系，没有做任何解决冲突的努力。

忽视是指以消极的方式应对冲突，眼睁睁地看着情况恶化下去却坐视不管，比如：避免和对方讨论关键性的问题，自顾自地与对方拉开距离；或是不直接和对方起冲突，改为因和冲突无关的事指责伴侣。回避冲突的人，甚至会用其他不利于亲密关系的方式来缓解焦虑，例如出轨。

忠诚是一种被动但有利于亲密关系的反应，忠诚者并不会主动交流，只是乐观地等待境况的改善。忠诚与忽视的区别是，在面对对方的沟通要求时，忽视者会回避交流，打断对方的话，或者就是不肯谈论与冲突有关的问题，而忠诚者并不回避交流。当对方发起讨论或批评时，忠诚者会温和地反驳，或者坦率地说出自己的想法。

协商是积极应对冲突的方式，试图通过沟通来恢复或改善亲密关系。协商者会与对方共同讨论问题；当协商者觉得两个人不足以解决问题时，他们也会积极寻求第三方的帮助，例如朋友或心理咨询师等。进行协商的恋人更容易达成积极结果，例如达成一致、双方折中，或是一起找出更好的方法。

无论是忠诚，还是协商，建设性的应对之所以有利于亲密关系，关键在于它们会开启沟通的正面循环。人们做出建设性回应，加强了相互信任，提升了对方做出同样回应的意愿，对方积极的反应又反过来鼓励人们更多地做出正面回应，如此不断循环下去。

心理训练营

姑娘与水手

一、活动目的

测试恋爱观。

二、活动时间

35 分钟。

三、活动地点

多媒体教室。

四、材料准备

小组总结表。

五、活动步骤

1. 阅读材料（7分钟）

一艘船遇上了暴风雨，沉了。船上有5个人幸运地分别上了两艘救生艇。一艘艇上有水手、姑娘和老人；另一艘上有姑娘的未婚夫和他的亲戚。两艘艇分别去了两个荒岛。姑娘在岛上惦记着她的未婚夫，千方百计地想找他，但一点线索都没有。有一天，她发现大海中有另一个小岛，于是请求水手把救生艇修理一下，带她去那个岛找她的未婚夫。水手答应了姑娘的请求，但是提出了一个条件，那就是姑娘必须陪水手一晚。陷入两难的姑娘不知道如何是好，于是去请求老人给她一些建议。了解了姑娘的情况后老人对姑娘说："怎么做正确、怎么做错误，我实在不能说些什么。你扪心自问，按你自己的意愿去做吧。"姑娘万般无奈，但又寻夫心切，于是答应了水手的要求。

第二天水手也履行了承诺，把救生艇修理好，带姑娘去了另一个岛找她的未婚夫。远远地，她就看到了岛上未婚夫的身影，顾不上等船靠岸，姑娘就冲了过去，拼命往岛上跑，一把抱住她的未婚夫。在未婚夫温暖的怀抱中，姑娘犹豫是否该向他坦白昨晚自己和水手的事。思前想后，她最后还是告诉了未婚夫。未婚夫听后勃然大怒，一把推开了她，并吼她："我再也不想见到你了。"然后就走掉了。姑娘伤心地在海边走，见到了未婚夫的亲戚。这时，亲戚走过来安慰姑娘说："我看到你们俩吵架了，有机会我会帮你在他面前说说的，在这之前，让我来照顾你吧。"姑娘的未婚夫一直没原谅她，最后姑娘也因为报答亲戚的悉心照顾而和亲戚结婚了。

请按照自己对故事中5个人物（姑娘、水手、老人、未婚夫、亲戚）的好感度，从多到少排序，并思考原因。

2. 小组讨论（20分钟）

①6人一个小组，确定1个组长、1个记录员、1个发言人。
②每人分享自己的好感度排序，最有好感写1，最没有好感写5，并说明原因。
③发言人根据小组发言情况进行总结，填写表10-1。

表10-1 小组总结表

小组成员	成员1	成员2	成员3	成员4	成员5	成员6
姑娘						
水手						
老人						
未婚夫						
亲戚						

3. 小组分享，教师总结（8分钟）

①邀请1~2名同学上台分享小组讨论结果。
②教师总结：这个活动没有所谓的正确答案。在故事中，5位人物分别代表了在恋爱方面不同的道德观、个人价值观还有处事观，姑娘代表理想主义，水手代表实用主义，老人代表现实主义，未婚夫代表务实主义，亲戚代表机会主义。

心理学家及核心理论（十）

罗伯特·斯滕伯格认为，爱情主要由三种要素构成：亲密、激情与承诺。这三个要素相互组合就形成了不同的类型：

1. 喜欢：只有亲密

你和某个人感到亲近，你们相互分享秘密、交换信息，但对方对你不存在生理上的吸引，你也没有对维持这段关系做出承诺。

2. 迷恋：只有激情

你对某个人有很强烈的欲望，但你们并不亲密，彼此之间也不存在长期承诺，"一见钟情"就是这种感情。

3. 空爱：只有承诺

你和某个人并不亲密也不交流，你们之间也不存在激情。

4. 浪漫之爱：亲密＋激情

你们分享秘密，你们充满激情、彼此吸引，但未来太过不确定，你们不会相互承诺。

5. 相伴之爱：亲密＋承诺

你们彼此分享秘密，但生理上并没有什么特别的吸引，然而你们都对这段关系有着承诺。

6. 愚昧之爱：激情＋承诺

他对你有肉体上的吸引力，并且希望保持你们之间肉体上的相互吸引，但你们并不亲密，你不想了解他，也不想让他了解你。

7. 完满之爱：亲密＋激情＋承诺

参 考 文 献

[1] 郑海英.大学生自我接纳团体心理辅导方案设计［J］.现代交际，2017(6)：21-22.

[2] 魏东初.论大学生职业生涯的自我设计和管理［J］.东方企业文化，2014(6)：273.

[3] 刘行一.大学生学业生涯自我设计的探索与实践：高校学生德育工作的新视角［J］.文教资料，2011(7)：208-209.

[4] 李宏祥.大学生人生的自我设计与优化研究［J］.湖南工程学院学报(社会科学版)，2010，20(3)：103-105.

[5] 罗国杰.中国伦理学百科全书：伦理学原理卷［M］.长春：吉林人民出版社，1993.

[6] 韩明安.新语词大词典［M］.哈尔滨：黑龙江人民出版社，1991

[7] 胡谊，张亚，朱虹.大学生心理健康教育［M］.上海：华东师范大学出版社，2019.

[8] 杨晓东，周艳娟.心理健康教育［M］.北京：高等教育出版社，2019.

[9] 陶爱荣，陆群.心理健康与发展［M］.北京：中国人民大学出版社，2020.

[10] 张志泉.心理学［M］.长春：东北师范大学出版社，2012.

[11] 沈德立.基础心理学［M］.上海：华东师范大学出版社，2003.

[12] 李灵.心理健康教育［M］.成都：电子科技大学出版社，2007.